DIREITO PENAL E POLÍTICA NO BRASIL CONTEMPORÂNEO:

Da criminalização da política à tutela penal da democracia

JORGE MAURICIO KLANOVICZ

Prefácio
Anderson Vichinkeski Teixeira

Apresentação
José Rodrigo Rodriguez

DIREITO PENAL E POLÍTICA NO BRASIL CONTEMPORÂNEO:

Da criminalização da política à tutela penal da democracia

Belo Horizonte

FORUM
CONHECIMENTO JURÍDICO

2025

FÓRUM
CONHECIMENTO JURÍDICO

Luís Cláudio Rodrigues Ferreira
Presidente e Editor

Coordenação editorial: Leonardo Eustáquio Siqueira Araújo / Thaynara Faleiro Malta
Revisão: Patrícia Falcão
Projeto gráfico: Walter Santos
Capa e Diagramação: Formato Editoração

Rua Paulo Ribeiro Bastos, 211 – Jardim Atlântico – CEP 31710-430
Belo Horizonte – Minas Gerais – Tel.: (31) 99412.0131
www.editoraforum.com.br – editoraforum@editoraforum.com.br

Técnica. Empenho. Zelo. Esses foram alguns dos cuidados aplicados na edição desta obra. No entanto, podem ocorrer erros de impressão, digitação ou mesmo restar alguma dúvida conceitual. Caso se constate algo assim, solicitamos a gentileza de nos comunicar através do *e-mail* editorial@editoraforum.com.br para que possamos esclarecer, no que couber. A sua contribuição é muito importante para mantermos a excelência editorial. A Editora Fórum agradece a sua contribuição.

Dados Internacionais de Catalogação na Publicação (CIP) de acordo com ISBD

K63d Klanovicz, Jorge Mauricio
Direito penal e política no Brasil contemporâneo: da criminalização da política à tutela penal da democracia / Jorge Mauricio Klanovicz. Belo Horizonte: Fórum, 2025.
270p. 14,5x21,5cm

ISBN impresso 978-85-450-0877-4
ISBN digital 978-85-450-0878-1

1. Criminalização da política. 2. Lawfare. 3. Perversão do direito penal. 4. Bem jurídico-penal. 5. Democracia. I. Título.

CDD: 345
CDU: 343.2

Ficha catalográfica elaborada por Lissandra Ruas Lima – CRB/6 – 2851

Informação bibliográfica deste livro, conforme a NBR 6023:2018 da Associação Brasileira de Normas Técnicas (ABNT):

KLANOVICZ, Jorge Mauricio. *Direito penal e política no Brasil contemporâneo*: da criminalização da política à tutela penal da democracia. Belo Horizonte: Fórum, 2025. 270p. ISBN 978-85-450-0877-4.

Dedico este trabalho à minha família (Sara, Regina, Jorge e Cristiano), que sempre estimulou — ou pelo menos suportou — meus estudos e divagações. E ao meu pequeno Martin, cuja chegada, mais do que qualquer ciência ou teoria, ressignificou nossas vidas e nosso olhar sobre o mundo.

O acaso puro é tanto uma negação da realidade e da nossa exigência de compreender o mundo quanto o determinismo o é. O que procuramos construir é um caminho estreito entre essas duas concepções que levam igualmente à alienação, a de um mundo regido por leis que não deixam nenhum lugar para a novidade, e a de um mundo absurdo, onde nada pode ser previsto nem descrito em termos gerais.

(Ilya Prigogine)

A triste verdade é que a maior parte do mal é feita por pessoas que nunca decidiram ser boas ou más.

(Hannah Arendt)

SUMÁRIO

PREFÁCIO
Anderson Vichinkeski Teixeira 13

APRESENTAÇÃO
José Rodrigo Rodriguez 17
Data venia, sou fascista? 17

INTRODUÇÃO 21
Palavras iniciais 21
Origem da obra e plano de trabalho 23

PARTE I
ASPECTOS TEÓRICOS E ORIGENS DA CRIMINALIZAÇÃO DA POLÍTICA

1
PALAVRAS INICIAIS E PROBLEMATIZAÇÕES EPISTEMOLÓGICAS.. 29
1.1 Criminalização da política 29
1.2 Simplificações 30
1.3 Simplificação, complexidade e transdisciplinaridade 41

2
ORIGENS 53
2.1 Simplificação e realismo jurídico 54
2.2 A *etização* do Direito Penal e o exemplo nazista 63
2.2.1 Dogmática penal, historicidade e argumento pelo exemplo 63
2.2.2 Cosmovisão nazista 66
2.2.3 Direito Penal, nazismo e a grande perversão 73
2.2.4 Projeções da perversão no Brasil 78
2.2.4.1 Uma história de continuidade 78
2.2.4.2 Catastrofismo, defesa social e instrumentalidade 80
2.2.4.3 Inimizade 82
2.2.4.4 O papel de Francisco Campos 85

2.2.4.5 A transversalidade ideológica da perversão 90
2.2.4.6 Institutos autoritários no Direito Penal contemporâneo 93
2.3 Novo arranjo institucional 94
2.3.1 Expansão e autonomização do sistema de justiça e do Ministério Público 94
2.3.2 Mudança do padrão de judicialização e deslocamento da legitimidade 99
2.4 O transplante da experiência italiana 102
2.4.1 As referências à experiência italiana 106
2.4.2 Transplantes 110
2.4.3 Aproximação de modelos institucionais 113

PARTE II
DEFINIÇÃO E FUNCIONAMENTO DA CRIMINALIZAÇÃO DA POLÍTICA

3
DEFINIÇÃO 123

4
FUNCIONAMENTO 129
4.1 Uso da comunicação e supressão da distinção entre sociedade e Estado 129
4.2 Direito Penal subterrâneo e relativização da legalidade 136
4.3 Abusos processuais 139
4.3.1 Violações ao sistema acusatório 140
4.3.2 Manipulação de regras de competência e violações à garantia do juiz natural 145
4.3.3 Abuso de prisões cautelares 152
4.4 Abusos materiais 157
4.4.1 Associação e organização criminosa 158
4.4.2 Corrupção 165

PARTE III
UM CAMINHO PARA A SUPERAÇÃO DA CRIMINALIZAÇÃO DA POLÍTICA: A TUTELA PENAL DA DEMOCRACIA

5
FUNÇÃO DO DIREITO PENAL, BEM JURÍDICO E OFENSIVIDADE 173
5.1 (Dis)funções do Direito Penal 173
5.2 Bem jurídico-penal, Constituição e direitos fundamentais 178

5.2.1 Trajetória: do pecado à Constituição 178
5.2.2 Ofensividade 187
5.2.3 Bem jurídico-penal e direitos fundamentais 189
5.2.4 Bem jurídico-penal e direitos a prestações 194
5.2.5 Funções do bem jurídico-penal 200

6
A DEMOCRACIA, SUAS FRAGILIDADES E SUA DEFESA 203
6.1 Democracia 203
6.2 Democracia militante 208
6.2.1 De Weimar à atualidade 208
6.2.2 Operacionalização 217

7
A DEMOCRACIA COMO BEM JURÍDICO-PENAL 223
7.1 A democracia como bem jurídico-penal e o legislador 224
7.1.1 Da doutrina de segurança nacional à tutela do Estado Democrático de Direito 224
7.1.2 A Lei nº 14.197/2021 231
7.2 A democracia como bem jurídico-penal e o intérprete 234
7.2.1 Possibilidade de reconhecimento de omissões legislativas 234
7.2.2 Interpretação contextual 235
7.2.3 *In dubio pro* democracia 240
7.2.4 Rigor contra o abuso de institutos 241

CONCLUSÃO 245
Sínteses conclusivas 245
Palavras finais 255

REFERÊNCIAS 259

PREFÁCIO

Tecer considerações iniciais, a título prefacial, acerca da importante obra *Direito Penal e política no Brasil contemporâneo: da criminalização da política à tutela penal da democracia*, desenvolvida com base nos estudos doutorais do jurista Jorge Mauricio Porto Klanovicz junto ao Programa de Pós-Graduação em Direito da Universidade do Vale do Rio dos Sinos, é motivo de grande honra e satisfação, seja em virtude do seu autor, seja em razão do importantíssimo tema central que enfrenta.

O autor é Procurador da República com carreira no Ministério Público Federal muito atuante na esfera criminal. Os seus estudos doutorais, em parte desenvolvidos também na Universidade de Florença (IT), possuem o mérito de conjugar uma retomada de conceitos tradicionais da Teoria da Democracia, do Direito Constitucional e do Direito Penal com uma acurada análise crítica do tema que dá subtítulo ao livro: de uma criminalização da política passamos a uma tutela penal da democracia. Com isso, o livro posiciona-se no mercado editorial como uma contribuição por completo inédita e sem pesquisas similares que tenham aprofundado o exame da temática central da obra em comento.

Antes de passarmos para a análise em si da obra, há de se destacar o reposicionamento conceitual de uma noção de singular importância: a democracia. A história ocidental, desde a Antiguidade grega, afirmou como forma de governo o "governo do povo", de modo que se tornaram célebres as discussões de Sócrates, Platão e, sobretudo, Aristóteles, sobre qual a melhor forma de governo para a consecução do bem da *polis*. Já nos séculos XIX e XX, vimos a democracia assumir diferentes espécies e possibilidades de realização, o que permitiu posicioná-la como regime político, em vez de forma de governo. O pós-Segunda Guerra Mundial consolidou a democracia como o gênero de regime político em melhores condições de evitar autoritarismos, mormente totalitarismos, como os vistos na Alemanha nazista e na Itália fascista.

Nesse sentido, a obra de Klanovicz tem a qualidade de já iniciar redimensionando o que é democracia hoje no Brasil: seria uma forma de governo, regime político ou bem jurídico tutelável inclusive penalmente?

O livro divide-se em três partes. A parte I trata dos aspectos teóricos e origens da criminalização da política, estando dividida em dois capítulos. O primeiro apresenta um conceito do referido fenômeno e demonstra, já de início, o quão raso tem sido o debate sobre ele, resgatando as raízes históricas e epistemológicas de uma simplificação que trata a criminalização da política sem considerar as complexidades que o fenômeno envolve. No segundo capítulo há uma importante análise dos fatores que estão nas origens do fenômeno em tela, delimitando toda a impropriedade e equívocos do transplante jurídico feito a partir da experiência italiana de combate à corrupção para o Brasil.

A parte II do livro, dividida também em dois capítulos, busca analisar como o conceito de perversão do Direito permite compreender, enquanto gênero, a criminalização da política como uma espécie sua. A perversão do Direito por meio da criminalização da política é precisamente analisada quando o autor destaca os principais aspectos que permitem a operacionalização do fenômeno, como a ampla midiatização das operações policiais, a relativização das garantias processuais do acusado, os abusos processuais, a manipulação de regras de competência e as prisões cautelares ilegais, entre outras práticas muito bem descritas por Klanovicz.

Concluindo a obra, a parte III propõe possibilidades de superação da criminalização da política por meio da tutela penal da democracia. Dividida em três capítulos, inicia abordando como a categoria do bem jurídico-penal se construiu na tradição constitucional brasileira dos direitos fundamentais. O reposicionamento teórico e conceitual da democracia já pode ser bem compreendido quando o autor trata das chamadas funções do bem jurídico-penal. No capítulo segundo trata do conceito de democracia e da ideia de democracia militante para contextos sociais e políticos em que seja necessário adotar mecanismos de autoproteção de democracias constitucionais. O último e derradeiro capítulo sustenta as bases teóricas de uma noção de democracia enquanto bem jurídico-penal, mantendo o foco, por um lado, no legislador e, por outro, no intérprete. Quanto ao legislador, é ressaltada a necessidade de objetiva criminalização de condutas atentatórias à democracia. Quanto ao intérprete, o autor enfatiza possibilidades de, dentro dos limites da Constituição, permitir que os atores institucionais, sobretudo o Poder Judiciário, possam adotar medidas *in concreto* de proteção da democracia como bem jurídico-penal em circunstâncias críticas nas quais o regime democrático esteja sob ataque.

Como pode ser sentido desde já, a obra possui altíssima relevância para os pesquisadores, professores e estudantes de Direito Penal, Direito Constitucional e também de Teoria da Democracia, podendo ser aplicada tanto na graduação como na pós-graduação em Direito e áreas afins.

Encerrando essas modestas palavras iniciais, reitero a honra e o agradecimento ao Dr. Klanovicz pelo convite para apresentar ao público a belíssima obra *Direito Penal e política no Brasil contemporâneo: da criminalização da política à tutela penal da democracia*. Faço votos para que o estudo aqui veiculado por seu autor possa ter um alcance para além do meio acadêmico, devendo também influenciar nas reflexões e autocríticas nos demais campos da vida social, política e das instituições democráticas no Brasil.

Porto Alegre, maio de 2025

Prof. Dr. Anderson Vichinkeski Teixeira
Livre-Docente (HDR – Habilitation à Diriger des Recherches) em Direito Público pela Universidade Paris I – Panthéon-Sorbonne. Doutor e Pós-Doutor em Direito pela Universidade de Florença. Coordenador e Professor do Programa de Pós-Graduação em Direito da Universidade do Vale do Rio dos Sinos.

Data venia, sou fascista?

O avanço da extrema-direita em nível mundial me faz crer que um dos maiores problemas que os profissionais de Direito democratas enfrentarão nos próximos anos será a necessidade, científica e existencial, de diferenciar e apontar publicamente interpretações jurídicas respeitáveis e interpretações jurídicas inaceitáveis, antidemocráticas, fascistas.

A experiência histórica ensina que nenhum regime autoritário jamais disse abertamente ser autoritário, nenhum movimento fascista jamais disse abertamente ser fascista: a autarquia política sempre argumentou em nome da lei e da Constituição, com ampla colaboração de profissionais do Direito. A tentativa de golpe que o Brasil sofreu recentemente contribui para reforçar essa triste constatação com uma patética tentativa de justificação do movimento com base no artigo 142 da Constituição brasileira, interpretação criada por ao menos um jurista de renome, ainda que irrelevante para os debates no campo do Direito Constitucional.

Quando falamos de funcionários do Estado, o problema se complica ainda mais. Até onde vai a liberdade de um funcionário do Estado brasileiro para construir interpretações jurídicas de acordo com a sua consciência e o seu dever de interpretar a Constituição para manter a democracia constitucional, como regulada pela Carta de 1988, mesmo contra a vontade do chefe do Executivo, por exemplo? Em que momento o coleguismo, esse respeito postiço à opinião de nossos colegas, deve dar espaço para críticas contundentes que apontem eventuais interpretações que violem claramente nossa ordem constitucional? É razoável sustentar, ainda que veladamente, no contexto de debates entre funcionários do Estado, a posição: "*data venia*, sou fascista"?

A maior parte dos confrontos de ideias no campo do Direito termina em aparente conciliação. É de bom tom dizer que se respeita a posição do outro para que a sua posição também seja respeitada, em um modo de proceder muito civilizado para tempos de normalidade democrática. Em tempos assim, até mesmo opiniões extremadas antidemocracia não ameaçam nossas instituições.

No entanto, em momentos como os que estamos vivendo, momentos de ataque generalizado aos regimes democráticos, este modo de proceder entre funcionários do Estado pode ser a melhor maneira de garantir que extremistas ocupem posições respeitáveis, recebendo dinheiro público, e terminem contribuindo para destruir nossas instituições por dentro, tudo em nome do coleguismo e do respeito intelectual.

No campo acadêmico, a meu juízo a liberdade deve ser muito mais alargada. Ideias extremistas antidemocráticas devem ser estudadas como são estudadas ideias moderadas e democráticas. No entanto, quando falamos da passagem da teoria à prática, e no campo do Direito essa passagem costuma ocorrer quase sempre, tudo muda de figura. Nesse caso, a diferença entre um acadêmico de Direito e um profissional de Direito que trabalha para o Estado fica muito clara no que diz respeito aos limites objetivos para o pensamento de cada um.

A tese do Doutor Jorge Maurício Porto Klanovicz nos ajuda a pensar essa questão. Não tenho ideia se o autor partilha de meu diagnóstico, mas sua reflexão acadêmica sugere, ao menos para mim, que determinadas visões do Direito Penal não são aceitáveis no contexto de uma prática profissional pública constitucionalmente adequada, pois contrariam a Constituição de 1988. E, nesse caso, digo por minha conta e risco, sem possibilidade de *data venia*.

Não vou antecipar as teses do autor aqui para não estragar a leitura. Mas se o que eu estou dizendo faz sentido, entramos em um terreno movediço. Nessa ordem de razões, poderia ser possível defender a construção de uma interpretação oficial da Constituição por parte de determinadas instituições de Estado, o que seria indesejável. A diversidade de olhares entre os funcionários do Estado contribui para a criação de novas interpretações capazes de enfrentar conflitos inéditos que sejam apresentados ao sistema de justiça. No entanto, insisto, esse desejável pluralismo pode incluir posições no estilo "*data venia*, sou fascista?". E se a resposta for negativa, como identificá-las?

Minha apreciação de um trabalho acadêmico não se resume às suas qualidades substantivas e formais, mas leva em conta também sua capacidade de suscitar novas perguntas científicas e interpelar, eventualmente afetando a prática profissional. O trabalho que o leitor tem em mãos faz tudo isso e com uma clareza que apenas o domínio profundo da matéria franqueia a um autor. Assim como eu, tenho certeza, leitores e leitoras deste trabalho fecharão suas páginas enriquecidos de conhecimento e incomodados com o seu lugar no mundo. E incomodar autoridades, não as adular, a meu ver, é a função mais nobre que a universidade, no campo do Direito, desde sempre, tem a desempenhar.

Prof. Dr. José Rodrigo Rodriguez

Doutor em Filosofia pela Universidade Estadual de Campinas. Mestre em Direito pela Universidade de São Paulo. Professor do Programa de Pós-Graduação em Direito da Universidade do Vale do Rio dos Sinos. Pesquisador do Centro Brasileiro de Análise e Planejamento (CEBRAP). Vencedor do Prêmio Jabuti 2014 de melhor livro em Direito pela obra Como decidem as cortes?

INTRODUÇÃO

Palavras iniciais

No dia 18 de fevereiro de 2025 – precisamente três dias antes da defesa da tese que deu origem a este livro – a Procuradoria-Geral da República protocolou no Supremo Tribunal Federal uma ação histórica. Em caso sem precedentes, um ex-presidente da República foi denunciado por liderar uma tentativa de golpe de Estado e de abolição violenta do Estado Democrático de Direito.

Como num "romance em cadeia" – célebre expressão de Ronald Dworkin evocada por Lenio Streck para qualificar a denúncia – a peça acusatória narra uma série de fatos e circunstâncias (a exemplo da disseminação de notícias falsas, ataques ao sistema eleitoral e uso da estrutura de inteligência do Estado para espionagem ilegal) que, engenhosamente encadeados, desvelam a existência, desde pelo menos 2021, de um projeto, liderado pelo então presidente Jair Messias Bolsonaro, de retenção *manu militari* do poder. Após a eleição de 2022, o projeto escalaria a níveis inimagináveis de atrevimento e violência, contemplando inclusive a elaboração de esboço detalhado de plano, formado por várias etapas, de dissolução do regime democrático, bem como de minutas de decretos que ofereceriam base jurídica para o processo e para medidas drásticas como prisões de autoridades. Paralelamente, na face mais sinistra do projeto, chegou-se a tramar contra a vida de um ministro da Suprema Corte, do vice-presidente e do presidente da República eleitos. No caso de Lula, então presidente eleito, almejava-se sua morte por envenenamento, como se estivéssemos num *thriller* ambientado na Guerra Fria. Finalmente, em 8 de janeiro de 2023, na etapa derradeira e desesperada do projeto, uma multidão depredou as sedes dos três Poderes da República, gerando prejuízos inestimáveis à sociedade e ao Estado brasileiro.

Ao buscarmos as origens disso tudo, inevitavelmente nos deparamos com um intrincado mosaico. Mas um componente desse mosaico se destaca.

Ações hostis à democracia brasileira – e, bem pensadas as coisas, o próprio triunfo eleitoral, em 2018, de Jair Messias Bolsonaro, ungido à Presidência como um suposto inimigo implacável do sistema corrompido – somente se viabilizaram por meio da difusão da crença de que nossas instituições são patologicamente corruptas. E essa crença não se difundiu do nada, mas, paradoxalmente, a partir da atuação do próprio sistema de justiça, que, sobretudo nas últimas duas décadas, não hesitou em abusar do Direito Penal com o alegado fim de resolver problemas morais e políticos, enxovalhando e desacreditando as instituições democráticas.

O uso indevido do Direito Penal nesses termos tem sido chamado de *criminalização da política*. No entanto, embora recorrentemente mencionado, o termo carece de uma definição minimamente precisa.

Assim, decifrar o fenômeno – suas origens, seu significado, seu funcionamento – e apontar caminhos para vencê-lo são os objetivos deste trabalho.

Cabe registrar que um trabalho dessa natureza certamente padecerá de alguma circularidade.

Como anota Humberto Ávila, de um lado, "para saber o sentido de um objeto, é preciso conhecer antes os seus fundamentos, pois são estes que fundam o objeto a ser definido; de outro lado, para buscar por fundamentos, é preciso saber antes o que precisamente eles servem para fundar".[1] A circularidade, portanto, será inevitável e deliberada – e não necessariamente uma falha metodológica.

Não há, porém, outro caminho possível no caso. Perceba-se que um dos alvos da crítica formulada no trabalho é a simplificação extrema da discussão sobre Direito Penal, política e corrupção – simplificação esta presente principalmente no debate público, mas também na ciência jurídica (na forma de um cartesianismo vulgar). A crítica a esse cartesianismo não pode se tornar ela própria, portanto, algo simplificador. A crítica precisa ser complexa e, para tanto, será inexoravelmente circular.

Sobre o referencial teórico que guia o trabalho, trata-se de um referencial que abrange diversos campos do conhecimento, articulados por um ideal (talvez inalcançável, mas que, ainda assim, serve como um norte) transdisciplinar. Na busca de um enfrentamento adequado e complexo da problemática, o trabalho, não sem correr riscos, recorre

1 ÁVILA, Humberto. *Teoria da segurança jurídica*. São Paulo: Malheiros, 2019. p. 101.

à ciência política, à filosofia política, à teoria constitucional, à teoria e à filosofia do Direito, às ciências criminais e mesmo à filosofia da ciência.

Começando pela filosofia da ciência, merecem destaque as contribuições de Ilya Prigogine, Edgar Morin e Basarab Nicolescu.

Na ciência política, é importante mencionar Frederico Almeida, Rogério Arantes, Leonardo Avritzer, Fábio Kerche e Marjorie Corrêa Marona.

No âmbito da filosofia política, vale referir Hannah Arendt e, entre nós, Celso Lafer.

No plano da teoria constitucional, é preciso realçar os contributos de Robert Alexy, Karl Loewenstein e, entre nós, Lenio Luiz Streck.

Nos domínios da teoria e da filosofia e do Direito, cabe ressaltar José Rodrigo Rodriguez e, novamente, Lenio Luiz Streck.

Finalmente, na esfera das ciências criminais, destacam-se Giovanni Fiandaca, Claus Roxin, Eugenio Raul Zaffaroni e, entre nós, Fábio Roberto D'Ávila, Nilo Batista, Rafael Borges e Ricardo Jacobsen Gloeckner. Podemos dizer que a obra e o pensamento desses autores se filiam ao que conhecemos como garantismo penal. Mais do que um modelo normativo ou uma ideologia que informa o exercício do poder punitivo em países ditos democráticos, o garantismo é também uma teoria crítica do Direito, com robusto instrumental teórico-científico, apta, portanto, a jogar luzes sobre a problemática que é objeto do livro.

Origem da obra e plano de trabalho

Este livro tem origem em tese de doutorado defendida, no dia 21 de fevereiro de 2025, no âmbito do Programa de Pós-Graduação em Direito da Universidade do Vale do Rio dos Sinos, perante banca examinadora composta pelos professores Anderson Vichinkeski Teixeira (orientador), Ela Wiecko Volkmer de Castilho, José Rodrigo Rodriguez, Lenio Luiz Streck e Ricardo Jacobsen Gloeckner.

A obra incorpora sugestões feitas pela banca, bem como atualizações que o próprio curso da história do país impôs – notadamente em razão da denúncia proposta contra o ex-presidente Jair Messias Bolsonaro por tentativa de golpe de Estado e de abolição violenta do Estado Democrático de Direito.

O trabalho divide-se em três partes.

A parte I intitula-se *Aspectos teóricos e origens da criminalização da política* e é composta por dois capítulos.

O capítulo 1 promove uma aproximação com a problemática. Esboça um conceito inicial do fenômeno e constata que os debates em torno dele têm sido marcados por extrema simplificação. Explora as raízes históricas e epistemológicas dessa tendência simplificadora e, em contraponto, propõe uma abordagem complexa e orientada por um ideal transdisciplinar.

O capítulo 2 busca entender as origens do fenômeno. Sem pretensão exaustiva, enfatiza quatro fatores relevantes que contribuíram para colocá-lo em marcha: a influência sobre o Direito brasileiro do movimento conhecido como realismo jurídico, a *etização* do Direito Penal (o que tem no nazismo seu exemplo maior), transformações institucionais que empoderaram o sistema de justiça e, finalmente, o transplante da experiência italiana de combate à corrupção para o Brasil.

A parte II do livro intitula-se *Definição e funcionamento da criminalização da política* e, assim como a parte I, é composta por dois capítulos.

O capítulo 3, recorrendo ao conceito de perversão do Direito, apresenta uma definição já um pouco mais avançada do fenômeno. Como se demonstra, a criminalização da política configura uma espécie do gênero perversão do Direito.

O capítulo 4, por sua vez, explora o funcionamento da criminalização da política. Sem pretensão exauriente, são abordados os seguintes aspectos da operacionalização do fenômeno: o uso intensivo da comunicação e a supressão da distinção entre sociedade e Estado; a relativização da legalidade; abusos processuais, como violações ao sistema acusatório, manipulação de regras de competência e prisões cautelares ilegais, e abusos materiais, consistentes sobretudo na inflação e manipulação dos tipos penais de associação e organização criminosa e corrupção.

Finalmente, a parte III intitula-se *Um caminho para a superação da criminalização da política: a tutela penal da democracia* e divide-se em três capítulos.

Nas partes anteriores, ao revolver origens e aspectos do funcionamento do fenômeno da criminalização da política, constata-se que ele implica uma perversão das funções do Direito Penal, na medida em que este foi *etizado* e se afastou do seu exclusivo papel de proteção de bens jurídico-penais. A noção de bem jurídico-penal, nessa medida, é inafastável de um Direito Penal que se pretenda humanista e democrático.

Ocorre que, se o Direito Penal busca proteger bens jurídicos, é inevitável que ele busque também, em alguma medida, proteger o único ambiente em que tais bens podem existir: a democracia, a qual, portanto, também é um bem jurídico, capaz de projetar múltiplos efeitos sobre a ciência e a prática penal.

Nesse quadro, o capítulo 5 aborda a categoria do bem jurídico-penal, sua trajetória e suas funções à luz da dogmática constitucional e dos direitos fundamentais.

O capítulo 6, por sua vez, busca delimitar um conceito de democracia. Além disso, articula o conceito com a ideia de democracia militante, a qual é de grande utilidade para a autoproteção de democracias constitucionais sob ataque.

Por último, o capítulo 7 busca responder como a democracia enquanto bem jurídico-penal se projeta em face do legislador e do intérprete. Em relação ao legislador, enfatiza-se a necessidade de criminalização de condutas que ofendam a democracia. Como se demonstra, trata-se de um mandamento extraído da própria Constituição e que, a partir do advento da Lei nº 14.1972/2021, se encontra, em geral, adequadamente cumprido. Já em relação ao intérprete, destacam-se quatro projeções: a possibilidade de o Judiciário reconhecer omissões e concitar o legislador a atuar na hipótese de sua inércia em regular novas formas de agressão à democracia; a necessidade de interpretação contextual de atos ofensivos à democracia; a diretriz *in dubio pro* democracia e o rigor contra o abuso de institutos como a imunidade parlamentar.

PARTE I

ASPECTOS TEÓRICOS E ORIGENS DA CRIMINALIZAÇÃO DA POLÍTICA

PALAVRAS INICIAIS E PROBLEMATIZAÇÕES EPISTEMOLÓGICAS

1.1 Criminalização da política

A partir dos anos 2000, assistiu-se no Brasil a um forte e rápido avanço do Direito Penal sobre a esfera política. Investigações e processos criminais conduzidos a partir de expedientes pouco ortodoxos resultaram no encarceramento de lideranças importantes e na descredibilização da própria atividade política, com impactos diretos nas disputas eleitorais.

Esse processo é corriqueiramente chamado de criminalização da política. No entanto, apesar do emprego frequente do termo, não há precisão e rigor no seu uso. Muitas vezes seu significado parece tão óbvio a ponto de prescindir de qualquer definição.[2]

Neste trabalho, pretendemos, entre outras coisas, melhor compreender – e portanto também melhor definir – o fenômeno.

Para tanto, não há outro caminho senão um "processo progressivo de delimitação semântica" e de "redução da vagueza", o qual precisa partir da atribuição de um significado inicial mínimo à expressão.[3]

Nesse sentido, nesta etapa incipiente da reflexão, importa dizer que a criminalização da política designa um movimento[4] que teve lugar

---

[2] ÁVILA, Humberto. *Teoria da segurança jurídica*. São Paulo: Malheiros, 2019. 5. p. 100.

[3] ÁVILA, Humberto. *Teoria da segurança jurídica*. São Paulo: Malheiros, 2019. p. 91, 96 e 101.

[4] Como sugere Souza Neto, o uso da ideia de movimento busca aqui exprimir algo quantitativa e qualitativamente maior do que uma simples operação judicial ou um conjunto de processos. SOUZA NETO, Cláudio Pereira de. *Democracia em crise no Brasil*. Rio de Janeiro: Eduerj; São Paulo: Contracorrente, 2020. p. 76.

no Brasil nas primeiras décadas do século XXI, orientado por um ideário altamente simplificador, cujas propostas centrais consistem em atribuir ao Direito Penal funções de resolução de problemas sociais e políticos.

A expressão maior desse movimento foi a Operação Lava Jato,[5] e seus expoentes mais relevantes são operadores do sistema de justiça sobretudo do estado do Paraná, notadamente o ex-juiz federal Sergio Moro e o ex-procurador da República Deltan Dallagnol, cujos pensamentos são, desse modo, importantes fontes de pesquisa. Suas ideais centrais, segundo hipótese que exploraremos com amparo em categoria teórica desenvolvida por José Rodrigo Rodriguez, configuram uma espécie de *perversão* das funções do Direito Penal.

1.2 Simplificações

O debate público sobre as diversas questões envolvidas na problemática investigada é marcado por uma certa *panfletarização*, isto é, pela falta de deferência à complexidade dos temas e por abordagens maniqueístas e simplificadoras.

Em geral, há "um excesso de certezas e muito poucas dúvidas", bem como frequente recurso a atalhos semânticos e epistemológicos, como as ideias de jeitinho brasileiro ou cordialidade, para explicar problemas complexos.[6] A propósito, a própria ideia de criminalização da política pode acabar configurando um desses atalhos, senão um objeto de uma disputa atravessada por maniqueísmo e simplificação.

---

[5] Embora a designemos enfaticamente como um movimento, a Operação Lava Jato, enquanto conjunto de investigações e ações penais, teve seu início público em 17 de março de 2014, com o cumprimento de quatro decisões da 13ª Vara Federal de Curitiba autorizando prisões preventivas e temporárias, conduções coercitivas e medidas de busca e apreensão. Devido à dimensão do caso, no âmbito do Ministério Público Federal montou-se uma força-tarefa de procuradores para atuar em conjunto com o procurador titular do caso, Deltan Dallagnol. Forças-tarefas com o mesmo nome foram instituídas também em São Paulo e no Rio de Janeiro, mas com composições diferentes e formas de atuação também bastante distintas. Assim, as referências à Lava Jato no curso deste trabalho dizem respeito, em regra, à Lava Jato paranaense. Em geral, considera-se que a Lava Jato teve seu fim no dia 1 de fevereiro de 2021, com a dissolução da força-tarefa por ato da Procuradoria-Geral da República. Após essa data, seu acervo de investigações e processos ainda em curso foi redistribuído a quatro Ofícios e, posteriormente, concentrado em três Ofícios do Ministério Público Federal no Paraná. Entre agosto de 2023 e julho de 2024, o autor deste livro foi titular de um desses Ofícios.

[6] RODRIGUEZ, José Rodrigo. *Direito das lutas*: democracia, diversidade, multinormatividade. São Paulo: LiberArs, 2019. p. 249-250 e 252.

Nesse contexto, de um lado, críticos da assim denominada criminalização da política usualmente a qualificam como um processo de perseguição puro e simples, a serviço de determinados projetos políticos ou mesmo de governos estrangeiros. Grosso modo, a punição de personagens individuais seria ineficaz e injusta, e o combate à corrupção seria uma farsa. Em vista do caráter intrinsecamente sistêmico da corrupção, apenas uma mudança dos seus mecanismos geradores teria utilidade, e o uso do Direito Penal como meio de combate a ela seria inócuo e indesejável.[7]

Um exemplo que vocaliza essa visão é Sergio Cabral Filho. Líder de um esquema que, devido à sua dimensão, chegou a demandar transporte de valores em carros-fortes, Cabral, em certo momento, passou a ostentar uma vida nababesca custeada por recursos de origem criminosa. Trata-se de um caso, portanto, que foi muito além do financiamento de atividades políticas com recursos não contabilizados. Ainda assim, após alguns anos na prisão, Cabral retomou uma antiga versão que relativiza a reprovabilidade da própria conduta e voltou a sustentar que foi, antes de qualquer coisa, uma vítima.[8] Afinal, segundo ele, seus atos consistiram apenas no uso de sobras de caixa-dois de campanhas, algo completamente diferente do recebimento de propina.[9]

---

7 RODRIGUEZ, José Rodrigo. *Direito das lutas*: democracia, diversidade, multinormatividade. São Paulo: LiberArs, 2019. p. 256.

8 Como observa Bento, o *vitimismo* é um padrão comum de reação entre agentes implicados em casos de desvios: "Um primeiro padrão de manifestação do inconformismo consiste na apresentação de si como 'vítima'. Muitos prefeitos justificam as práticas pelas quais foram denunciados como 'hábitos de governo', como 'costume' de administração pública local, que 'sempre' fora assim. Afirmam ter sido 'incompreendidos', que a intenção maior era 'ajudar a comunidade'. Desse modo, se ocorreram os crimes pelos quais são processados, os prefeitos tendem a dizer que 'não sabiam' que se tratava de crime o comportamento apontado com suspeição ou, ainda, que 'não fizeram por mal'. Muitos sustentam 'sofrer perseguição' política, e o argumento da insignificância dos valores em tese desviados é frequente para lamentar a desproporção que o desgaste causou na reputação ou mesmo na saúde do prefeito. O peso e as dificuldades do cargo, especialmente quando cotejados os riscos de responsabilização, em face da crise, da carência de recursos, do atraso dos repasses, todos são argumentos a respaldar uma tentativa de revalorização do cargo e dos que 'se doam' a ele". BENTO, Juliane Sant'Ana. *Julgar a política*: lutas pela definição da boa administração pública no Rio Grande do Sul (1992-2016). 2017. f. 159. Tese (Doutorado em Ciência Política) – Programa de Pós-Graduação em Ciência Política, Instituto de Filosofia e Ciências Humanas, Universidade Federal do Rio Grande do Sul, Porto Alegre, 2017.

9 CABRAL FILHO, Sergio. De um pingo fizeram um oceano. Entrevista concedida a Ítalo Nogueira. *Folha de São Paulo*, São Paulo, 9 mar. 2023. Disponível em: https://www1.folha.uol.com.br/ poder/2023/03/de-um-pingo-fizeram-um-oceano-diz-sergio-cabral-sobre-denuncias-de-corrupcao.shtml.

Uma visão também muito comum na esteira das críticas à criminalização da política é a de que promotores e juízes seriam meras extensões dos partidos. O comportamento e as decisões de membros do Ministério Público e do Poder Judiciário poderiam ser sempre explicados a partir da lógica político-partidária, "sua verdadeira e oculta natureza". Diz Rodriguez: "entre promotores peessedebistas, juízes peemedebistas e policiais democratas, estaríamos diante de uma verdadeira colonização e consequente programação política da atividade jurídica com a formação de uma zona de autarquia na qual a política partidária assumiria a aparência de direito". Nesse quadro, "a racionalidade específica do direito seria mera cortina de fumaça destinada a esconder sua verdadeira realidade". A fim de descobrir a real motivação de uma ação ou decisão, bastaria "levantar o véu para flagrar a pessoa destes juristas, serviçais do poder, de calças curtas, ou melhor, vestindo a camiseta de seu partido por debaixo da camisa do terno ou sob a blusa de botões oculta sob o *tailleur*".[10]

Embora a conduta de muitos promotores e juízes acabe estimulando esse tipo de narrativa, o fato é que a relação entre política partidária e sistema de justiça é mais complexa, e não de simples subalternidade. O sistema de justiça tem uma racionalidade própria. Tem uma dinâmica e interesses – políticos, econômicos e de poder – que configuram uma agenda autônoma em relação à política partidária, embora possa circunstancialmente com ela convergir. O incremento de poder das agências do sistema de justiça advindo da Constituição de 1988 reforça tal condição – de atores com interesses próprios e autônomos no jogo político. O sistema de justiça, portanto, não é mero apêndice ou filial da política partidária.[11]

É interessante observar que o poder dessas agências interfere também sobre o ensino e a pesquisa no campo jurídico. A produção acadêmica em Direito no Brasil, desde a escolha dos temas de pesquisa, é muito influenciada pela procedência profissional dos seus atores. Nas ciências criminais, isso ocorre de modo ainda mais acentuado. Cuida-se

---

[10] RODRIGUEZ, José Rodrigo. *Direito das lutas*: democracia, diversidade, multinormatividade. São Paulo: LiberArs, 2019. p. 235.

[11] RODRIGUEZ, José Rodrigo. *Direito das lutas*: democracia, diversidade, multinormatividade. São Paulo: LiberArs, 2019. p. 236-237.

de uma relação que pode ser muito negativa, privando a academia de sua vocação crítica e tornando a ciência subalterna a interesses corporativos.[12]

Mas, enfim e em síntese, retomando o fio, constatamos que muitas críticas à chamada criminalização da política acabam paradoxalmente incorrendo em simplificações maniqueístas. Além disso, muitas críticas carecem de base empírica. Afinal, a corrupção é um dado da realidade e, encontrando enquadramento típico na legislação criminal, deve, por um mandamento republicano, ser punida – sempre dentro dos marcos legais, evidentemente.

Por outro lado, entre o senso comum estabelecido, prevalece a posição de que a criminalização da política – não em termos tão brutos, mas mediada por algum eufemismo – seria positiva.

Grosso modo, com estímulo de parcelas do Ministério Público, do Poder Judiciário e da imprensa, sustenta-se que a corrupção seria o mais grave problema nacional e a origem de muitos outros males, como a fome, a miséria e a desigualdade. O combate a ela, portanto, deveria ser implacável e se valer de todos os meios possíveis, recorrendo, se necessário, mesmo a expedientes de legalidade duvidosa, justificados pelos fins nobres que promoveriam. Ainda segundo alguns de seus divulgadores, essa posição seria a mais compatível com tendências arrojadas e modernizadoras, levadas adiante por jovens antenados ao que se passa nos grandes centros do pensamento jurídico norte-americano, às quais se contrapõem o arcaico, o velho e o ultrapassado.[13]

Entre as mais múltiplas versões dessa narrativa simplificadora, uma das mais destacadas é aquela dos operadores – e também idealizadores, de modo que se trata de uma espécie de versão autêntica – da criminalização da política.

A simplificação manifesta-se, inicialmente, em termos formais. Notabilizou-se na história do Brasil o episódio em que o então procurador da República Deltan Dallagnol apresentou à imprensa denúncia que apontava o presidente Lula como líder máximo de uma organização criminosa instalada no governo federal. Em seu ponto alto, a apresentação projetou uma espécie de desenho (ou um "grande quebra-cabeças", segundo o procurador) em que quatorze termos (ou

---

[12] RODRIGUEZ, José Rodrigo. *Direito das lutas*: democracia, diversidade, multinormatividade. São Paulo: LiberArs, 2019. p. 242.

[13] RODRIGUEZ, José Rodrigo. *Direito das lutas*: democracia, diversidade, multinormatividade. São Paulo: LiberArs, 2019. p. 240.

"conjunto de evidências", segundo ele) eram ligados por setas ao nome de Lula, no centro da imagem. Não tardou para que a forma da apresentação e a vagueza das evidências (em expressões lacônicas como "perpetuação criminosa no poder" e "governabilidade corrompida") fossem criticadas. Trata-se de um exemplo da simplificação extremada que marca o processo, o que não chega a ser negado nem mesmo pelo ex-procurador. Em livro, ao buscar justificar o fato, Dallagnol afirma: "Imagens, linhas e quadros simplificaram esquemas complexos que, de outra forma, seriam de difícil compreensão".[14]

Mas a simplificação extremada que caracteriza o fenômeno não se esgota na forma. É principalmente em termos materiais que ela se projeta. Embora não seja possível catalogar em rol exaustivo todos os seus traços simplificadores (tentativa essa que seria, ela própria, uma simplificação), alguns deles sobressaem. Neste capítulo, faz-se um apanhado tendo como fontes principais livros publicados pelos dois mais destacados idealizadores e operadores do processo – Deltan Dallagnol e Sergio Moro.[15] Mesmo que não sejam livros com propósitos científicos, trata-se de fontes privilegiadas – talvez mais do que peças processuais por eles produzidas – para a compreensão de suas posições, na medida em que as obras são uma espécie de balanço de suas atuações, uma tentativa de visão do todo e de sistematização de suas ideias. Nessa perspectiva, são, portanto, fontes mais ricas do que documentos elaborados a partir da atividade muitas vezes mecânica da rotina forense.

Nesse sentido, uma primeira ideia simplificadora identificada nas obras é a visão dos autores sobre uma suposta neutralidade técnica que teria conduzido suas ações.

Dallagnol afirma expressamente que é "um técnico, não um ativista".[16] Moro chega a afirmar que "nada pior do que conduzir um governo motivado por ideologias",[17] como se mesmo agentes políticos

---

[14] DALLAGNOL, Deltan Martinazzo. *A luta contra a corrupção*: a Lava Jato e o futuro de um país marcado pela impunidade. Rio de Janeiro: Primeira Pessoa, 2017. p. 146.

[15] Os livros são: DALLAGNOL, Deltan Martinazzo. *A luta contra a corrupção*: a Lava Jato e o futuro de um país marcado pela impunidade. Rio de Janeiro: Primeira Pessoa, 2017; MORO, Sergio. *Contra o sistema da corrupção*. Rio de Janeiro: Primeira Pessoa, 2021.

[16] DALLAGNOL, Deltan Martinazzo. *A luta contra a corrupção*: a Lava Jato e o futuro de um país marcado pela impunidade. Rio de Janeiro: Primeira Pessoa, 2017. p. 208.

[17] MORO, Sergio. *Contra o sistema da corrupção*. Rio de Janeiro: Primeira Pessoa, 2021. p. 142.

eleitos pelo voto popular pudessem e devessem obedecer a algum tipo de conhecimento superior imune a influências ideológicas.[18]

Essa posição simplória ignora que "técnica (também) é ideologia".[19] Vale dizer, não existe promotor ou juiz capaz de uma "neutralidade metafísica". Todo agente da persecução penal "é humano, inserido em um contexto e uma realidade, um ser-no-mundo, que parte de suas experiências e vivências"[20]

Não se pretende com isso sustentar que a técnica não existe. Trata-se apenas de perceber que a técnica não consiste sempre num empreendimento mecânico ou lógico simples, mas muitas vezes num processo repleto de zonas de incerteza e inevitavelmente atravessado por valorações.

Zaffaroni designa a negação a esse dado como "indiferença tecnocrática", fenômeno que "tem a vantagem de obter difusão nos operadores do sistema de justiça, já que lhes assegura a posição de *técnicos* frente à ameaça de instabilidade provocada por mudanças e

---

18 Juliane Bento assim aborda o cenário de fundo que permite o sucesso do discurso de neutralidade técnica dos juristas: "Para se imporem ao contexto de disputa pela definição da política, as disciplinas de direito público exageram sua cientificidade positiva e aprimoram o próprio léxico para consolidar sua 'tecnicidade'. Os juristas, por sua vez, encontraram na 'racionalização' e na 'modernização' categorias organizadoras de seu discurso e ainda uma nova linguagem para o Estado. Trabalhando por meio da perspectiva de que a linguagem com pretensão técnica, neutra e universal é o fundamento da autoridade simbólica do direito, a partir da qual os juristas conseguem eufemizar as disputas políticas sob a forma de técnica jurídica ou de produção doutrinária, assume-se o desafio de observar os objetos para além do 'juridismo' e de sua reificação como história mecânica". Em seguida, complementa: "Uma das formas eficazes de legitimação no espaço público tem sido a 'cruzada pela moralização da política' que protagonizam os juristas, assim como no Brasil, fenômeno também percebido em várias conformações sociais (MUSELLA, 2001; BRIQUET, 2001, 2007; ROUSSEL, 2001, 2002; VAUCHEZ, 2004). Oferecendo suas competências 'técnicas' e 'neutralidade' política para enfrentar as 'patologias' da política brasileira, um grupo de juristas se instaura em postos de poder e se consolida como definidores da 'boa política'. Ou seja, a adesão à lógica da 'moralização política' permite aos juristas a elaboração de conceitos e definições 'técnicas' em doutrinas sobre o Estado, e os autoriza a mobilizar o 'senso comum erudito', que considera a política tradicional desqualificada e atrasada. Esse processo de esvaziamento da política tradicional, porque viciada por interesses de grupos posicionados 'contra o interesse público', conduz os juristas a manter ativa a lógica da construção dos problemas públicos, aos quais são cabidas suas soluções 'técnicas'". BENTO, Juliane Sant'Ana. *Julgar a política*: lutas pela definição da boa administração pública no Rio Grande do Sul (1992-2016). 2017. f. 68-70. Tese (Doutorado em Ciência Política) – Programa de Pós-Graduação em Ciência Política, Instituto de Filosofia e Ciências Humanas, Universidade Federal do Rio Grande do Sul, Porto Alegre, 2017.

19 CASARA, Rubens. *Processo penal do espetáculo e outros ensaios*. Florianópolis: Tirant Lo Blanch, 2018. p. 17.

20 BRASIL. Supremo Tribunal Federal. *Habeas Corpus nº 164.493*. Redator do acórdão: Ministro Gilmar Mendes. 23 de março de 2021.

alternativas de poder". Trata-se da "busca de um discurso *asséptico, não ideológico, não partidário, neutro*, capaz de servir a qualquer sistema político, a qualquer ordem e sociedade, qualquer seja a cosmovisão que o sustente".[21]

Uma segunda ideia simplificadora central nos discursos é um certo maniqueísmo vulgar, que faz com que os autores constantemente abordem suas atuações como uma luta pessoal[22] do bem contra o mal.

O maniqueísmo em questão transparece em diferentes expressões. Numa muito comum, a corrupção é apontada como um *serial killer*, uma doença, um tumor, um câncer.[23] A atuação do sistema de justiça seria a cura. Nas exatas palavras de Dallagnol, "a operação atua como um medicamento sobre um foco de infecção".[24] Nessa mesma ordem de ideias, "o combate à corrupção é uma luta de Davi contra Golias", em que "procuradores, policiais, juízes e cidadãos" são um "pastor de ovelhas diante de um gigante guerreiro".[25] Em alguns momentos, o tom sobe. O ex-procurador destaca o "cinismo do sistema inescrupuloso".[26] Sergio Moro refere-se aos seus críticos como "hipócritas".[27] Afirma que "nenhum bem pode surgir de um sentimento mau" e que "a tendência é a de que a política seja cada vez mais dominada por criminosos e não por pessoas de princípios".[28] Defende, ainda, "a adoção de remédios excepcionais" e a necessidade de "expulsar e condenar ao ostracismo políticos ímprobos".[29]

Enfim, platitudes grandiloquentes e arroubos retóricos desse tipo são comuns nas obras dos autores. Trata-se de uma linguagem

---

21 ZAFFARONI, Eugenio Raul. *Doutrina penal nazista*: a dogmática penal alemã entre 1933 e 1945. Tradução de Rodrigo Murad do Prado. Florianópolis: Tirant Lo Blanch, 2019. p. 64.

22 DALLAGNOL, Deltan Martinazzo. *A luta contra a corrupção*: a Lava Jato e o futuro de um país marcado pela impunidade. Rio de Janeiro: Primeira Pessoa, 2017. p. 40.

23 DALLAGNOL, Deltan Martinazzo. *A luta contra a corrupção*: a Lava Jato e o futuro de um país marcado pela impunidade. Rio de Janeiro: Primeira Pessoa, 2017. p. 40 e 47.

24 DALLAGNOL, Deltan Martinazzo. *A luta contra a corrupção*: a Lava Jato e o futuro de um país marcado pela impunidade. Rio de Janeiro: Primeira Pessoa, 2017. p. 291.

25 DALLAGNOL, Deltan Martinazzo. *A luta contra a corrupção*: a Lava Jato e o futuro de um país marcado pela impunidade. Rio de Janeiro: Primeira Pessoa, 2017. p. 154-155.

26 DALLAGNOL, Deltan Martinazzo. *A luta contra a corrupção*: a Lava Jato e o futuro de um país marcado pela impunidade. Rio de Janeiro: Primeira Pessoa, 2017. p. 53, 160, 187 e 290.

27 MORO, Sergio. *Contra o sistema da corrupção*. Rio de Janeiro: Primeira Pessoa, 2021. p. 95.

28 MORO, Sergio. *Contra o sistema da corrupção*. Rio de Janeiro: Primeira Pessoa, 2021. p. 142 e 283.

29 MORO, Sergio. *Introdução*. *In*: BARBACETTO, Gianni; GOMEZ, Peter; TRAVAGLIO, Marco. *Operação Mãos Limpas*: a verdade sobre a operação italiana que inspirou a Lava Jato. Porto Alegre: CDG, 2016. p. 07.

que trai qualquer pretensão de neutralidade. Mas o mais grave é que da dicotomia subjacente a esse discurso – que divide a sociedade entre bons e maus, amigos e inimigos – derivará um Direito Penal de exceção e uma visão messiânica sobre si: "uma luz de esperança nas trevas do cinismo", nas palavras de Dallagnol.[30]

Finalmente, uma terceira noção simplificadora que permeia o discurso é a crença de que o Direito Penal é um instrumento legítimo e apto a transformar a política.

O ápice do engajamento em torno dessa ideia deu-se com a proposição, liderada pelo procurador Dallagnol, de um pacote de medidas de recrudescimento da legislação punitiva. Segundo ele, "precisávamos propor medidas para transformar a realidade", "algo simples, num formato de dez medidas".[31] Nesse momento, a Operação Lava Jato, para além de um conjunto de processos e investigações, converte-se numa campanha ou, mais do que isso, num *movimento*.[32]

A bandeira principal do movimento – de transformação política por meio do Direito Penal – é simplória e equivocada em diversas dimensões. A questão será mais bem explorada oportunamente.

Por ora, cabe dizer que a posição tem, primeiro, um sério problema de legitimidade democrática ao atribuir a agentes não eleitos – integrantes da magistratura e do Ministério Público – a prerrogativa de falar em nome do povo ou, então, de se comunicar com ele diretamente, sem mediações institucionais ou formais, pela via do Direito Penal. São frequentes os apelos explícitos ao "senso comum".[33] Na base dessa compreensão está a negligência a um valor civilizatório elementar, qual seja, o de que o Direito Penal não é espaço próprio para reprodução do senso comum ou do clamor popular. Ao contrário, o Direito Penal é – ou deveria ser – uma forma de limitar o poder punitivo e tem um importante componente contramajoritário. Noutro giro, não cabem a magistrados cálculos instrumentais[34] ou ponderações morais como, por

---

30 DALLAGNOL, Deltan Martinazzo. *A luta contra a corrupção*: a Lava Jato e o futuro de um país marcado pela impunidade. Rio de Janeiro: Primeira Pessoa, 2017. p. 160.

31 DALLAGNOL, Deltan Martinazzo. *A luta contra a corrupção*: a Lava Jato e o futuro de um país marcado pela impunidade. Rio de Janeiro: Primeira Pessoa, 2017. p. 35.

32 SOUZA NETO, Cláudio Pereira de. *Democracia em crise no Brasil*. Rio de Janeiro: Eduerj; São Paulo: Contracorrente, 2020. p. 76.

33 MORO, Sergio. *Contra o sistema da corrupção*. Rio de Janeiro: Primeira Pessoa, 2021. p. 185 e 264.

34 SOUZA NETO, Cláudio Pereira de. *Democracia em crise no Brasil*. Rio de Janeiro: Eduerj; São Paulo: Contracorrente, 2020. p. 94.

exemplo, a violação de uma forma processual em nome da promoção de um fim alegadamente superior – como a recuperação de recursos públicos. Mas a adesão a esse tipo de utilitarismo é comum. Aliás, um dos pontos do pacote de medidas legislativas proposto pelo ex-procurador Dallagnol – introduzindo na legislação um juízo de "ponderação dos direitos e interesses em jogo na avaliação da exclusão"[35] de uma prova ilícita, o que permitiria afastar nulidades em nome de interesses superiores – não é outra coisa senão expressão dessa estrutura utilitarista de raciocínio.

Em segundo lugar, a ideia de transformação política por meio do Direito Penal é equivocada por lhe conferir uma função que lhe é totalmente estranha. Não é papel do Direito Penal moralizar a política, corrigir as suas imperfeições e eliminar adversários indesejados. Numa perspectiva garantista, hegemônica em países democráticos, o acionamento do Direito Penal "só se justifica na medida em que atenda ao fim de limitar o poder, evitar o arbítrio e obstaculizar a opressão".[36] Outras funções a ele atribuídas pervertem sua natureza e seu funcionamento.

Por fim, em terceiro lugar, a proposta de transformação política por meio do Direito Penal choca-se com uma certa ingenuidade – senão miopia deliberada mesmo – sobre os reais interesses envolvidos na disputa política e sobre a dimensão do problema. Em determinado momento de maior entusiasmo com a mobilização cívica que se produziu em favor do pacote de medidas legislativas que propunha, o ex-procurador Dallagnol afirma que "mulheres em São Paulo trocaram

---

[35] A medida 7 do pacote diz respeito a nulidades. No portal do Ministério Público Federal, ela é assim apresentada: "A #medida7 propõe uma série de alterações no capítulo de nulidades do Código de Processo Penal. Nesse caso, são feitas pequenas alterações nos arts. 563 a 573, com cinco objetivos: 1) ampliar as preclusões de alegações de nulidades; 2) condicionar a superação de preclusões à interrupção da prescrição a partir do momento em que a parte deveria ter alegado o defeito e se omitiu; 3) estabelecer o aproveitamento máximo dos atos processuais como dever do juiz e das partes; 4) estabelecer a necessidade de demonstração pelas partes do prejuízo gerado por um defeito processual, à luz de circunstâncias concretas; e 5) acabar com a prescrição com base na pena aplicada em concreto, evitando a insegurança jurídica em relação à pretensão punitiva estatal. Além disso, sugere-se a inserção de dois novos parágrafos no art. 157, para introduzir a ponderação dos direitos e interesses em jogo na avaliação da exclusão da prova, o que está em harmonia com a legislação de diversos países democráticos, inclusive a norte-americana, de onde foi importada a regra da exclusão da prova ilícita e da prova derivada da prova ilícita". BRASIL. Ministério Público Federal. *10 medidas contra a corrupção.* Medida 7: ajustes nas nulidades penais. Brasília, DF: MPF, 2020. Disponível em: https://dezmedidas.mpf.mp.br/apresentacao/conheca-as-medidas/docs/medida_7_versao-2015-06-25.pdf

[36] CASARA, Rubens. *Processo penal do espetáculo e outros ensaios.* Florianópolis: Tirant Lo Blanch, 2018. p. 17.

reuniões de negócios e compromissos da alta sociedade pelo combate à corrupção",[37] como se esse engajamento fosse genuíno e transformador. Essa visão desconsidera a "dimensão estrutural da crise ética" e tende a ver a corrupção como um "mau comportamento individual",[38] escamoteando aspectos econômicos, ideológicos e de classe, determinantes em todo tipo de movimentação política. A posição, enfim, negligencia o caráter complexo e sistêmico do fenômeno da corrupção, o que levará a erros na escolha e na calibração dos métodos de combatê-lo.

Trata-se de erros, seja do ponto de vista da sua conformidade com uma ordem jurídica democrática, seja do ponto de vista dos resultados políticos e econômicos produzidos. Como já vimos, não cabe ao sistema de justiça fazer cálculos instrumentais. Mas, caso *ad argumentandum* admitíssemos esse tipo de raciocínio utilitarista, concluiríamos, ainda assim, que os métodos adotados no processo de criminalização da política brasileiro foram equivocados. Afinal, os resultados políticos e econômicos por ele proporcionados foram desastrosos.[39]

Perceba-se ainda que, na nossa história recente, possivelmente a maior contribuição no enfrentamento à corrupção não tem origem em nenhuma ação criminal, mas em processo de natureza diversa: a decisão da Suprema Corte que considerou inconstitucional o financiamento empresarial de campanhas eleitorais. Não se discute aqui se a decisão é juridicamente correta, mas é fato que ela configura um esforço de enfrentamento do problema na sua origem, isto é, na fonte da "captura do poder político pelo poder econômico".[40] É de se lamentar que o sistema de justiça criminal não tenha também aderido a esse tipo de perspectiva mais sistêmica, punindo agentes públicos e privados comprovadamente envolvidos em práticas criminosas, mas com responsabilidade e moderação, de modo a produzir um "novo começo",[41] e não a implosão da democracia constitucional.

---

37 DALLAGNOL, Deltan Martinazzo. *A luta contra a corrupção*: a Lava Jato e o futuro de um país marcado pela impunidade. Rio de Janeiro: Primeira Pessoa, 2017. p. 213.

38 CASARA, Rubens. *Processo penal do espetáculo e outros ensaios*. Florianópolis: Tirant Lo Blanch, 2018. p. 72.

39 SOUZA NETO, Cláudio Pereira de. *Democracia em crise no Brasil*. Rio de Janeiro: Eduerj; São Paulo: Contracorrente, 2020. p. 94-95.

40 BRASIL. Supremo Tribunal Federal. *Ação Direta de Inconstitucionalidade nº 4.650*. Relator: Ministro Luiz Fux. 17 de setembro de 2015.

41 SOUZA NETO, Cláudio Pereira de. *Democracia em crise no Brasil*. Rio de Janeiro: Eduerj; São Paulo: Contracorrente, 2020. p. 82-86.

Enfim e em resumo, é possível afirmar que as abordagens predominantes sobre o chamado processo de criminalização da política e as problemáticas a ele correlatas – que envolvem questões como a função do Direito Penal, a adequada calibragem do sistema de combate à corrupção e a tutela da democracia – carecem de complexidade, sendo a simplificação extrema um traço prevalecente e ideologicamente transversal nas análises em geral produzidas.

Nessa medida, incorporar uma perspectiva mais complexa ao estudo desses temas é fundamental. A propósito, como observa Rodriguez, a pesquisa em Direito "tornou-se uma das únicas depositárias da possibilidade de praticar uma visão complexa da razão, caminhando no sentido contrário da economia e de parte das ciências sociais influenciadas pelo reducionismo matematizado com pretensões de ciência exata". A pesquisa em Direito, assim, precisa atentar à complexidade, "praticando um modo de pensar difícil, denso e multifacetado", o que não escapará de um "trabalho interdisciplinar, capaz de lidar com argumentos sociais, econômicos e políticos ao mesmo tempo".[42]

De alguma maneira, essa incorporação de maior complexidade já vem acontecendo. Como lembra mais uma vez Rodriguez, a primeira agenda de pesquisas sobre o tema da corrupção desenvolvida após a queda do Muro de Berlim estava ligada à teoria da modernização.[43] Segundo essa visão, que teve no norte-americano Samuel Huntington seu grande expoente, a corrupção era uma característica inerente a países que passaram por grandes transformações, na direção de um modelo mais próximo ao dos grandes países ocidentais, mas que carregam o peso de tradições atrasadas. Diferenças culturais seriam, assim, centrais para explicar a corrupção.[44]

---

[42] RODRIGUEZ, José Rodrigo. *Direito das lutas*: democracia, diversidade, multinormatividade. São Paulo: LiberArs, 2019. p. 58-59 e 330.

[43] A propósito do assunto, escreve Filgueiras: "Partindo da ideia de que a corrupção representa uma disfunção no interior de sistemas sociais, a teoria da modernização a colocou, enquanto fenômeno, como uma realidade social objetiva, responsável por reproduzir um tipo de estrutura social predatória, a qual tende a configurar um conjunto de comportamentos orientados por espólios e por vantagens obtidas de modo eminentemente ilegal. A corrupção representa tanto uma função manifesta nos sistemas sociais, quanto uma função latente, uma vez que, em sociedades cuja estrutura é tradicional, a corrupção é, em essência, a própria norma". FILGUEIRAS, Fernando. A corrupção do Estado: perspectivas teóricas e seu processo social. *Utopìa y Praxis Latinoamericana*, Maracaibo, v. 11, n. 34, p. 11-34, 09/2006.

[44] RODRIGUEZ, José Rodrigo. *Direito das lutas: democracia, diversidade, multinormatividade.* São Paulo: LiberArs, 2019. p. 249-250.

Contemporaneamente, o debate propõe outras questões. A discussão acerca de "eventuais fatores culturais cedeu lugar para uma investigação sobre a relação entre as características das instituições e os incentivos que elas oferecem aos agentes sociais". Explicações do fenômeno a partir de ideias como as de jeitinho brasileiro e suposições de que a prática da corrupção seria mais tolerada entre pessoas menos escolarizadas passam a ser problematizadas.[45] Já não circulam sem contraponto afirmações de que "o coronelismo, o clientelismo e as demais práticas políticas atrasadas" seriam uma "herança tradicional da sociedade brasileira, que dificulta sua institucionalização e prejudica o funcionamento do Estado a partir de uma ordem racional-legal e do universalismo de procedimentos". A burocratização não levou ao fim do clientelismo, e "as relações pessoais seguem operando inclusive em sociedades centrais contemporâneas",[46] as quais não estão imunes ao fenômeno da corrupção.

Seja como for, principalmente no debate público não acadêmico – mas também no acadêmico, muito dominado por discursos corporativos – ainda há muita simplificação, maniqueísmo e *panfletarização*.

1.3 Simplificação, complexidade e transdisciplinaridade

A tendência à simplificação não é exatamente uma novidade, particularmente em períodos de flerte mais intenso com ideias autoritárias.

Rosenfield bem observa que, nas primeiras décadas do século XX, muitos críticos da democracia parlamentar, modelo então mundialmente em crise, eram "perigosos simplificadores". No Brasil, o rótulo vale sobretudo para Francisco Campos, jurista que, a partir da década de 1930, se tornaria referência do pensamento conservador-autoritário nacional.[47]

No momento atual, especialmente no campo científico, como aponta Minayo, vivencia-se certo "mal estar" com esse tipo de proposta

---

45 RODRIGUEZ, José Rodrigo. *Direito das lutas*: democracia, diversidade, multinormatividade. São Paulo: LiberArs, 2019. p. 250-251.

46 BENTO, Juliane Sant'Ana. *Julgar a política*: lutas pela definição da boa administração pública no Rio Grande do Sul (1992-2016). 2017. f. 41. Tese (Doutorado em Ciência Política) – Programa de Pós-Graduação em Ciência Política, Instituto de Filosofia e Ciências Humanas, Universidade Federal do Rio Grande do Sul, Porto Alegre, 2017.

47 ROSENFIELD, Luis. *Revolução conservadora*: genealogia do constitucionalismo autoritário brasileiro (1930-1945). Porto Alegre: EDIPUCRS, 2021. p. 141-142.

"unidirecionada e unívoca", um "incômodo teórico-prático frente à simplificação do real". O tema vem sendo trabalhado por autores célebres, podendo se destacar Ilya Prigogine, Henri Atlan e Edgar Morin.[48] Esse último adverte que os "erros, ignorâncias e cegueiras" do pensamento simplificador decorrem de um "modo mutilador de organização do conhecimento", o que "conduz a infinitas tragédias".[49] A criminalização da política e todos os seus impactos não são outra coisa senão uma dessas tragédias.

O ideário simplificador tem sua origem fundamental em Galileu Galilei, Francis Bacon e René Descartes. Além de rejeitar a tutela da ciência pela religião, algo revolucionário para os padrões do século XVI, Galileu propôs "o isolamento dos aspectos essenciais de um problema para tirar daí suas conclusões".[50] Descartes e Bacon, por sua vez, promovem uma separação radical entre sujeito, de um lado, e objeto, de outro. O desenvolvimento de suas ideias, em suas versões mais extremas e vulgares, levará à conclusão de que não existe qualquer participação do sujeito na criação de conhecimento sobre um objeto, o qual é sempre um dado, já previamente existente, a ser revelado matematicamente,[51] desprezando-se a mediação promovida pela linguagem. Tal paradigma busca colocar ordem no universo, ordem essa que "se reduz a uma lei, a um princípio". O conhecimento científico tem por "missão desvelar a simplicidade escondida por trás da aparente multiplicidade e da aparente desordem dos fenômenos".[52] Três postulados, em síntese, orientam esse processo: a existência de leis universais de caráter matemático, a possibilidade de descoberta dessas leis pela experiência científica e, por fim, a reprodutibilidade perfeita de dados experimentais.[53]

Foi na física que esse ideário primeiro encontrou campo fértil. Os sucessos extraordinários da física clássica – de Galileu, Kepler, Newton e depois mesmo Einstein – confirmaram a correção dos postulados cartesianos. Faltava, porém, dar mais um passo, "que já não era de natureza

---

48 MINAYO, Maria Cecília de Souza. Da inteligência parcial ao pensamento complexo: desafios da ciência e da sociedade contemporânea. *Política e Sociedade*, Florianópolis, v. 10, n. 19, p. 43, 2011.

49 MORIN, Edgar. *Introduc®ão ao pensamento complexo*. Lisboa: Piaget, 2003. p. 10 e 13.

50 TERRA, Walter; TERRA, Ricardo. *Filosofia da ciência*: fundamentos históricos, metodológicos, cognitivos e institucionais. São Paulo: Contexto, 2023. p. 39.

51 KROHLING, Aloísio. A busca da transdisciplinaridade nas ciências humanas. *Revista de Direitos e Garantias Fundamentais*, Vitória, n. 2, p. 195. 2007.

52 MORIN, Edgar. *Introduc®ão ao pensamento complexo*. Lisboa: Piaget, 2003. p. 59 e 76.

53 NICOLESCU, Basarab. *O manifesto da transdisciplinaridade*. Lisboa: Hugin, 2000. p. 19-20.

científica, mas filosófica e ideológica: proclamar a física a rainha das ciências". Era necessário "reduzir tudo à Física".[54]

O ambiente econômico, político e cultural instalado na Europa especialmente a partir do século XV viabiliza esse passo decisivo. O pretenso rigor lógico-matemático que orienta as ciências exatas e da natureza é transferido também para as ciências sociais e humanas, atingidas por um certo "complexo de inferioridade". É a partir desse parâmetro epistemológico que surgem todas as grandes correntes do pensamento ocidental: o liberalismo econômico, o positivismo sociológico, o behaviorismo na psicologia, entre outros.[55] Tampouco as ciências criminais escapariam desse "fisicalismo", observa Zaffaroni.[56]

No campo jurídico, como lembra Streck, as práticas hermenêutico-interpretativas hegemônicas ainda hoje estão presas ao esquema sujeito-objeto, ideia fulcral do ideário cartesiano. É verdade que o chamado giro ontológico-linguístico promoveu abalos, permitindo-nos compreender que "não nos relacionamos diretamente com os objetos, mas com a linguagem, que é a condição de possibilidade desse relacionamento". Seja como for, o esquema sujeito-objeto ainda predomina, enfatizando de modo reducionista um ou outro dos polos da relação (o sujeito ou o objeto). Prevalece sobretudo o sujeito solipsita, que assujeita as coisas e lhes atribui sentidos ao arrepio de qualquer controle intersubjetivo pela linguagem pública compartilhada.[57]

Trata-se do triunfo da razão cartesiana, da física e da matematização das relações. Em meio a essa "euforia cientificista", perceba-se que mesmo o marxismo, apesar da sua vocação crítica e interdisciplinar, é presidido por ideias "baseadas, em última análise, nos conceitos provenientes da física clássica: continuidade, causalidade local, determinismo, objetividade".[58]

A noção de continuidade ampara-se numa "evidência fornecida pelos órgãos dos sentidos: não se pode passar de um ponto a outro do espaço e do tempo sem passar por todos os espaços intermediários".

---

54 NICOLESCU, Basarab. *O manifesto da transdisciplinaridade*. Lisboa: Hugin, 2000. p. 20-21.

55 KROHLING, Aloísio. A busca da transdisciplinaridade nas ciências humanas. *Revista de Direitos e Garantias Fundamentais*, Vitória, n. 2, p. 196-199, 2007.

56 ZAFFARONI, Eugenio Raul. *Doutrina penal nazista*: a dogmática penal alemã entre 1933 e 1945. Tradução de Rodrigo Murad do Prado. Florianópolis: Tirant Lo Blanch, 2019. p. 129.

57 STRECK, Lenio Luiz. *Dicionário de hermenêutica: 50 verbetes fundamentais da teoria do direito à luz da crítica Hermenêutica do Direito*. Belo Horizonte: Casa do Direito, 2020. p. 98-100, 123-125, 212-213, 411 e 413.

58 NICOLESCU, Basarab. *O manifesto da transdisciplinaridade*. Lisboa: Hugin, 2000. p. 22.

Trata-se de ideia intimamente ligada a um conceito central da física clássica, a causalidade local, segundo a qual todo fenômeno físico pode ser compreendido como um "encadeamento contínuo de causas e efeitos": "a cada causa em um ponto dado corresponde um efeito em um ponto infinitamente próximo e a cada efeito em um ponto dado corresponde uma causa em um ponto infinitamente próximo". Desse modo, "dois pontos separados por uma distância, mesmo que infinita, no espaço e no tempo, estão todavia ligados por um encadeamento contínuo de causas e efeitos". Essas noções viabilizam a ascensão do determinismo[59] e da objetividade.[60] Equações e leis objetivas passam a presidir as análises de todos os fenômenos.

Esse conjunto de ideias e conceitos gerou, sem dúvida, progressos extraordinários, seja nos planos econômico e tecnológico, seja nos variados campos do conhecimento humano (inclusive no Direito). Apenas recentemente, no curso do século XX, passaram a ser revelados os problemas e até mesmo as tragédias que, em versões mais extremas e vulgares, uma cosmovisão carteasiano-simplificadora pode produzir.[61]

O paradigma simplificador, anota Morin, "isolou radicalmente uns dos outros três grandes campos do conhecimento científico: a física, a biologia e a ciência do homem". Promoveu uma "hiperespecialização" e uma "inteligência cega", que "destrói os conjuntos e as totalidades, isola todos os objetos do seu meio ambiente" e, enfim, "não pode conceber o elo inseparável entre o observador e a coisa observada".[62]

Surge, então, a necessidade de responder aos equívocos do pensamento simplificador. A resposta que emerge é: a complexidade.

Morin escreve que a complexidade exprime "nosso incômodo, nossa confusão, nossa incapacidade para definir de modo simples, para nomear de modo claro, para ordenar nossas ideias".[63] O complexo está

---

59 Como Walter e Ricardo Terra explicam, "o conjunto de princípios precisos da física newtoniana, conservado no restante da Física clássica, inspirou o chamado determinismo laplaciano, proposto pelo matemático e astrônomo francês Pierre-Simon Laplace (1749-1827)". Tal determinismo, segundo os autores, tem duas características: "a capacidade de previsibilidade absoluta e a reversibilidade total dos eventos físicos, isto é, não há uma seta do tempo que indica um único sentido para as ocorrências e que nos faz entendê-las como irreversíveis. Parte importante da ciência se desenvolveu segundo esses postulados laplacianos". TERRA, Walter; TERRA, Ricardo. *Filosofia da ciência*: fundamentos históricos, metodológicos, cognitivos e institucionais. São Paulo: Contexto, 2023. p. 43.

60 NICOLESCU, Basarab. *O manifesto da transdisciplinaridade*. Lisboa: Hugin, 2000. p. 20-23.

61 MORIN, Edgar. *Introdução ao pensamento complexo*. Lisboa: Piaget, 2003. p. 11.

62 MORIN, Edgar. *Introdução ao pensamento complexo*. Lisboa: Piaget, 2003. p. 12.

63 MORIN, Edgar. *Introdução ao pensamento complexo*. Lisboa: Piaget, 2003. p. 05.

ligado principalmente à desordem empírica e a contradições lógicas. De um lado, ele diz respeito "à incapacidade de ter certeza de tudo, de formular uma lei, de conceber uma ordem absoluta" no plano dos fatos, essencialmente caótico. De outro lado, o complexo está associado também à incapacidade de evitar contradições. Na visão tradicional, uma contradição num raciocínio é necessariamente um sinal de erro. Diante dela, é preciso retroceder e iniciar um novo raciocínio. Na visão complexa, quando se chega por vias empírico-racionais a uma contradição, não se trata necessariamente de um erro, mas de uma "camada profunda da realidade que, justamente por ser profunda, não encontra tradução em nossa lógica".[64]

É curioso que "a complexidade chegou a nós, nas ciências, pelo mesmo caminho que a tinha expulsado",[65] instalando-se no coração de onde surgira a simplicidade: a física.[66]

Ainda no século XIX, o austríaco Ludwig Boltzmann e, depois, o francês Henri Poincaré passaram a questionar o determinismo que organizava a física clássica, abrindo caminho para a noção de sistemas caóticos, não previsíveis.[67]

Nesse ambiente, já no século XX, emerge a ideia de complexidade, que inicialmente se coloca na periferia do universo, em fenômenos isolados da micro e da macrofísica,[68] e gradualmente passa a ocupar uma posição mais destacada.

Ilustrando essa transformação, é oportuno lembrar rapidamente uma passagem envolvendo Max Planck, célebre físico alemão. No início do século XX, ao se deparar com um inocente problema de física, Planck foi conduzido a uma descoberta revolucionária: constatou que a energia, ao contrário do que se supunha, tem uma estrutura discreta e descontínua. Ingressava no campo da física, assim, a ideia de descontinuidade, o que leva à desconcertante hipótese de que entre dois pontos pode não haver nada, "nem objetos, nem átomos, nem moléculas, nem partículas, apenas nada".[69]

---

[64] MORIN, Edgar. *Introdução ao pensamento complexo*. Lisboa: Piaget, 2003. p. 68.

[65] MORIN, Edgar. *Introdução ao pensamento complexo*. Lisboa: Piaget, 2003. p. 14.

[66] NICOLESCU, Basarab. *O manifesto da transdisciplinaridade*. Lisboa: Hugin, 2000. p. 44.

[67] TERRA, Walter; TERRA, Ricardo. *Filosofia da ciência*: fundamentos históricos, metodológicos, cognitivos e institucionais. São Paulo: Contexto, 2023. p. 52-55.

[68] MORIN, Edgar. *Introdução ao pensamento complexo*. Lisboa: Piaget, 2003. p. 34.

[69] NICOLESCU, Basarab. *O manifesto da transdisciplinaridade*. Lisboa: Hugin, 2000. p. 25-26.

Tal abalo à continuidade acaba por colocar em xeque também a noção de causalidade local. Emerge, então, um novo tipo de causalidade, a causalidade global, que passa a explicar os fenômenos não a partir de interações individuais e locais, mas do sistema em seu conjunto, o qual é mais do que a soma de suas partes e comporta inclusive conexões não locais. Também o determinismo e a objetividade clássica desmoronariam nesse processo.[70]

Noutro giro, a "busca da peça elementar que constituiria o universo" levou, igualmente, a descobertas desconcertantes. De início, acreditou-se encontrar a unidade elementar na molécula. Em seguida, revelou-se que a molécula era composta por átomos. Depois, descobriu-se que o átomo era, ele próprio, um sistema complexo. Chegou-se, então, ao conceito de partícula, que, por sua vez, também pode ser dividida teoricamente em *squarks*. Em suma, "a obsessão da simplicidade conduziu a aventura científica às descobertas impossíveis de conceber em termos de simplicidade".[71]

Os diversos responsáveis por descobertas desse tipo – Planck, Bohr, Einstein, Prigogine e outros – tinham consciência do significado extraordinário de suas ideias. Embora não se intitulassem filósofos da ciência, tinham sólida cultura filosófica e sabiam que o desconcerto epistemológico provocado não ficaria confinado às ciências exatas e da natureza, mas se projetaria por todo o conhecimento humano, gerando uma nova forma de compreender o mundo e suas relações.[72]

Inúmeros pensadores de renome contribuiriam para a expansão da complexidade por outros domínios do conhecimento. Wiener, Ashby e von Neumann, matemáticos, fundam a cibernética.[73] Na biologia, Bertalanffy[74] e Maturana[75] apresentam novidades sobre a cognição humana e passam a trabalhar com o conceito de sistema, depois desenvolvido na sociologia por teóricos como Parsons e Luhmann.

---

[70] NICOLESCU, Basarab. *O manifesto da transdisciplinaridade*. Lisboa: Hugin, 2000. p. 26-28.

[71] MORIN, Edgar. *Introdução ao pensamento complexo*. Lisboa: Piaget, 2003. p. 60.

[72] NICOLESCU, Basarab. *O manifesto da transdisciplinaridade*. Lisboa: Hugin, 2000. p. 26; MASSONI, Neusa Teresinha. Ilya Prigogine: uma contribuição à filosofia da ciência. *Revista Brasileira de Ensino de Física*, São Paulo, v. 30, n. 2, p. 01-08, 2008.

[73] MORIN, Edgar. *Introdução ao pensamento complexo*. Lisboa: Piaget, 2003. p. 34.

[74] MINAYO, Maria Cecília de Souza. Da inteligência parcial ao pensamento complexo: desafios da ciência e da sociedade contemporânea. *Política e Sociedade*, Florianópolis, v. 10, n. 19, p. 45-48, 2011.

[75] MATURANA, Humberto. *A árvore do conhecimento*: as bases biológicas da compreensão humana. Tradução de Humberto Mariotti e Lia Diskin. São Paulo: Palas Athena, 2001.

Nas ciências sociais e humanas, Freud e Marx implodem noções tradicionais, criando as bases para a teoria crítica da modernidade depois desenvolvida em Frankfurt por teóricos como Horkheimer e Adorno.[76] O caso de Marx é especialmente curioso. Ainda que suas categorias teóricas tenham, em geral, inequívoca inspiração cartesiana (e sejam, portanto, tributárias do paradigma da simplicidade), o marxismo esboça, por outro lado, conceitos disruptivos dos pontos de vista metodológico e epistemológico (incorporando, pois, aportes de complexidade, embora não com esse nome).

Não podemos também esquecer o papel das mulheres na história da ciência em geral – e particularmente na construção de uma forma complexa de ver as coisas. Vale enfatizar, especialmente, a extraordinária figura de Marie Curie, vencedora do prêmio Nobel em dois diferentes campos (em física em 1903 e em química em 1911). A propósito de Curie, a partir de uma "análise discursiva de alguns episódios da primeira aula de física" por ela ministrada, Derossi e Freitas-Reis destacam que sua "experimentação era trabalhada de maneira contextualizada e interdisciplinar", algo sem dúvida revolucionário para os padrões de então. Acrescentam elas: "Em cada uma das aulas, em cada estímulo, em cada experimento, é perfeitamente possível perceber sua preocupação com a assimilação do conhecimento e que este se desse de maneira sólida, duradoura e contextualizada". Por fim, assim as autoras sintetizam algumas das características de Curie: "o dialogismo, a linguagem, a semiose, a busca pela evolução dos saberes e a contextualização".[77]

Enfim, poderíamos citar outros pensadores e pensadoras cujas ideias abalaram o paradigma da simplicidade. Mas, entre todos, merece destaque Ilya Prigogine, vencedor do prêmio Nobel de Química em 1977.

A física tradicional é alicerçada em sistemas estáveis, equilibrados e deterministas, nos quais a instabilidade é a exceção. Na inovadora visão de Prigogine, inverte-se essa perspectiva. A imensa maioria dos fenômenos ocorre em situações de não equilíbrio, "e longe do equilíbrio aparecem o instável e o complexo, a possibilidade de formação de estruturas complexas e delicadas. As estruturas biológicas,

[76] KROHLING, Aloísio. A busca da transdisciplinaridade nas ciências humanas. *Revista de Direitos e Garantias Fundamentais*, Vitória, n. 2, p. 200, 2007.

[77] DEROSSI, Ingrid Nunes; FREITAS-REIS, Ivoni. A educadora Marie Curie: uma perspectiva diferenciada dessa cientista. *In*: ENCONTRO NACIONAL DE ENSINO DE QUÍMICA (ENEQ), 16., 2012, Salvador; ENCONTRO DE EDUCAÇÃO QUÍMICA DA BAHIA (EDUQUI),10., 2012, Salvador. *Anais eletrônicos* .... Salvador, 2012.

a auto-organização, a vida só é possível longe do equilíbrio". O caos, então, assume um papel construtivo, e passa a ser necessário desbravar suas próprias leis.[78]

Segundo a física tradicional, a evolução da ciência chegaria, em algum momento, "a um ponto em que todas as leis, pelo menos as que determinam o essencial dos fenômenos, seriam conhecidas. Não se redescobre a América".[79]

Prigogine rompe com esse dogma e passa a trabalhar com novos esquemas teórico-científicos, a exemplo da física dos processos de não equilíbrio e dos sistemas dinâmicos instáveis. Enquanto a ciência clássica privilegiava a ordem e a estabilidade, agora se identificam cenários de "escolhas múltiplas", "horizontes de previsibilidade limitada" e "o papel primordial das flutuações e da instabilidade". Esse quadro obriga a ciência a superar fórmulas baseadas na descrição de situações em termos de trajetórias individuais e funções de onda e a aderir a descrições estatísticas, probabilísticas, que levem em conta a evolução do conjunto. Disso também resulta uma "nova coerência", em que não cabem apenas leis, mas também eventos. Enfim, a ideia de caos torna-se popular e invade a ciência, cujas leis fundamentais exprimem agora possibilidades, e não mais certezas.[80]

A incerteza é, pois, uma ideia central nas formulações de Prigogine. O que hoje nos interessa, anota ele, "não é necessariamente o que podemos prever com certeza".[81] A verdade científica deixa de ser sinônimo de certo ou determinado, e o incerto e o indeterminado não estão necessariamente baseados na ignorância ou no desconhecimento.[82]

É claro que Prigogine não está imune a críticas. Paradoxalmente, seus questionamentos à física clássica partem também de uma "redução fisicalista" que reforça a visão de que a física é o paradigma da ciência. Ainda assim, suas contribuições têm méritos notáveis na ruptura com um modelo de ciência governado por certezas simples e determinísticas. Como observa Massoni, lembrando Gaston Bachelard, as ideias de

---

78 MASSONI, Neusa Teresinha. Ilya Prigogine: uma contribuição à filosofia da ciência. *Revista Brasileira de Ensino de Física*, São Paulo, v. 30, n. 2, p. 01-03, 2008.

79 PRIGOGINE, Ilya. *As leis do caos*. São Paulo: Editora UNESP, 2002. p. 07-08.

80 PRIGOGINE, Ilya. *O fim das certezas*: tempo, caos e leis da natureza. São Paulo: Editora UNESP, 2011. p. 11-13.

81 PRIGOGINE, Ilya. *As leis do caos*. São Paulo: Editora UNESP, 2002. p. 20.

82 MASSONI, Neusa Teresinha. Ilya Prigogine: uma contribuição à filosofia da ciência. *Revista Brasileira de Ensino de Física*, São Paulo, v. 30, n. 2, p. 07, 2008.

Prigogine colocam em evidência o "caráter imprevisível do desenvolvimento da ciência", que "está intimamente relacionado com um permanente questionamento, uma desilusão, com o conhecimento anterior".[83]

Por outro lado, é importante frisar que a incerteza de que fala Prigogine não consiste em puro acaso ou imprecisão. A incerteza, anota Morin, é um dado que paradoxalmente está no "seio de sistemas ricamente organizados", "semialeatórios", em que ordem e desordem se misturam intimamente.[84] O que se busca construir, então, segundo Prigogine, é um caminho estreito que rejeita tanto "um mundo regido por leis que não deixam nenhum lugar para a novidade" quanto "um mundo absurdo, acausal, onde nada pode ser previsto nem descrito em termos gerais".[85] Em suma, tomando de empréstimo as palavras de Rodriguez, não se trata de rejeitar abstrações, mas apenas de admitir que pode haver imprevistos.[86]

Transposto esse debate para o plano da interpretação-aplicação do Direito, cuida-se de rechaçar seja o subjetivismo (ou solipsismo) seja o objetivismo (ou essencialismo), como escreve Streck. É certo, por um lado, que "a hermenêutica permite a articulação de diferentes perspectivas ontológicas". Por outro lado, "não existe grau zero de sentido". Os fatos e os textos carregam em si mesmos algum sentido mínimo, de modo que "rejeitar um essencialismo realista não significa aceitar a ideia de que não existe qualquer justificação racional, objetiva", que dê sentido às coisas.[87]

Nessa ordem de ideias, Prigogine recorda, por exemplo, que Einstein, apesar da extraordinariedade de suas descobertas, as quais desestabilizavam noções básicas da física, nunca aceitou ultrapassar alguns níveis mínimos de realidade. No fim de sua vida, ao receber uma coletânea de artigos de Gödel, conhecido matemático que sugeria uma espécie de viagem ao passado, Einstein rejeitou a proposta. Por mais que a possibilidade de retorno ao passado fosse uma consequência

---

83 MASSONI, Neusa Teresinha. Ilya Prigogine: uma contribuição à filosofia da ciência. *Revista Brasileira de Ensino de Física*, São Paulo, v. 30, n. 2, p. 07, 2008.

84 MORIN, Edgar. *Introdução ao pensamento complexo*. Lisboa: Piaget, 2003. p. 35.

85 PRIGOGINE, Ilya. *O fim das certezas*: tempo, caos e leis da natureza. São Paulo: Editora UNESP, 2011. p. 202.

86 RODRIGUEZ, José Rodrigo. *Direito das lutas*: democracia, diversidade, multinormatividade. São Paulo: LiberArs, 2019. p. 82.

87 STRECK, Lenio Luiz. *Dicionário de hermenêutica*: 50 verbetes fundamentais da Teoria do Direito à luz da Crítica Hermenêutica do Direito. Belo Horizonte: Casa do Direito, 2020. p. 313-314.

lógica de suas próprias ideias, ele não podia concordar com o que seria, ao fim, uma negação da realidade do mundo.[88] Para Einstein, portanto, existia uma espécie de *a priori* compartilhado mínimo, que nem mesmo suas sofisticadas fórmulas podiam transpor.

Da necessidade de responder aos desafios que todo esse quadro complexo envolve surge, então, a transdisciplinaridade. Além de certezas determinísticas, a simplicidade cartesiana produziu uma progressiva especialização e fragmentação do conhecimento. Nas instituições universitárias, avançou a departamentalização do saber.[89] A transdisciplinaridade é, pois, o contraponto que se apresenta.

Observe-se que trandisciplinaridade não se confunde com pluridisciplinaridade ou interdisciplinaridade. Pluridisciplinaridade consiste meramente no "estudo de um objeto de uma mesma e única disciplina por várias disciplinas ao mesmo tempo". Já a interdisciplinaridade "diz respeito à transferência de métodos de uma disciplina para outra",[90] envolvendo, portanto, uma interação entre elas. Finalmente, a transdisciplinaridade é o produto final de uma interdisciplinaridade bem-sucedida. Trata-se de uma etapa superior de integração entre as disciplinas resultante de uma síntese dialética que contempla os diversos campos do saber e da realidade,[91] por meio de "triangulação de perspectivas, métodos, técnicas e análises".[92] Assim, ela consegue contemplar aquilo "que está ao mesmo tempo *entre* as disciplinas, *através* das diferentes disciplinas e *além* de qualquer disciplina", interessando-se por dinâmicas e interações que as etapas anteriores de integração disciplinar – como a pluridisciplinaridade e a interdisciplinaridade – não alcançam.[93]

Essa perspectiva vai ao encontro da ideia de interconexão entre as ciências proposta por Walter e Ricardo Terra. Segundo os autores, o positivismo clássico estabelece uma relação entre as ciências por meio

---

88 PRIGOGINE, Ilya. *O fim das certezas*: tempo, caos e leis da natureza. São Paulo: Editora UNESP, 2011. p. 201.

89 KROHLING, Aloísio. A busca da transdisciplinaridade nas ciências humanas. *Revista de Direitos e Garantias Fundamentais*, Vitória, n. 2, p. 200, 2007.

90 NICOLESCU, Basarab. *O manifesto da transdisciplinaridade*. Lisboa: Hugin, 2000. p. 52.

91 KROHLING, Aloísio. A busca da transdisciplinaridade nas ciências humanas. *Revista de Direitos e Garantias Fundamentais*, Vitória, n. 2, p. 202 e 206. 2007.

92 MINAYO, Maria Cecília de Souza. Da inteligência parcial ao pensamento complexo: desafios da ciência e da sociedade contemporânea. *Política e Sociedade*, Florianópolis, v. 10, n. 19, p. 45, 2011.

93 NICOLESCU, Basarab. *O manifesto da transdisciplinaridade*. Lisboa: Hugin, 2000. p. 53-54.

de uma redução: todos os postulados de uma ciência são explicados por outra sucessivamente até se reduzirem, por fim, a explicações físicas. No modelo contemporâneo, as interconexões devem se dar num novo nível, seja mediante compartilhamento de conceitos entre domínios diversos, seja mediante disciplinas de conexão, resultado de uma interconexão total de uma ciência e outra.[94]

A problemática que é objeto deste trabalho – a criminalização da política enquanto uma perversão do Direito e a relação entre Direito Penal, política e democracia no Brasil contemporâneo – demanda uma análise que perpassa diversos campos do conhecimento, a serem articulados por um ideal (talvez inatingível, mas que, ainda assim, serve como diretriz) transdisciplinar. Como vimos, no atual estágio de desenvolvimento da epistemologia em geral, mesmo as chamadas ciências duras têm rechaçado simplificações e certezas. Nos fenômenos antropossociais, naturalmente, a complexidade e a incerteza são ainda maiores.[95] No entanto, por vezes, analistas da problemática tratam-na de modo simples, em análises esquemáticas confinadas a campos específicos, sem preocupações transdisciplinares.

Nessa medida, o que se pretende no trabalho é enfrentar a problemática com a complexidade que ela merece, com diretrizes transdisciplinares, fundindo uma perspectiva mais descritiva (quais são as origens, como funciona e o que é o fenômeno da criminalização da política) com uma perspectiva mais prescritiva (caminhos para a superação da criminalização da política).

---

94 TERRA, Walter; TERRA, Ricardo. *Filosofia da ciência*: fundamentos históricos, metodológicos, cognitivos e institucionais. São Paulo: Contexto, 2023. p. 204 e 341.

95 MORIN, Edgar. *Introdução ao pensamento complexo*. Lisboa: Piaget, 2003. p. 14.

2

ORIGENS

Ao perscrutarmos as origens do fenômeno que aqui designamos como criminalização da política, é importante, inicialmente, firmar a constatação, que corre o risco de soar como uma platitude, de que todo saber jurídico é histórico, o que vale também – e principalmente – para o Direito Penal.

De fato, o Direito Penal não é uma "ciência esotérica" que paira acima de qualquer condicionamento ou regime político: "cada sistema político exige uma construção científica do Direito Penal e toda construção doutrinária penal responde a um contexto político".[96] Ainda mais do que isso – ou seja, do que um dado político ou histórico-cultural – o processo penal expressa "a constituição e o desenvolvimento de um modo de produção material, bem como relações estruturais de poder, segurança e dominação".[97]

Nessa medida, evidentemente, o chamado processo de criminalização da política não acontece do nada. Ele somente se viabiliza a partir de múltiplos antecedentes (econômicos, políticos, sociológicos, institucionais).

Neste capítulo, não se almeja uma reconstrução esquemática, cronológica e exaustiva dos múltiplos antecedentes do fenômeno. Além de inviável, isso seria uma simplificação (o que, como já assinalamos, é um dos alvos da crítica formulada neste trabalho).

O que fazemos, portanto, é explorar alguns antecedentes do fenômeno. Os antecedentes em questão consistem em elementos e eventos

[96] ZAFFARONI, Eugenio Raul. *Doutrina penal nazista*: a dogmática penal alemã entre 1933 e 1945. Tradução de Rodrigo Murad do Prado. Florianópolis: Tirant Lo Blanch, 2019. p. 14.

[97] CASARA, Rubens. *Processo penal do espetáculo e outros ensaios*. Florianópolis: Tirant Lo Blanch, 2018. p. 21.

que encontramos na história política, do Direito e das ideias a partir sobretudo do século XX.

Vale aqui enfatizar, recorrendo a distinção conceitual feita por Lafer, que antecedentes não são meras causas, redutíveis a estruturas silogísticas simples ou a esquemas cartesianos de causa e efeito. Cuida-se de algo mais complexo, um conjunto de condições (ou de origens) que ajudam a explicar os eventos que se desdobram a partir delas.[98]

A seguir, então, buscamos abordar quatro conjuntos de origens do fenômeno da criminalização da política no Brasil: (i) a influência do realismo jurídico e de sua tendência radicalmente simplificadora e pragmática; (ii) as projeções da experiência nazista sobre o Direito Penal contemporâneo, especialmente no que diz respeito à *etização* do Direito Penal e à ruptura com a ideia de proteção de bens jurídico-penais; (iii) a emergência de um novo arranjo institucional, marcado pela expansão e autonomização do sistema de justiça (com destaque para o Ministério Público), por uma alteração do padrão de judicialização da esfera cível para a criminal e por mudanças na noção de legitimidade, e (iv) a influência da experiência italiana de combate à corrupção.

2.1 Simplificação e realismo jurídico

Como pudemos ver, todas as grandes correntes do pensamento ocidental, nos mais diversos campos do conhecimento, têm na sua origem a razão cartesiana,[99] fortemente marcada por um ideal cientificista de simplificação.

No campo do Direito, nenhum movimento radicalizou tão profundamente esse ideal quanto o realismo jurídico. Mesmo que de modo não deliberado, esse movimento tem, portanto, relações com o que chamamos de criminalização da política, e seu estudo tem relevância no escopo deste trabalho.

O realismo jurídico é uma tentativa (mal sucedida) de contraposição ao positivismo jurídico,[100] o qual, por sua vez, como aponta

[98] LAFER, Celso. *A reconstrução dos direitos humanos*: um diálogo com o pensamento de Hannah Arendt. São Paulo: Companhia das Letras, 1988. p. 134.

[99] KROHLING, Aloísio. A busca da transdisciplinaridade nas ciências humanas. *Revista de Direitos e Garantias Fundamentais*, Vitória, n. 2, p. 196-199. 2007.

[100] STRECK, Lenio Luiz. *Dicionário de hermenêutica*: 50 verbetes fundamentais da Teoria do Direito à luz da crítica hermenêutica do Direito. Belo Horizonte: Casa do Direito, 2020. p. 379-380.

Bobbio, "nasce do esforço de transformar o estudo do direito numa verdadeira e adequada *ciência* que tivesse as mesmas características das ciências físico-matemáticas, naturais e sociais". Trata-se o positivismo, nesse sentido, de um empreendimento que se pretende avalorativo e que busca compreender a realidade "com base numa concepção puramente experimental (que nos seus primórdios é uma concepção mecanicista)". Procura-se estudar o Direito "como fato, não como valor", não lhe interessando especulações sobre a existência de algum Direito ideal. O que lhe importa é apenas o Direito real, o qual consiste precisamente no Direito válido, isto é, produzido segundo a forma que o próprio Direito estabelece.[101]

Já para o realismo é insuficiente a definição do Direito baseada no requisito único da validade, sendo necessário lhe agregar um requisito de eficácia. Enquanto os positivistas (em sentido estrito) entendem o Direito como realidade normativa (dever ser), os realistas o compreendem como realidade fatual (ser), isto é, como o conjunto de normas jurídicas efetivamente observadas e cumpridas, e não apenas válidas. Para identificação desse conjunto de normas, o realismo enfatiza especialmente o comportamento dos juízes.[102] O Direito, em resumo, é aquilo que os juízes dizem que ele é.

O movimento realista tem duas matrizes principais: norte-americana e escandinava. Dworkin bem observa que os tribunais norte-americanos desempenharam um papel mais amplo que os tribunais ingleses na adequação do Direito ao desenvolvimento industrial. Além disso, a Constituição dos Estados Unidos trouxe para o Direito questões que na Inglaterra são consideradas exclusivamente políticas. Assim, "os juristas norte-americanos foram mais duramente pressionados a fornecer uma descrição exata das decisões que os tribunais tomavam". É nesse processo que emerge o realismo norte-americano, centrado em fatos e em estratégias de mudança social.[103] Seus expoentes principais, como Jerome Frank e Oliver Wendel Holmes, têm uma ênfase sociológica. Já o realismo escandinavo e seus representantes mais célebres, como Karl Olivecrona e Alf Ross, são uma corrente de feições mais teórico-filosóficas. Seja como for, ambas as correntes

---

101 BOBBIO, Norberto. *O positivismo jurídico*. São Paulo: Ícone, 2017. p. 135-136 e 145.

102 BOBBIO, Norberto. *O positivismo jurídico*. São Paulo: Ícone, 2017. p. 142-143.

103 DWORKIN, Ronald. *Levando os direitos a sério*. São Paulo: WMF Martins Fontes, 2020. p. 06-07.

– norte-americana e escandinava – compartilham uma ideia fundamental: o Direito é uma "técnica operacional", "um fato social, cuja existência e descrição somente podem ser equacionadas em termos puramente fáticos, sensíveis e empíricos".[104]

Os realistas desconfiam da capacidade justificadora do ordenamento jurídico, considerado puro papel até que uma decisão judicial aponte o contrário. Antes da decisão judicial não há Direito, que se forma apenas *ex post*.[105] Alguns deles, como anota Dworkin, chegam a sustentar que "o direito não existe, ou que resulta apenas daquilo que o juiz tomou em seu café da manhã".[106]

O realismo configura, portanto, uma aposta no ativismo judicial e no protagonismo dos juízes e "desloca toda a aplicação do Direito do plano do conhecimento para o plano da vontade". Nessa perspectiva, naturaliza-se a ideia de que "o juiz primeiro decide e, na sequência, seleciona o argumento para justificar o decidido".[107]

Bobbio constata que o positivismo jurídico (em sentido estrito) prevaleceu na Europa continental e o realismo jurídico nos países anglo-saxônicos. Isso se explica facilmente, já que na Europa continental a produção do Direito é função por excelência do legislador, enquanto no mundo anglo-saxônico os tribunais desempenham um papel mais relevante.[108]

Convém observar, porém, que os escritos de Bobbio sobre o tema datam de 1960 e estão desatualizados diante de certas experiências – como a brasileira – de ascensão de um realismo jurídico radicalizado mesmo num país de tradição romano-germânica.

Na verdade, o fato é que, embora seja uma tentativa de contraposição ao positivismo, o realismo jurídico tem com ele pontos essenciais em comum, o que é bem ilustrado pela história da ascensão do realismo jurídico no Brasil.

---

[104] STRECK, Lenio Luiz. *Dicionário de hermenêutica*: 50 verbetes fundamentais da Teoria do Direito à luz da crítica hermenêutica do Direito. Belo Horizonte: Casa do Direito, 2020. p. 377-379 e 382.

[105] STRECK, Lenio Luiz. *Hermenêutica, jurisdição e decisão*. Porto Alegre: Livraria do Advogado, 2020. p. 62-63.

[106] DWORKIN, Ronald. *O império do Direito*. São Paulo: Martins Fontes, 2014. p. 45.

[107] STRECK, Lenio Luiz. *Dicionário de hermenêutica*: 50 verbetes fundamentais da Teoria do Direito à luz da crítica hermenêutica do Direito. Belo Horizonte: Casa do Direito, 2020. p. 378-379; STRECK, Lenio Luiz. *Hermenêutica, jurisdição e decisão*. Porto Alegre: Livraria do Advogado, 2020. p. 62.

[108] BOBBIO, Norberto. *O positivismo jurídico*. São Paulo: Ícone, 2017. p. 144.

Como escreve Streck, no período prévio a 1988, os juristas progressistas brasileiros em geral buscavam atacar o sistema a partir de uma atuação alternativista que tinha como inimigo central o "juiz boca da lei". Diante de uma Constituição autoritária, usava-se a criatividade judicial como meio de transformação. No entanto, uma vez promulgada a nova Constituição, agora democrática, a dogmática jurídica não fez uma transição adequada. Em vez de investir na efetividade do texto constitucional e fazer cumprir a Constituição, os atores jurídicos buscaram uma prática jurídica cada vez mais heterodoxa e criativa, passando a imperar a discricionariedade judicial. O realismo, então, que no Brasil surge como uma pretensa contraposição ao positivismo formal-exegético, torna-se também ele uma forma de positivismo.[109]

Em resumo, no contexto jurídico brasileiro, o positivismo e o realismo acabam tendo consequências muito semelhantes: a partir da descoberta da indeterminação das normas, o positivismo tem como consequência a discricionariedade; por sua vez, ao se amparar num ceticismo extremado e ao apostar na criatividade judicial, o realismo também tem como consequência a discricionariedade.[110]

Essa similaridade de consequências decorre do fato de que os movimentos, na verdade, partem do mesmo paradigma epistemológico, de uma mesma forma cartesiana de racionar, que consiste numa explicação de cunho cientificista e empirista sobre o Direito.[111]

Por não aceitarem o giro linguístico e estarem presos ao esquema sujeito-objeto, os positivistas ainda compreendem a linguagem como uma simples ferramenta. Segundo sua forma de raciocinar, o sujeito (intérprete) contempla o objeto (norma), e a linguagem é uma mera ferramenta da atividade de contemplação e extração de sentido. Não se

---

109 STRECK, Lenio Luiz. *Dicionário de hermenêutica*: 50 verbetes fundamentais da Teoria do Direito à luz da crítica hermenêutica do Direito. Belo Horizonte: Casa do Direito, 2020. p. 28-29 e 379; STRECK, Lenio Luiz. Como defender a jurisdição (constitucional) do realismo predatório? *Revista Consultor Jurídico*, São Paulo, 17 abr. 2021. Disponível em: https://www.conjur.com.br/2021-abr-17/observatorio-constitucional-defender-jurisdicao-constitucional-realismo-predatorio

110 STRECK, Lenio Luiz. *Dicionário de hermenêutica*: 50 verbetes fundamentais da Teoria do Direito à luz da crítica hermenêutica do Direito. Belo Horizonte: Casa do Direito, 2020. p. 379-380; STRECK, Lenio Luiz. Como defender a jurisdição (constitucional) do realismo predatório? *Revista Consultor Jurídico*, São Paulo, 17 abr. 2021. Disponível em: https://www.conjur.com.br/2021-abr-17/observatorio-constitucional-defender-jurisdicao-constitucional-realismo-predatorio

111 STRECK, Lenio Luiz. *Dicionário de hermenêutica*: 50 verbetes fundamentais da Teoria do Direito à luz da crítica hermenêutica do Direito. Belo Horizonte: Casa do Direito, 2020. p. 380.

compreende que a linguagem, na verdade, é condição de possibilidade da construção de sentido, o qual somente existe num processo intersubjetivo compartilhado. Já para os realistas, como vimos, o Direito deve ser compreendido em termos puramente fáticos, sensíveis e empíricos. O realismo é, pois, um positivismo fático.[112]

Esse conjunto de críticas ao realismo jurídico não deve significar sua total demonização. Assim como o positivismo, apesar de seus equívocos, levou a progressos relevantes, também o realismo tem potenciais virtudes, em especial a de lançar um olhar crítico sobre "a indiferença do fenômeno jurídico em relação à política e aos demais ambientes sociais".[113] No entanto, pelo menos no Brasil, a hegemonia desse ideário e a forma como ele vem se projetando no campo jurídico têm gerado problemas.

Em termos institucionais, verifica-se uma expansão do sistema de justiça, em especial do Poder Judiciário e do Ministério Público, que passam a ocupar espaços de outras instituições e a avançar sobre problemas cuja solução deveria competir à soberania popular, decidindo-os discricionariamente. Esse processo, como observa Streck, foi estimulado pelas fragilidades do presidencialismo de coalizão.[114]

Perceba-se que, inicialmente, a discricionariedade se encontrava no nível da política e implicava um enfraquecimento da autonomia do Direito, totalmente subordinado ao processo político. As diversas formas de realismo, nesse contexto, buscam afirmar a autonomia do Direito, ponto que une também propostas teóricas como as de Canotilho, Ferrajoli e Streck. Como anota esse último, "a democracia pressupõe que o direito possua um elevado grau de autonomia", de modo que questões políticas e morais decididas pelas instâncias políticas somente podem ser desconsideradas, no âmbito autônomo do Direito, em "contraste

---

112 STRECK, Lenio Luiz. *Dicionário de hermenêutica*: 50 verbetes fundamentais da Teoria do Direito à luz da crítica hermenêutica do Direito. Belo Horizonte: Casa do Direito, 2020. p. 28-31, 379-380; STRECK, Lenio Luiz. Como defender a jurisdição (constitucional) do realismo predatório? *Revista Consultor Jurídico*, São Paulo, 17 abr. 2021. Disponível em: https://www.conjur.com.br/2021-abr-17/observatorio-constitucional-defender-jurisdicao-constitucional-realismo-predatorio.

113 BARROS, Marco Antonio Loschiavo Leme de. Por uma teoria realista do Direito? O realismo sociológico de Brian Tamanaha. Resenha de: TAMANAHA, Brian. *A realistic theory of law.* Cambridge: Cambridge University Press, 2017. *Revista Brasileira de Sociologia do Direito*, v. 9, n. 1, p. 151-156, jan./abr. 2022.

114 STRECK, Lenio Luiz. Como defender a jurisdição (constitucional) do realismo predatório? *Revista Consultor Jurídico*, São Paulo, 17 abr. 2021. Disponível em: https://www.conjur.com.br/2021-abr-17/observatorio-constitucional-defender-jurisdicao-constitucional-realismo-predatorio

com o sistema de garantias construído pela Constituição". Esse é o "*plus* do Estado Democrático de Direito: a diminuição do espaço de discricionariedade da política pela Constituição fortalece materialmente os limites entre direito, política e moral".[115] Paradoxalmente, porém, a autonomização extrema do Direito, pela via da discricionariedade, acaba por concentrar poder num novo ator, o Poder Judiciário, o qual passa a realizar cálculos morais e instrumentais que excedem as suas atribuições, fragilizando o sistema democrático.[116]

Outra repercussão do realismo jurídico, correlata ao aludido fortalecimento do Poder Judiciário, ocorre nos planos hermenêutico e metodológico.

Como já vimos, a teoria jurídica não fez uma transição adequada ao advento da Constituição de 1988 e passou a investir numa prática cada vez mais discricionária, muito marcada pela disseminação de conceitos abertos, princípios e técnicas como a ponderação, nem sempre conduzidas com rigor metodológico e com base em critérios intersubjetivamente controláveis. Nesse ambiente, a moral avança decisionisticamente sobre o Direito, que tem sua autonomia amesquinhada.

Finalmente, podemos afirmar que o realismo jurídico se projeta, também, por meio do fortalecimento do senso comum no Direito. O senso comum "proporciona a simplificação do mundo jurídico", em geral por meio de procedimentos classificatórios e lógico-subsuntivos que reproduzem valores, crenças e pré-juízos sem na verdade explicá-los.[117] Trata-se de ideia estreitamente relacionada ao anti-intelectualismo, movimento caracterizado pelo desprezo à teorização e a raciocínios abstratos e pela ênfase obsessiva em fatos e resultados práticos. Dito de outro modo, cuida-se de um utilitarismo vulgar, refratário à reflexão crítica.

Não é difícil identificar essas repercussões teóricas e práticas do realismo jurídico sobre aquilo que chamamos de criminalização da política.

---

[115] STRECK, Lenio Luiz. *Hermenêutica, jurisdição e decisão*. Porto Alegre: Livraria do Advogado, 2020. p. 54 e 58-59.

[116] STRECK, Lenio Luiz. *Hermenêutica, jurisdição e decisão*. Porto Alegre: Livraria do Advogado, 2020. p. 254.

[117] STRECK, Lenio Luiz. *Dicionário de hermenêutica*: 50 verbetes fundamentais da Teoria do Direito à luz da crítica hermenêutica do Direito. Belo Horizonte: Casa do Direito, 2020. p. 408-409.

São frequentes, por exemplo, os apelos, explícitos ou implícitos, ao senso comum, elevado à condição de uma espécie de critério supremo apto a aferir a correção de posições sobre temas penais.

Ao defender o recrudescimento da legislação punitiva e criticar inovações como a figura do juiz de garantias, Moro aponta que, "para o brasileiro em geral, os problemas da Justiça criminal resumem-se à morosidade e à impunidade. Difícil imaginar que o cidadão comum elenque entre os problemas da Justiça a falta de dissociação entre o juiz na fase de investigação e o juiz da ação penal".[118] Para o ex-magistrado, portanto, o clamor popular deve ser o elemento norteador central da atuação do Estado em matéria penal.

Em outra passagem, ao afirmar que "combater a corrupção nada tem de deletério para a democracia ou para a economia", sustenta que "isso é uma verdade aceita no mundo inteiro e que corresponde ao nosso senso comum".[119] Perceba-se que o problema no caso não está no mérito da afirmação, mas na justificativa que comprovaria sua correção: o fato de ser a posição do senso comum. Trata-se de um argumento de autoridade frágil e perigoso, na medida em que o Direito Penal, mais do que outros campos do Direito, precisa estar firmemente atado a diretrizes contramajoritárias, e não a orientações do senso comum.

Observe-se, por fim, que Dallagnol não pensa diferente de Moro. Ao apontar, por exemplo, uma suposta superioridade do sistema de justiça norte-americano, afirma que nos Estados Unidos "o júri é composto por pessoas comuns, nunca por juízes indicados politicamente".[120]

A propósito, a exaltação aos Estados Unidos é outro traço marcante no pensamento desses atores, os quais podem ser compreendidos como produtos de um movimento mais amplo de *americanização* do Direito.

Na prática legislativa e institucional, essa americanização tem se revelado sobretudo na importação de institutos jurídicos, muitas vezes sem os filtros críticos necessários.[121] Na apresentação do já referido

---

118 MORO, Sergio. *Contra o sistema da corrupção*. Rio de Janeiro: Primeira Pessoa, 2021. p. 185.

119 MORO, Sergio. *Contra o sistema da corrupção*. Rio de Janeiro: Primeira Pessoa, 2021. p. 264.

120 DALLAGNOL, Deltan Martinazzo. *A luta contra a corrupção*: a Lava Jato e o futuro de um país marcado pela impunidade. Rio de Janeiro: Primeira Pessoa, 2017. p. 33.

121 É farta a literatura que aponta e critica esse tipo de importação de institutos jurídicos, sobretudo norte-americanos. Na literatura mais diretamente relacionada a esta pesquisa, podemos citar, por exemplo: COSTA, Patrícia Spagnolo Parise. *A vontade do povo como perversão*: uma visão crítica do papel do Ministério Público a partir da Operação Lava Jato. São Paulo: LiberArs, 2021. p. 185; GLOECKNER, Ricardo Jacobsen. *Autoritarismo e processo*

pacote legislativo intitulado Dez Medidas Contra a Corrupção, havia alusão explícita ao modelo norte-americano, nos seguintes termos: "Além disso, sugere-se a inserção de dois novos parágrafos no art. 157, para introduzir a ponderação dos direitos e interesses em jogo na avaliação da exclusão da prova, o que está em harmonia com a legislação de diversos países democráticos, inclusive a norte-americana, de onde foi importada a regra da exclusão da prova ilícita e da prova derivada da prova ilícita".[122]

Já em termos teóricos, o processo ocorre especialmente por meio da adesão, um tanto superficial, a um pragmatismo utilitarista – pragmatismo esse que serve de base aos diversos movimentos realistas e que encontrou em Dworkin seu grande adversário.[123]

Moro afirma, por exemplo, que "os norte-americanos possuem uma visão bem mais pragmática do Direito, diferentemente dos brasileiros". No Brasil, segundo ele, haveria "uma valorização excessiva do formalismo".[124] Essa posição acentua-se na visão – e na prática – do ex-magistrado sobre o uso da publicidade. A exposição de investigações e processos aos "holofotes da sociedade",[125] nesses exatos termos, é compreendida como uma estratégia legítima, na medida em que contribuiria para um aumento das chances de punição. A opinião é compartilhada por Dallagnol, que aponta que o uso da comunicação teria ainda a vantagem de estimular a celebração de acordos de colaboração.[126] Ou seja, a busca de um aumento das taxas de punição (fim) justificaria o enxovalhamento público de réus e investigados (meio).

Registre-se que não há problema no tão só fato de o Judiciário ou o Ministério Público, ao definir uma atuação, sopesar as consequências que ela produzirá. Mas é preciso que isso seja feito com deferência ao Direito positivo e de forma transparente e intersubjetivamente

penal: uma genealogia das ideias autoritárias no processo penal brasileiro. Florianópolis: Tirant Lo Blanch, 2018. p. 149; RODRIGUEZ, José Rodrigo. *Direito das lutas*: democracia, diversidade, multinormatividade. São Paulo: LiberArs, 2019. p. 240.

[122] BRASIL. Ministério Público Federal. *10 medidas contra a corrupção*. Medida 7: ajustes nas nulidades penais. Brasília, DF: MPF, 2020. Disponível em: https://dezmedidas.mpf.mp.br/apresentacao/conheca-as-medidas/docs/medida_7_versao-2015-06-25.pdf

[123] STRECK, Lenio Luiz. *Dicionário de hermenêutica*: 50 verbetes fundamentais da Teoria do Direito à luz da crítica hermenêutica do Direito. Belo Horizonte: Casa do Direito, 2020. p. 343-344.

[124] MORO, Sergio. *Contra o sistema da corrupção*. Rio de Janeiro: Primeira Pessoa, 2021. p. 25.

[125] MORO, Sergio. *Contra o sistema da corrupção*. Rio de Janeiro: Primeira Pessoa, 2021. p. 185.

[126] DALLAGNOL, Deltan Martinazzo. *A luta contra a corrupção*: a Lava Jato e o futuro de um país marcado pela impunidade. Rio de Janeiro: Primeira Pessoa, 2017. p. 125.

controlável. Não é incomum na prática judicial brasileira o que se chama de *criptoconsequencialismo*, fenômeno em que as consequências são consideradas, mas não figuram de modo explícito nas decisões. Ocorre, então, "uma espécie de 'subsunção às avessas': com base na avaliação das consequências, os juízes escolhem uma solução, e depois buscam fundamentá-la em argumentos formais, sem que se explicitem as razões reais que conduziram ao resultado do julgamento".[127] Dito de outro modo, primeiro se decide e depois se fundamenta,[128] numa operação não conduzida às claras.

Enfim e em suma, podemos afirmar que a criminalização da política é uma das principais projeções contemporâneas do realismo jurídico. No Brasil, o realismo primeiro se manifestou na jurisdição constitucional em geral, na seara cível e no controle judicial de políticas públicas. Encontrou, inclusive, adeptos na esquerda, o que não é uma exclusividade nacional. Como anota Dworkin, os *critical legal studies*,[129] nos Estados Unidos, também tiveram inspiração realista.[130] Seja como for, a criminalização da política representa um novo nível do fenômeno. Trata-se de um nível mais radical, já que envolve o uso da máquina de persecução criminal, implica restrições à liberdade de pessoas e interfere mais diretamente na agenda político-eleitoral. Além disso, trata-se de um nível muito mais vulgar, dissociado de preocupações teóricas e indisfarçadamente subordinado ao senso comum.

---

127 SARMENTO, Daniel; SOUZA NETO, Cláudio Pereira de. *Direito Constitucional*: teoria, história e métodos de trabalho. Belo Horizonte: Fórum, 2013. p. 425.

128 STRECK, Lenio Luiz. Como defender a jurisdição (constitucional) do realismo predatório? *Revista Consultor Jurídico*, São Paulo, 17 abr. 2021. Disponível em: https://www.conjur.com.br/2021-abr-17/observatorio-constitucional-defender-jurisdicao-constitucional-realismo-predatorio

129 Os *critical legal studies* foram um movimento iniciado nos Estados Unidos nos anos 1970 por professores que, sob alguma influência marxista, objetivavam criticar o positivismo e a forma como a doutrina, o ensino e as instituições jurídicas operam para a manutenção do *status quo*. Seus principais expoentes são, entre outros, Duncan Kennedy, Mark Tushnet e o brasileiro Roberto Mangabeira Unger. GODOY, Arnaldo Sampaio de Moraes. *Introdução ao movimento* critical legal studies. Porto Alegre: Sergio Antonio Fabris Editor, 2005.

130 DWORKIN, Ronald. *O império do Direito*. São Paulo: Martins Fontes, 2014. p. 324.

2.2 A *etização* do Direito Penal e o exemplo nazista

2.2.1 Dogmática penal, historicidade e argumento pelo exemplo

A simplificação realista que, como vimos, prevalece nas abordagens sobre o chamado processo de criminalização da política e as problemáticas a ele correlatas tem como causa central uma visão deturpada sobre a função do Direito Penal.

Mas qual é precisamente a função do Direito Penal numa sociedade democrática?

Nesta parte do trabalho, não temos a pretensão de oferecer uma resposta taxativa. O que se busca é uma aproximação que permita, adiante, uma conclusão mais precisa.

Para tanto, recorremos ao exemplo da mais radical experiência de perversão das funções do Direito Penal já registrada. É dizer, buscamos construir um "argumento fundado no exemplo". Trata-se de um modelo de abordagem que se inspira em proposta de Celso Lafer, cuja *magnum opus* analisa a irrupção do totalitarismo por meio de um "juízo retrospectivo", o qual guia e conduz um "juízo prospectivo" sobre a problemática por ele enfrentada. Edifica ele um argumento que se baseia no "princípio da semelhança" e que adquire autoridade quando revestido de uma "dimensão paradigmática, transmitida pela intenção do argumentador".[131]

O grande exemplo – aqui então buscando replicar esse modelo argumentativo – do qual podemos extrair elementos para pensar o tema da criminalização da política enquanto uma perversão do Direito é a experiência nazista.[132] Foi por meio do Direito – e em especial do Direito Penal – que "o nacional-socialismo colocou em prática, de forma progressiva, todas as políticas de purificação racial, alijamento de pessoas e, por fim, extermínio dos estranhos à comunidade, eclodindo o que conhecemos como sendo o holocausto".[133] A dogmática

---

131 LAFER, Celso. *A reconstrução dos direitos humanos*: um diálogo com o pensamento de Hannah Arendt. São Paulo: Companhia das Letras, 1988. p. 308.

132 Importa registrar que a análise aqui feita sobre o nazismo se concentra em estudos sobre a história de seu Direito Penal. A literatura sobre o nazismo é enorme. O livro recorre também a fontes não propriamente jurídicas, mas apenas para contextualizações e esclarecimentos pontuais que se fazem necessários.

133 PRADO, Rodrigo Murad do. Nota do tradutor. *In*: ZAFFARONI, Eugenio Raul. *Doutrina penal nazista:* a dogmática penal alemã entre 1933 e 1945. Tradução de Rodrigo Murad do Prado. Florianópolis: Tirant Lo Blanch, 2019. p. 05.

penal hegemônica naquele tempo foi um importante instrumento legitimador de tudo o que ocorreu de assombroso, oferecendo as bases conceituais – como as noções de "sã consciência do povo" e "vontade do *Führer*" – aptas a justificar a punição do "que fosse propenso a provocar desestrutura no regime".[134]

É importante deixar claro que, ao dedicar algumas palavras ao Direito Penal nazista, não se pretende sustentar que a criminalização da política ou outras variantes corrompidas de Direito Penal presentes no Brasil contemporâneo – entre as quais o chamado bolsonarismo penal[135] – sejam de inspiração diretamente nazista. O nazismo foi um evento em tudo singular. No entanto, apesar de sua relativa curta duração, foi um regime que produziu imensas consequências no processo histórico, político e jurídico, nos mais diversos campos do conhecimento e pontos do globo, inclusive na América Latina.[136] Nessa medida, como aponta Zaffaroni, "reparar na dogmática penal alemã de 1933 a 1945 não é para os advogados criminalistas latino-americanos uma simples curiosidade do passado", mas uma necessidade decorrente de diversas razões e elementos concretos da nossa realidade político-criminal.[137]

Entre essas razões, cabe destacar que a ciência jurídico-penal latino-americana contemporânea é tributária da metodologia da

---

[134] PRADO, Rodrigo Murad do. Nota do tradutor. *In*: ZAFFARONI, Eugenio Raul. *Doutrina penal nazista:* a dogmática penal alemã entre 1933 e 1945. Tradução de Rodrigo Murad do Prado. Florianópolis: Tirant Lo Blanch, 2019. p. 05-06.

[135] A definição do bolsonarismo não é imune a controvérsias. Como observa Rocha, há quem sustente que não existe bolsonarismo, mas apenas bolsonaristas, tendo em vista a falta de um conjunto coerente minimamente articulado de ideias. Se assim fosse, porém, talvez também não fosse possível falar em nazismo, mas apenas em nazistas, uma vez que aquele fenômeno, como veremos, também se resumia, em geral, a um amontoado de *slogans* desconexos. Nesse quadro, podemos dizer que o bolsonarismo consiste num movimento de extrema-direita, de linguagem violenta, organizado a partir das eleições presidenciais de 2018, cujo ideário tem como centro a hostilidade a pautas e personagens de qualquer forma associados à esquerda e ao progressismo. Seu líder, Jair Messias Bolsonaro, é um ex-capitão do Exército simpático à chamada linha-dura das Forças Armadas, a qual, além de não se conformar, buscou continuamente sabotar o processo de abertura política e redemocratização iniciado no Brasil no fim dos anos 1970. No plano do Direito Penal, o bolsonarismo é entusiasta de propostas de recrudescimento da legislação, em geral claramente incompatíveis com a Constituição e com o atual estágio do Direito Internacional dos Direitos Humanos. ROCHA, João Cezar de Castro. *Bolsonarismo:* da guerra cultural ao terrorismo doméstico. Belo Horizonte: Autêntica, 2023. p. 53-64.

[136] CONDE, Francisco Muñoz. Prólogo. *In*: ZAFFARONI, Eugenio Raul. *Doutrina penal nazista:* a dogmática penal alemã entre 1933 e 1945. Tradução de Rodrigo Murad do Prado. Florianópolis: Tirant Lo Blanch, 2019. p. 11.

[137] ZAFFARONI, Eugenio Raul. *Doutrina penal nazista*: a dogmática penal alemã entre 1933 e 1945. Tradução de Rodrigo Murad do Prado. Florianópolis: Tirant Lo Blanch, 2019. p. 11 e 24.

dogmática penal alemã. Além disso, embora o próprio poder punitivo do Estado tenha sido usado para promover diversos genocídios ao longo dos tempos, em nenhum caso isso ocorreu com amparo num discurso jurídico-penal tão finamente elaborado e com nível de racionalização teórica tão elevado quanto no nazismo.[138]

Em suma, aquele regime e tudo a ele associado – inclusive sua dogmática penal – tiveram imensa influência. Categorias nazistas continuaram existindo, mesmo que com outra roupagem. Professores nazistas continuaram lecionando, a maioria sem esboçar nenhuma autocrítica. Ademais, como mostra Zaffaroni, "a dogmática penal alemã desses anos não surgiu no vácuo nem apareceu de repente".[139] Apesar da sua brutalidade e do seu caráter inegavelmente ruptural, o nazismo, seja no plano concreto (materializado, na sua etapa derradeira, na matança em massa nos campos de concentração), seja no plano das ideias (como o da sua dogmática criminal), foi forjado num processo incremental, de desenvolvimento progressivo de elementos já existentes. Nesse sentido, assim como não apareceram do nada, as categorias teóricas nazistas tampouco desapareceram num passe de mágica.

Enfim, com o nazismo não houve uma completa novidade ou fratura teórica, mas a continuidade – radicalizada quantitativa e qualitativamente – de elementos que já existiam. Não é possível descartar, pois, que esses mesmos elementos – ainda que disfarçados em novas terminologias – continuem existindo e "alimentando as racionalizações do *Direito Penal desumano* dos nossos dias".[140]

Citando um estudo de Gerhard Pauli de 1992, Zaffaroni lista uma série de *sobrevivências* da jurisprudência nazista em matéria criminal. Isso ocorreu, entre outros pontos, "em matéria de autoria e participação, aceitação da voluntariedade da desistência, delimitação entre atos preparatórios e de tentativa, interpretação do conceito de ação lasciva, prejuízo patrimonial na fraude (adotando a perspectiva da vítima) e subjetivação do falso testemunho (o famoso caso da testemunha que diz a verdade acreditando que mente)". Igualmente, houve sobrevivências em tema de prisão preventiva (que ganhou um caráter de proteção social

138 ZAFFARONI, Eugenio Raul. *Doutrina penal nazista*: a dogmática penal alemã entre 1933 e 1945. Tradução de Rodrigo Murad do Prado. Florianópolis: Tirant Lo Blanch, 2019. p. 24.

139 ZAFFARONI, Eugenio Raul. *Doutrina penal nazista*: a dogmática penal alemã entre 1933 e 1945. Tradução de Rodrigo Murad do Prado. Florianópolis: Tirant Lo Blanch, 2019. p. 25.

140 ZAFFARONI, Eugenio Raul. *Doutrina penal nazista*: a dogmática penal alemã entre 1933 e 1945. Tradução de Rodrigo Murad do Prado. Florianópolis: Tirant Lo Blanch, 2019. p. 27.

até então inexistente) e em conceitos centrais do nacional-socialismo como honra, fidelidade e degeneração, especialmente na jurisprudência sobre homossexualidade.[141] A propósito, convém lembrar que apenas em 1994, na Alemanha já reunificada, a homossexualidade deixou de ser tipificada criminalmente.

2.2.2 Cosmovisão nazista

Como exposto, o nazismo não foi uma completa novidade ou ruptura teórica, mas uma continuidade de elementos já existentes.

Tal constatação, num primeiro momento, parece se chocar com a mais célebre e difundida análise já feita sobre o nazismo no campo da filosofia política (qual seja, a obra de Hannah Arendt), a qual destaca o fenômeno justamente como uma ruptura[142] – um hiato entre o passado e o futuro, um desconcerto epistemológico em que a lógica do razoável e os padrões e categorias que compõem o repertório da tradição ocidental deixam de dar conta dos acontecimentos.[143]

Esse caráter ruptural – e por isso, segundo alguns, imprevisível e de coincidência acidental – do nazismo tem sido reforçado por posições como a de Ian Kershaw, o grande biógrafo contemporâneo de Hitler. Se o *Führer* fosse Göring ou qualquer outro, afirma Kershaw, os acontecimentos não teriam tomado o rumo que tomaram, o que revela a incorreção de teorias com viés determinista que negligenciam o papel das pessoas individualmente consideradas na definição dos rumos da história.[144]

Uma versão mais vulgar dessa posição pode ser encontrada – segundo o que entendemos, a partir de análise de Rodriguez – em Niall Ferguson, o qual sustenta que a história é totalmente contingente, virtual

---

[141] ZAFFARONI, Eugenio Raul. *Doutrina penal nazista*: a dogmática penal alemã entre 1933 e 1945. Tradução de Rodrigo Murad do Prado. Florianópolis: Tirant Lo Blanch, 2019. p. 84-85.

[142] Como anota Frohlich, a preocupação de Hannah Arendt com o "esgarçamento dos elementos da tradição ocidental" – o que acabaria levando à ruptura – pode ser identificada já nos anos 1930. Mas é em 1951 – ou seja, após consumada a ruptura e já conhecido seu evento mais marcante, qual seja, o campo de concentração – que ela publica sua obra máxima sobre o tema, intitulada *Origens do totalitarismo*. FROHLICH, Victor. *Heranças e seus perigos*: a ruptura da tradição no pensamento de Hannah Arendt. 2024. f. 132 e 246. Tese (Doutorado em Filosofia) – Programa de Pós-Graduação em Filosofia, Universidade de São Paulo, São Paulo, 2024.

[143] LAFER, Celso. *A reconstrução dos direitos humanos*: um diálogo com o pensamento de Hannah Arendt. São Paulo: Companhia das Letras, 1988. p. 19 e 80.

[144] KERSHAW, Ian. *Hitler*. Tradução de Pedro Maia Soares. São Paulo: Companhia das Letras, 2015. p. 20.

(e não uma sequência causal de fatos previamente determinados, previsíveis e inevitáveis, como supostamente defenderiam historiadores marxistas como Eric Hobsbawm). Os eventos históricos seriam, segundo tal tese, resultado do acaso e do caos. Como demonstra Rodriguez, essa posição de Ferguson é na verdade uma perversão que esvazia formas racionais de explicação da história e de seus fatos e processos.[145] Trata-se de um sofisma, assentado sobre uma falsa premissa. Afinal, mesmo Marx não tinha uma visão totalmente determinista da história. O que ele sustentava é que "os homens não escolhem todas as circunstâncias em que vivem: parte de sua existência é determinada, o que significa que nem todas as possibilidades estão abertas o tempo todo".[146]

Seja como for, afastada essa postura extremada – e talvez intelectualmente desonesta – de Ferguson, as demais posições aqui tratadas – de Zaffaroni, Arendt e Kershaw – são conciliáveis. Numa perspectiva complexa (tal como buscamos construir esta pesquisa), é possível afirmar que o nazismo não foi puro acaso ou imprevisibilidade, mas tampouco foi mera sequência lógica de um curso causal previamente estabelecido. A *reductio ad Hitlerum*, nos campos real e teórico, decorre de um processo incremental, de esgarçamento contínuo,[147] em que a ruptura é seu resultado final. Mas todos os elementos que levam à ruptura já estavam presentes antes dela – e não surgem com ela.[148] Lembra-se aqui da célebre máxima marxista: "O concreto é concreto porque é síntese de múltiplas determinações".[149]

Dito isso, convém melhor identificar alguns elementos que compõem o que se pode chamar de *Weltanschauung* (ou cosmovisão) nazista.

Essa *Weltanschauung* compreendeu mesmo as ciências duras, como a física. Os nazistas levaram a tal extremo a sua peculiar visão do mundo que criaram inclusive uma "física alemã" que se opunha à "física

---

145 RODRIGUEZ, José Rodrigo. *Direito das lutas*: democracia, diversidade, multinormatividade. São Paulo: LiberArs, 2019. p. 372.

146 RODRIGUEZ, José Rodrigo. *Direito das lutas*: democracia, diversidade, multinormatividade. São Paulo: LiberArs, 2019. p. 371.

147 LAFER, Celso. *A reconstrução dos direitos humanos*: um diálogo com o pensamento de Hannah Arendt. São Paulo: Companhia das Letras, 1988. p. 76.

148 Lafer faz uma importante nota distintiva entre o nazismo e o stalinismo nesse ponto. Segundo ele, "os horrores do nazismo são surpreendentes mas não incongruentes com a ideologia nazista". Já "os horrores do stalinismo são não só surpreendentes mas também incongruentes com o marxismo". Podemos afirmar, portanto, que o stalinismo foi uma *perversão* do marxismo. LAFER, Celso. *A reconstrução dos direitos humanos*: um diálogo com o pensamento de Hannah Arendt. São Paulo: Companhia das Letras, 1988. p. 77.

149 MARX, Karl. *Grundrisse*. São Paulo: Boitempo, 2011. p. 77.

judia" de Einstein e Heisenberg. Dois prêmios Nobel de Física, Phillip Lenard e Johannes Stark, militaram nesse sentido, sustentando que o universo seria um mistério que não se pode entender racionalmente.[150]

Um elemento importante da *Weltanschauung* nazista é um certo "romantismo" – termo usado por Zaffaroni na falta de outra designação mais precisa. Desde o final do século XIX, a atmosfera da Alemanha passa a ser progressivamente tomada por uma tônica de "nostalgia, frustração, tédio, desprezo pelos valores burgueses, pelos princípios democráticos, pelos aspectos mais positivos do velho liberalismo, uma estendida apelação aos *sentimentos*, a invocação dos valores absolutos, a admiração pelo herói, uma criatividade libertária mesclada com demandas de condução autoritária".[151] Richard refere um "culto da pequena pátria, da gleba, do sangue e dos mortos".[152]

Esse conjunto confuso de (res)sentimentos projeta-se nas mais diversas esferas – na sociedade, no âmbito acadêmico, no mundo artístico, em expressões literárias, plásticas e arquitetônicas. Numa Alemanha já superindustrializada, setores conservadores denunciam Berlim como um "lugar de corrupção, dominado pelos judeus", ao qual se contrapõem os "camponeses como depositários de uma sabedoria eterna". Grandes escritores alemães do início do século XX – como Gustav Frenssen, Herman Stehr, Hermann Hesse e mesmo Thomas Mann[153] –

---

[150] Após a guerra, Lenard foi expulso da universidade, e Stark foi condenado à prisão, nunca cumprida. De todo modo, como anota Zaffaroni, citando o historiador da ciência Guilhermo Boido, o mundo na verdade deveria agradecer a Lenard por ter convencido Hitler de que a investigação nuclear era "coisa de físicos judeus". ZAFFARONI, Eugenio Raul. *Doutrina penal nazista*: a dogmática penal alemã entre 1933 e 1945. Tradução de Rodrigo Murad do Prado. Florianópolis: Tirant Lo Blanch, 2019. p. 25.

[151] ZAFFARONI, Eugenio Raul. *Doutrina penal nazista*: a dogmática penal alemã entre 1933 e 1945. Tradução de Rodrigo Murad do Prado. Florianópolis: Tirant Lo Blanch, 2019. p. 31.

[152] RICHARD, Lionel. *A República de Weimar*. São Paulo: Companhia das Letras, 1988. p. 244.

[153] É importante frisar que Thomas Mann nunca aderiu de qualquer forma ao nazismo. O que se destaca aqui é que sua obra literária, a exemplo da de outros autores de seu tempo, expressa também a atmosfera de crítica à sociedade industrial então emergente e uma certa idealização da vida camponesa. Sobre o posicionamento de Mann e algumas outras figuras célebres, Richard anota: "No início do regime republicano, algumas reviravoltas individuais, mais sob pressão das circunstâncias do que por uma evolução profunda, tiveram lugar entre os quadros intelectuais do Império. Antigos auxiliares ou partidários da política imperial se transformaram, como por exemplo Walter Rathenau e o sociólogo Max Weber, em defensores da Constituição de Weimar. Exemplo célebre, Thomas Mann: até 1918 solidário do 'destino alemão', ele anunciou publicamente, em 1922, sua adesão às instituições republicanas. Reconciliando-se com seu irmão Heinrich, que havia assim se posicionado mais cedo do que ele, Thomas Mann nunca deixou de intervir em defesa da causa democrática". RICHARD, Lionel. *A República de Weimar*. São Paulo: Companhia das Letras, 1988. p. 245-246.

permanecem "presos à evocação da vida provinciana ou no idílio campestre".[154]

O fato é que o romantismo reacionário sempre teve grande penetração na Alemanha, em todos os segmentos, inclusive nos círculos acadêmicos e mais intelectualizados. Carl Schmitt e Martin Heidegger, talvez os dois mais famosos pensadores a aderirem explicitamente ao nazismo, não foram um acidente. Em todas as universidades e seus departamentos reinavam o culto à monarquia e o antissemitismo. Embora os professores formalmente filiados ao partido nacional-socialista não fossem muito numerosos, houve desde sempre forte hegemonia nacionalista, conservadora e aristocrática. Heidegger justificava: era necessário preservar a ordem e o campo fechado da meditação.[155] De sua parte, Heinrich Mann, irmão de Thomas Mann, em 1935, constatava: "Nas universidades, é possível que se esteja profundamente desapontado com o novo regime. Mas é impossível apagar ou esquecer que foram elas que lhe forneceram seus primeiros propagandistas".[156]

Na fase derradeira da Alemanha anterior ao nazismo, num cenário de crise econômica e social profunda, combinada a uma crescente militarização dos movimentos políticos de direita, todos esses (res) sentimentos evoluem, então, para ações diretas e para a violência. Isso abre caminho, igualmente, para um Direito Penal autoritário e truculento, cuja dogmática se imbrica com o romantismo a partir da ideia de "comunidade do povo" (*Volksgemeinschaft*),[157] melhor desenvolvida adiante.

Outro elemento muito importante da *Weltanschauung* nazista consiste na questão racial, mais precisamente no antissemitismo, estimulado pela xenofobia ligada à crise econômica. De um sentimento no início puramente religioso, o fenômeno derivou para o campo econômico e, em seguida, para o racial. A direita francesa do fim do século XIX, com autores como Édouard Drumont e Charles Maurras,

---

[154] RICHARD, Lionel. *A República de Weimar*. São Paulo: Companhia das Letras, 1988. p. 245.

[155] A afirmação foi extraída por Lionel Richard de uma entrevista concedida por Martin Heidegger em 1966 e publicada após sua morte, em 1976, no semanário *Der Spiegel*. RICHARD, Lionel. *A República de Weimar*. São Paulo: Companhia das Letras, 1988. p. 189 e 297.

[156] A afirmação foi extraída por Lionel Richard de um artigo publicado por Heinrich Mann em 24 de janeiro de 1935 na revista semanal *Die Weltbühne*. RICHARD, Lionel. *A República de Weimar*. São Paulo: Companhia das Letras, 1988. p. 190 e 297.

[157] ZAFFARONI, Eugenio Raul. *Doutrina penal nazista*: a dogmática penal alemã entre 1933 e 1945. Tradução de Rodrigo Murad do Prado. Florianópolis: Tirant Lo Blanch, 2019. p. 232.

expressa uma primeira versão militante do fenômeno. No entanto, foi somente com o nazismo que o antissemitismo racial e seus conceitos correlatos (como as ideias de "raça" e "povo") ganharam centralidade teorizadora, tornando-se capazes de forjar inclusive categorias jurídicas. Zaffaroni anota: "*Raça* e *povo* foram diretamente os conceitos centrais da *Weltanschauung* nazista (...). A partir do mito da *raça ária* adotado como central na concepção nazista do mundo, o direito que dela se derive terá como missão fundamental a preservação dessa suposta pureza".[158]

Nesse contexto, cátedras e disciplinas de Direito Racial chegaram a ser criadas, a exemplo da cátedra titularizada por Hans Günther, em Iena, na Turíngia, onde Hitler discursou sobre o que esperava da academia e da ciência: "De agora em diante, vamos colocar o sistema solar da Turíngia a serviço de uma educação que fará do alemão um nacionalista fanático. Vamos extirpar do corpo docente suas tendências marxistas e democráticas e, inversamente, adaptar os programas de ensino às nossas orientações e às nossas ideias nacional-socialistas".[159]

É importante notar que essa investida racial na academia não envolvia apenas juristas. Hans Günther, recém citado, era antropólogo. Os médicos, por sua vez, dominavam o campo da criminologia, de traços marcadamente biologistas e etiológicos. Entre eles, o mais importante foi Gerhard Wagner (o *Führer* dos médicos), um dos principais idealizadores das leis de extermínio em massa.[160] Já no campo do Direito, Falk Ruttke, que chegou a lecionar a matéria de Direito Racial, propunha criar uma "família racial judicial". Segundo ele, "só por esta via é possível uma seleção de juízes dispostos a sustentar e cuidar a ideia alemã do direito. Os juízes, assim como os médicos, são os protetores da higiene racial".[161]

Perceba-se que "estas loucuras não são apenas de autoria de personagens secundários do pensamento jurídico, mas também dos

---

158 ZAFFARONI, Eugenio Raul. *Doutrina penal nazista*: a dogmática penal alemã entre 1933 e 1945. Tradução de Rodrigo Murad do Prado. Florianópolis: Tirant Lo Blanch, 2019. p. 47.

159 RICHARD, Lionel. *A República de Weimar*. São Paulo: Companhia das Letras, 1988. p. 189.

160 Embora dominada pelos médicos, a criminologia ficava então num "canto da faculdade de Direito". Num contexto que refletia uma espécie de "acordo entre polícias com poder e sem discurso e médicos com discurso e sem poder, que deixava em posição subordinada os juristas", a reação dos penalistas foi buscar subordinar ao Direito Penal os demais campos do conhecimento. ZAFFARONI, Eugenio Raul. *Doutrina penal nazista: a dogmática penal alemã entre 1933 e 1945*. Tradução de Rodrigo Murad do Prado. Florianópolis: Tirant Lo Blanch, 2019. p. 119-120 e 129-130.

161 ZAFFARONI, Eugenio Raul. *Doutrina penal nazista*: a dogmática penal alemã entre 1933 e 1945. Tradução de Rodrigo Murad do Prado. Florianópolis: Tirant Lo Blanch, 2019. p. 48.

de primeira fila, cujas *teorias* às vezes parecem renascer sob roupagens inimagináveis". É o caso de Carl Schmitt, o qual "compartilhava plenamente o componente delirante, identificando os judeus como o *inimigo*". A propósito disso, Zaffaroni destaca a participação de Schmitt na "jornada de altos acadêmicos sobre o judaísmo na ciência jurídica", em 1936. Na ocasião, ele disse, por exemplo, que "um autor judeu não tem nenhuma autoridade, inclusive nenhuma autoridade puramente científica".[162]

Finalmente, na *Weltanschauung* nazista, é preciso assinalar a primazia da vontade do *Führer* e o desprezo à legalidade, o que encontra justamente em Schmitt sua formulação mais sofisticada. Em resumo, para Schmitt, de acordo com a leitura que dele faz Zaffaroni, "o direito legal devia ficar subordinado a uma interpretação arbitrária, que, no fim das contas, remetia à vontade do *Führer* como último juiz". Ao cabo, compete ao *Führer* a "proteção do Direito" – e a determinação do próprio Direito. Ainda segundo o penalista argentino, muitos juristas nazistas "provinham do hegelianismo e tentavam uma reinterpretação de Hegel na qual o Estado, como síntese da *eticidade*, passava a ser um pouco parecido com a comunidade do povo". Enfim, por confusas que fossem, todas as tentativas de racionalização nazistas no ponto convergiam num elemento: o "governo do povo, exercido naturalmente por um homem, com a única limitação da própria consciência", sendo o *Führer* o "supremo (ou único) executor, legislador, juiz e árbitro inquestionável de qualquer conflito".[163]

Nesse quadro, qualquer gesto nazista de deferência à legalidade – como, por exemplo, o fato de ter alterado a Constituição seguindo os procedimentos formais que ela previa – não passou de um jogo de cena. Na esfera criminal, desde as primeiras leis nazistas – fabricadas com grande intensidade a partir do chamado Ato de Habilitação, de 24 de março de 1933, o qual conferiu a Hitler plenos poderes para legislar por regulamentos – houve progressiva derrogação da legalidade. Essa derrogação consumou-se com a reforma do Código Penal de 28 de junho de 1935, a qual introduziu formalmente no ordenamento a analogia segundo o "são sentimento do povo". Também a irretroatividade

---

162 ZAFFARONI, Eugenio Raul. *Doutrina penal nazista:* a dogmática penal alemã entre 1933 e 1945. Tradução de Rodrigo Murad do Prado. Florianópolis: Tirant Lo Blanch, 2019. p. 52.

163 ZAFFARONI, Eugenio Raul. *Doutrina penal nazista*: a dogmática penal alemã entre 1933 e 1945. Tradução de Rodrigo Murad do Prado. Florianópolis: Tirant Lo Blanch, 2019. p. 46 e 70-73.

da lei *in malam partem* foi derrogada, passando cada lei penal a dispor casuisticamente sobre sua aplicação retroativa ou não.[164]

Essa negação total da legalidade, ressalvadas pequenas e pontuais concessões retóricas, é, aliás, uma nota distintiva do nazismo em relação a outros modelos autoritários, como o fascismo. Como observa Zaffaroni, alguns pensadores nazistas, a exemplo de George Dahm, registravam expressamente essa diferença. Para o fascismo, "o Estado era expressão da *nação*, integrada por todas as gerações passadas, presentes e futuras, como uma entidade espiritual criada e, por conseguinte, que não respondia à soberania popular". Essa nação "somente podia se expressar através do Estado e, por conseguinte, o direito devia provir deste". Assim, "o fascismo mantinha a vigência do princípio da legalidade". Tanto que na Itália não prosperaram propostas de suprimir o *nullum crimen sine lege*. Não houve apoio, por exemplo, à proposta legislativa de Giuseppe Maggiore, importante professor siciliano ligado ao regime, que dispunha: "Também é delito todo fato que ofenda a autoridade do Estado e merece a pena, segundo o espírito da revolução fascista e a vontade do *Duce*, único intérprete da vontade do povo italiano. Este fato, quando não estiver previsto por uma norma penal precisa, é punível pela disposição análoga". Já na Alemanha, em vez da ideia de "nação", preferia-se o conceito de "comunidade", o qual não contemplava "todos os habitantes, mas unicamente os de raça ária, sem importar se habitavam ou não o território". O Estado e o Direito eram um instrumento de realização dessa comunidade, que não era uma criação humana, mas sim de Deus. A cada indivíduo cabiam deveres nessa comunidade, a qual era a genuína fonte do Direito. A lei escrita, nesse contexto, era dispensável. Encerra Zaffaroni: "estes deveres eram certamente éticos, mas se elevavam a jurídicos porque a fonte do direito era a comunidade popular e não o Estado, e a diferença entre ética e direito tinha desaparecido".[165]

Disso tudo resta clara a orientação jusnaturalista do nazismo, para quem o Direito é um dado preexistente e acima da Constituição e da lei, inscrito na natureza ou na comunidade popular, apenas revelado ou descoberto (mas não criado) pela razão humana. Já o fascismo,

---

[164] ZAFFARONI, Eugenio Raul. *Doutrina penal nazista*: a dogmática penal alemã entre 1933 e 1945. Tradução de Rodrigo Murad do Prado. Florianópolis: Tirant Lo Blanch, 2019. p. 92-94.

[165] ZAFFARONI, Eugenio Raul. *Doutrina penal nazista*: a dogmática penal alemã entre 1933 e 1945. Tradução de Rodrigo Murad do Prado. Florianópolis: Tirant Lo Blanch, 2019. p. 61-63.

podemos dizer, não era tão convicto do seu jusnaturalismo. O cerne do seu mito político não era racial, mas sim o mito imperial romano.[166]

Ainda nessa linha de reflexão, é certeira também a observação de Gloeckner: "sempre em comparação com o que ocorrera na Alemanha, os juristas italianos negarão tivesse existido na Itália um regime de completa ilegalidade, o que viria a garantir o enraizamento e a naturalização de práticas e discursos autoritários. Será justamente a negação de um modelo totalitário que permitirá o autoritarismo naturalizar-se nas práticas punitivas e no próprio discurso dogmático".[167]

Em suma, resgatados alguns traços da *Weltanschauung* nazista, podemos agora avançar sobre elementos da sua doutrina penal e funções conferidas ao Direito Penal pelo regime.

2.2.3 Direito Penal, nazismo e a grande perversão

Como vimos, o Direito Penal foi central para o nazismo. Foi sobretudo por meio do Direito Penal que o nazismo colocou em marcha seu projeto de destruição.

Isso se deve a que a função conferida ao Direito Penal está em tudo vinculada a um modelo político e de sociedade. Convém mais uma vez transcrever Zaffaroni: "A natureza *política* da dogmática jurídica penal é manifestada em cada sistema interpretativo e o atravessa por completo, porque ao advogado criminalista lhe é impossível obter coerência sem partir da atribuição de certa função ao Direito Penal, à pena, aos limites do poder punitivo. Necessariamente, a pouco ou a nada disto poderá responder sem encaixá-lo em certo modelo de sociedade (...)".[168]

Cabe, então, indagarmos: qual era, para os nazistas, a função do Direito Penal?

Não é possível apresentar uma resposta tão clara. As respostas dos criminalistas nazistas são díspares. Ao contrário do que se difundiu após a guerra, no seio do próprio nazismo havia uma disputa dogmática

---

[166] ZAFFARONI, Eugenio Raul. *Doutrina penal nazista*: a dogmática penal alemã entre 1933 e 1945. Tradução de Rodrigo Murad do Prado. Florianópolis: Tirant Lo Blanch, 2019. p. 101.

[167] GLOECKNER, Ricardo Jacobsen. *Autoritarismo e processo penal*: uma genealogia das ideias autoritárias no processo penal brasileiro. Florianópolis: Tirant Lo Blanch, 2018. p. 64-65.

[168] ZAFFARONI, Eugenio Raul. *Doutrina penal nazista*: a dogmática penal alemã entre 1933 e 1945. Tradução de Rodrigo Murad do Prado. Florianópolis: Tirant Lo Blanch, 2019. p. 101.

entre seus doutrinadores, "que concorriam academicamente para interpretar melhor as leis que emanavam do *Führer* e os seus coroinhas".[169]

Entre os acadêmicos criminalistas mais importantes, é relevante mencionar Friedrich Schaffstein e George Dahm,[170] esse último já antes referido, expoentes do que viria a ser conhecido como Escola de Kiel, uma pequena universidade de fronteira convertida em "faculdade de força de choque jurídica, uma *Stoßtrupp Fakultät* (faculdade pelotão de assalto) dedicada à renovação do direito conforme a ideologia nacional-socialista". O cerne das formulações dessa escola – e por conseguinte das formulações do nazismo – consiste no argumento de que "a essência do delito se encontra na *violação do dever* em lugar da ideia prévia da *lesão de um bem jurídico*, que atribuíam à tradição iluminista, cuja superação definitiva consideravam que era a tarefa do nacional-socialismo".[171]

Diante do ataque de Kiel ao penalismo tradicional, a reação defensiva mais relevante partiu da assim chamada Escola de Marburgo, representada por teóricos como Erich Schwinge e Leopold Zimmerl, os quais, de todo modo, não eram menos nazistas que os de Kiel.[172]

Um nome também muito importante foi Edmund Mezger. Professor de Munique e autor de um tratado de Direito Penal traduzido para o espanhol, Mezger chega a ser considerado figura neutra por alguns teóricos bem intencionados, como Luis Jiménez de Asúa. Mas certas passagens de sua obra e vida não permitem dúvidas sobre a filiação nazista. Em 1940, no prólogo de um trabalho de criminologia, Mezger defende que "o novo Estado totalitário se eleva apoiando-se

---

169 ZAFFARONI, Eugenio Raul. *Doutrina penal nazista*: a dogmática penal alemã entre 1933 e 1945. Tradução de Rodrigo Murad do Prado. Florianópolis: Tirant Lo Blanch, 2019. p. 136.

170 Dahm curiosamente começara sua trajetória como discípulo de Gustav Radbruch, importante jusfilósofo antinazista. A migração de Dahm em direção ao nazismo, assim como a de Schaffstein, foi gradual. Mas já aos 31 anos de idade Dahm foi nomeado reitor em Kiel. ZAFFARONI, Eugenio Raul. *Doutrina penal nazista*: a dogmática penal alemã entre 1933 e 1945. Tradução de Rodrigo Murad do Prado. Florianópolis: Tirant Lo Blanch, 2019. p. 156-158.

171 ZAFFARONI, Eugenio Raul. *Doutrina penal nazista*: a dogmática penal alemã entre 1933 e 1945. Tradução de Rodrigo Murad do Prado. Florianópolis: Tirant Lo Blanch, 2019. p. 155-158 e 168.

172 ZAFFARONI, Eugenio Raul. *Doutrina penal nazista*: a dogmática penal alemã entre 1933 e 1945. Tradução de Rodrigo Murad do Prado. Florianópolis: Tirant Lo Blanch, 2019. p. 148 e 153.

nos princípios básicos de povo e raça".[173] Já em 1944, consta que ele chegou a visitar o campo de concentração de Dachau.[174]

Podemos lembrar ainda outros criminalistas nazistas com alguma proeminência, a exemplo de Hans Frank, Wenzel von Gleispach, Eduard Kohlrausch, Johannes Nagler, Helmut Nicolai e Karl Siegert.[175]

Todos esses nomes evidenciam a indissociabilidade entre o nazismo e a doutrina penal alemã produzida nos seus anos. Aliás, se as ciências pudessem ser plenamente puras e livres de contaminação política, "o cientista teria continuado trabalhando em seu laboratório e estudando o comportamento dos seus ratos sem problema". No entanto, como já vimos, isso não ocorreu nem mesmo nas ciências duras. Muito menos poderia ocorrer na ciência jurídico-penal, "um dos âmbitos do conhecimento mais condicionado pelas ideologias, pelas concepções do mundo, pelas circunstâncias concretas da sociedade e pela realidade vivenciada".[176]

Mas, retomando o fio da exposição (isto é, a indagação de qual era, para os teóricos nazistas, a função do Direito Penal), reafirmamos que não há uma resposta clara. Uma das notas essenciais do nazismo – seja no plano mais geral da sua cosmovisão (a sua *Weltanschauung*), seja no plano mais específico da sua dogmática criminal – consiste na radical desordem.

De fato, o discurso penal nazista era, acima de tudo, um amontoado de *slogans*, um emaranhado de afirmações díspares e desconexas, cuja implementação tampouco ocorreu de forma ordenada, mas por "impulsos, surtos ou vômitos de avanço do poder policial descontrolado".[177]

Não por acaso, o autor que possivelmente conseguiu formular com maior clareza (e originalidade) algumas ideias penais nazistas foi uma figura sem nenhum valor científico, conhecida por seu comportamento

---

173 MEZGER, Edmund. Criminología. *Revista de Direito Privado*, Madrid, 1940.

174 ZAFFARONI, Eugenio Raul. *Doutrina penal nazista*: a dogmática penal alemã entre 1933 e 1945. Tradução de Rodrigo Murad do Prado. Florianópolis: Tirant Lo Blanch, 2019. p. 137.

175 É possível encontrar um apanhado de algumas ideias centrais desses autores em: ZAFFARONI, Eugenio Raul. *Doutrina penal nazista*: a dogmática penal alemã entre 1933 e 1945. Tradução de Rodrigo Murad do Prado. Florianópolis: Tirant Lo Blanch, 2019. p. 111-118.

176 ZAFFARONI, Eugenio Raul. *Doutrina penal nazista*: a dogmática penal alemã entre 1933 e 1945. Tradução de Rodrigo Murad do Prado. Florianópolis: Tirant Lo Blanch, 2019. p. 223 e 225.

177 ZAFFARONI, Eugenio Raul. *Doutrina penal nazista*: a dogmática penal alemã entre 1933 e 1945. Tradução de Rodrigo Murad do Prado. Florianópolis: Tirant Lo Blanch, 2019. p. 65 e 104.

teatral e truculento como presidente do *Volksgerichtshof*, o tribunal penal especial do *Reich*: Roland Freisler. Para Freisler, o Direito Penal tinha um triplo objetivo: aniquilar as forças perturbadoras da paz (ou seja, os inimigos), promover a expiação do injusto (isto é, a vingança por meio da pena, o que até então era dissimulado, tendo em vista que a vingança era compreendida como um sentimento irracional) e realizar a posição anímica do povo. Nessa medida, o que importa para Freisler, mais do que o fato, é a vontade do agente, daí emergindo um Direito Penal da vontade. Não por outra razão, boa parte do trabalho de Freisler é dedicada à tentativa, sustentando que a distinção entre tentativa e consumação é indiferente para o efeito típico.[178]

Essas posições de Freisler não são estranhas aos demais doutrinadores nazistas, cujos pensamentos, obviamente, apesar da desordem, têm traços essenciais em comum. Um desses traços, transversal a toda a dogmática criminal nazista, consiste na sua completa *etização*, isto é, na quebra da distinção iluminista entre Ética e Direito e na subordinação total do Direito Penal àquela. Compreende-se o delito como a violação de um dever ético, pouco importando os resultados concretos por ele produzidos.[179]

Esse aspecto essencial da dogmática penal nazista (a compreensão do delito como violação de um dever ético) tem tudo a ver também com os ataques da dogmática criminal nazista à ideia de um Direito Penal atrelado à lesão de um bem jurídico. A posição dominante – sobretudo em Kiel, mas também entre teóricos considerados mais tradicionalistas como Wilhelm Gallas – sustentava que o delito não deveria ser compreendido como lesão de um bem jurídico, mas como violação de um dever ético de fidelidade à vontade popular (e à vontade do *Führer*, naturalmente).[180]

Tudo isso desemboca, então, num radical e vulgar majoritarianismo, regido pelo conceito de comunidade do povo, o qual preconiza

---

[178] ZAFFARONI, Eugenio Raul. *Doutrina penal nazista*: a dogmática penal alemã entre 1933 e 1945. Tradução de Rodrigo Murad do Prado. Florianópolis: Tirant Lo Blanch, 2019. p. 89-92 e 123-125.

[179] ZAFFARONI, Eugenio Raul. *Doutrina penal nazista*: a dogmática penal alemã entre 1933 e 1945. Tradução de Rodrigo Murad do Prado. Florianópolis: Tirant Lo Blanch, 2019. p. 122, 176 e 240.

[180] ZAFFARONI, Eugenio Raul. *Doutrina penal nazista*: a dogmática penal alemã entre 1933 e 1945. Tradução de Rodrigo Murad do Prado. Florianópolis: Tirant Lo Blanch, 2019. p. 153, 168-172 e 180.

um Direito Penal orientado a um pensamento comunitário, à ordem moral popular, à vontade da sociedade.[181]

Essa ideia de comunidade do povo tem origem no ideário romântico então em voga na Alemanha. Cuida-se de um conceito sistêmico que definia um tipo de sociedade. Tal sociedade, porém, não era a sociedade efetivamente existente, mas um modelo de sociedade assim como os nazistas pensavam que ela deveria ser. Era pura ideologia, e não uma sociologia. E a prova mais cabal do caráter fantasioso dessa comunidade política está justamente na violência do Direito Penal nazista. Afinal, como observa Zaffaroni, se existisse um genuíno sentimento comunitário, teria havido um predomínio de vínculos horizontais – e não verticais, como os vínculos que se expressam por meio de sanções penais.[182]

Nessa forma de raciocinar presidida pela ideia de comunidade do povo, não havia, como já vimos, espaço para o princípio da legalidade. O direito escrito tinha um papel de mera orientação; "a fonte do direito era a comunidade popular, e não o Estado".[183] Não por outro motivo, para hegelianos nazistas, a legítima defesa equiparava-se à pena. Mais do que uma permissão, ela era um dever, executado pelos próprios indivíduos.[184] Era como se o Estado renunciasse à pretensão civilizatória de monopólio do uso da força e de aplicação do Direito Penal e conferisse essa aplicação diretamente à vontade das pessoas.

Podemos afirmar que esse majoritarianismo e toda a barbárie a ele associada são a grande perversão do Direito Penal ao longo dos tempos. E essa perversão, longe de ser um episódio completamente perdido do passado, tem inúmeras potenciais projeções contemporâneas. É pertinente lembrar a advertência de Zaffaroni: "nada garante que no problemático século XXI não haverá regressões, genocídios e necropolíticas, em especial se levar-se em conta que a execução material

---

181 ZAFFARONI, Eugenio Raul. *Doutrina penal nazista*: a dogmática penal alemã entre 1933 e 1945. Tradução de Rodrigo Murad do Prado. Florianópolis: Tirant Lo Blanch, 2019. p. 170.

182 ZAFFARONI, Eugenio Raul. *Doutrina penal nazista*: a dogmática penal alemã entre 1933 e 1945. Tradução de Rodrigo Murad do Prado. Florianópolis: Tirant Lo Blanch, 2019. p. 99 e 232.

183 ZAFFARONI, Eugenio Raul. *Doutrina penal nazista*: a dogmática penal alemã entre 1933 e 1945. Tradução de Rodrigo Murad do Prado. Florianópolis: Tirant Lo Blanch, 2019. p. 62-63.

184 ZAFFARONI, Eugenio Raul. *Doutrina penal nazista*: a dogmática penal alemã entre 1933 e 1945. Tradução de Rodrigo Murad do Prado. Florianópolis: Tirant Lo Blanch, 2019. p. 78.

de todos os letais episódios do século passado esteve a cargo de agências do poder punitivo".[185]

2.2.4 Projeções da perversão no Brasil

2.2.4.1 Uma história de continuidade

Como já afirmamos, "reparar na dogmática penal alemã de 1933 a 1945 não é para os advogados criminalistas latino-americanos uma simples curiosidade do passado", mas uma necessidade decorrente de diversas razões e elementos concretos da nossa realidade político-criminal.[186]

Evidentemente, há muitas décadas, não há nenhum registro relevante de qualquer teórico ou operador do Direito Penal no Brasil filiado ao nazismo. Tampouco se cogita qualquer simpatia dissimulada, mesmo nos meios mais conservadores e punitivistas, àquele regime. Este registro é importante para deixar claro que este livro não trabalha com a hipótese de que a direita penal brasileira – em suas múltiplas versões, como o lavajatismo – seja, ainda que remotamente, de inspiração nazista.

No entanto, como também já assinalamos, apesar de todos os esforços de desnazificação que o mundo empreendeu, ideias penais autoritárias – muitas delas populares na experiência nazista – não desapareceram de repente. Inclusive o ponto que identificamos como fulcral no ideário penal nazista – o de um Direito Penal a serviço da comunidade popular e de deveres éticos – segue tendo grande apelo.

É importante que busquemos observar, nesse quadro, como o ideário penal autoritário – que resulta numa perversão das funções do Direito Penal – se projeta no nosso país.

No Brasil, a trajetória das ideias criminais é uma história de continuidade. Elementos autoritários persistem resilientes ao longo dos tempos, adaptando-se aos mais diversos contextos.

Nem sempre, é claro, esses elementos se apresentam em estado bruto ou conforme as suas feições originais. Muitas vezes, como anota

---

[185] ZAFFARONI, Eugenio Raul. *Doutrina penal nazista*: a dogmática penal alemã entre 1933 e 1945. Tradução de Rodrigo Murad do Prado. Florianópolis: Tirant Lo Blanch, 2019. p. 23.

[186] ZAFFARONI, Eugenio Raul. *Doutrina penal nazista*: a dogmática penal alemã entre 1933 e 1945. Tradução de Rodrigo Murad do Prado. Florianópolis: Tirant Lo Blanch, 2019. p. 11 e 24.

Gloeckner, eles acabam se exprimindo como um autoritarismo *cool*, que abusa de eufemismos e truques semânticos.[187]

Mas o fato é que o Direito positivo brasileiro nos campos penal e processual penal segue sendo essencialmente o mesmo desde os anos 1940. O advento da Constituição de 1988 e as sucessivas reformas legislativas promovidas, sobretudo a partir dos anos 1980, não foram capazes de alterar a natureza e as ideias essenciais de nossos códigos, concebidos sob indisfarçável influência fascista. A propósito, é possível afirmar, concordando com Gloeckner, que a mediação realizada pelos tribunais e doutrinadores brasileiros, presidida pela ideia de constitucionalização dos institutos penais, contribuiu para impedir uma reconfiguração real desses institutos. Difundiu-se certa convicção de que as diretrizes em matéria criminal e o sistema de garantias plasmados na Constituição bastariam por si mesmos, "como que por encanto", para a efetivação de um Direito Penal democrático e um modelo acusatório de processo penal.[188]

A constatação de que a história das ideias criminais brasileiras é uma história de continuidade de antigas ideias autoritárias é verificável também num plano mais próximo. É impossível dissociar a ascensão da extrema-direita – e do seu correlato discurso criminal, que aqui chamamos de bolsonarismo penal – do movimento jurídico-político que a precedeu – a Operação Lava Jato. Como anota Souza Neto, "a imbricação entre bolsonarismo e lavajatismo não é acidental, mas essencial: o populismo autoritário de Bolsonaro é a continuidade do populismo penal da Lava Jato". Esse vínculo dá-se primeiro num sentido causal imediato: foi a Lava Jato quem afastou da disputa eleitoral do ano de 2018 o maior adversário de Bolsonaro. Mas os movimentos estão ligados também num nível mais profundo: "ambos propugnam pelo exercício do poder sem observar os direitos e as garantias individuais, criminalizam a atividade política e deslegitimam a democracia representativa".[189] Vale dizer, ambos são orientados por uma lógica de *etização* total do Direito

---

187 GLOECKNER, Ricardo Jacobsen. *Autoritarismo e processo penal*: uma genealogia das ideias autoritárias no processo penal brasileiro. Florianópolis: Tirant Lo Blanch, 2018. p. 81.

188 GLOECKNER, Ricardo Jacobsen. *Autoritarismo e processo penal*: uma genealogia das ideias autoritárias no processo penal brasileiro. Florianópolis: Tirant Lo Blanch, 2018. p. 75 e 173-175.

189 SOUZA NETO, Cláudio Pereira de. *Democracia em crise no Brasil*. Rio de Janeiro: Eduerj; São Paulo: Contracorrente, 2020. p. 16 e 143.

Penal, o que os aproxima também de outros movimentos autoritários do passado, nacionais ou estrangeiros.

2.2.4.2 Catastrofismo, defesa social e instrumentalidade

Dito isso, ou seja, registrado o caráter contínuo da evolução das ideias criminais autoritárias no Brasil, podemos referir alguns elementos substantivos que se destacam.

Um elemento importante, invariavelmente presente, é o catastrofismo, isto é, o sentimento de que estamos numa "espécie de crise iminente (e permanente)", um quadro de emergência que convoca o Direito Penal como grande resolvedor de problemas sociais e políticos.[190] Vivemos, como diz Zaffaroni, oitocentos anos de emergências, mesmo que nenhuma delas tenha sido resolvida pelo poder punitivo.[191]

Outro elemento que merece menção consiste no conceito de defesa social. Trata-se de categoria cuja introdução no pensamento e no Direito positivo nacional se deve muito a Francisco Campos, homem de Estado influente, o grande jurista do Estado Novo e principal idealizador da Constituição de 1937 e do próprio Código de Processo Penal, de cuja exposição de motivos é o autor. Defesa social significa, para Campos, defender a sociedade contra "sujeitos perigosos que ameaçam a segurança". Embora simplória, é uma noção que opera como organizadora do imaginário jurídico e como conectora de ideias de diversas correntes criminológicas, dela resultando um movimento centrípeto em direção ao Direito Penal.[192]

Uma ideia também relevante – e, num primeiro momento, aparentemente inofensiva – é a noção de instrumentalidade do processo. Grosso modo, segundo essa ideia, que se tornou um "verdadeiro significante reitor", "o processo nada mais faz do que dar vida ao direito material".[193] O processo não teria um valor em si, mas apenas o valor da utilidade que ele produz.

---

190 GLOECKNER, Ricardo Jacobsen. *Autoritarismo e processo penal*: uma genealogia das ideias autoritárias no processo penal brasileiro. Florianópolis: Tirant Lo Blanch, 2018. p. 102-103.

191 ZAFFARONI, Eugenio Raul. *Origen y evolución del discurso critico en el derecho penal*. Buenos Aires: Ediar, 2004. p. 28.

192 GLOECKNER, Ricardo Jacobsen. *Autoritarismo e processo penal*: uma genealogia das ideias autoritárias no processo penal brasileiro. Florianópolis: Tirant Lo Blanch, 2018. p. 130-131 e 148.

193 GLOECKNER, Ricardo Jacobsen. *Autoritarismo e processo penal*: uma genealogia das ideias autoritárias no processo penal brasileiro. Florianópolis: Tirant Lo Blanch, 2018. p. 39 e 162.

Não visualizamos um problema intrínseco à categoria, cuja origem se deu no campo do Direito Processual Civil e cujo desenvolvimento teórico muito se deve à obra clássica de Cândido Rangel Dinamarco.[194] O grande problema, tal como ocorre em inúmeras outras situações, reside na importação para o processo penal de um instituto concebido para o processo civil, cujos fins e lógica são completamente distintos. No processo penal, ao contrário do que se dá no processo civil, as formas processuais têm valor em si. São garantias cuja violação não pode ser submetida a um regime de nulidades presidido pelas ideias de eficiência social e utilidade punitiva.[195]

A incorporação da instrumentalidade processual ao discurso e à prática criminal salta aos olhos no Brasil. O caso é antigo e está imbricado, por exemplo, com a difusão de uma certa narrativa sobre impunidade que percorre toda a nossa história. Como observa Gloeckner, já Oliveira Viana – importante pensador conservador da primeira metade do século XX – afirmava que a "certeza de impunidade que os nossos costumes asseguram ao arbítrio corrompe tudo, mata no seu berço o cidadão e impede a formação do verdadeiro espírito público".[196] A posição de Francisco Campos era idêntica, o que teve implicações sobre o conteúdo dos textos legais que concebeu.[197] E, como já pudemos ver, diferentes não são os discursos de personagens como Dallagnol e Moro, absolutamente centrados na crítica às formas processuais, às nulidades e à impunidade. Finalmente, é curioso observar, com Zaffaroni, que a mesma ideia já existia, num estado mais bruto, na Alemanha: "no Direito Penal nacional-socialista, não é plausível nenhum direito ou nenhuma injustiça formal, mas sim unicamente a ideia de justiça material".[198]

---

194 GLOECKNER, Ricardo Jacobsen. *Autoritarismo e processo penal*: uma genealogia das ideias autoritárias no processo penal brasileiro. Florianópolis: Tirant Lo Blanch, 2018. p. 162.

195 GLOECKNER, Ricardo Jacobsen. *Autoritarismo e processo penal*: uma genealogia das ideias autoritárias no processo penal brasileiro. Florianópolis: Tirant Lo Blanch, 2018. p. 163 e 165-168.

196 VIANA, Francisco José de Oliveira. *Instituições políticas brasileiras*. Brasília, DF: Conselho Editorial do Senado Federal, 1999. p. 503.

197 GLOECKNER, Ricardo Jacobsen. *Autoritarismo e processo penal*: uma genealogia das ideias autoritárias no processo penal brasileiro. Florianópolis: Tirant Lo Blanch, 2018. p. 112, 132 e 134.

198 ZAFFARONI, Eugenio Raul. *Doutrina penal nazista*: a dogmática penal alemã entre 1933 e 1945. Tradução de Rodrigo Murad do Prado. Florianópolis: Tirant Lo Blanch, 2019. p. 23.

2.2.4.3 Inimizade

O fenômeno da perversão do Direito Penal, em especial na sua forma de criminalização da política, somente se viabiliza num ambiente de profunda inimizade cívica.[199]

Obviamente, seria ingenuidade imaginar que disputas políticas e ideológicas pudessem ser "embates entre amigos". Como observa Vieira, "numa democracia constitucional, os conflitos fazem parte do cotidiano".[200]

No entanto, não é normal – senão numa sociedade degradada – que a política se torne uma permanente guerra entre inimigos. Lafer, ao realçar essa questão, anota que uma das condições para a manutenção da comunidade política é a "*filia* ou amizade cívica" e que "uma das notas configuradoras da ruptura é precisamente a substituição da *filia* aristotélica pela exacerbação da relação amigo-inimigo como categoria fundamental da política".[201]

No plano da teoria política, foi Carl Schmitt o mais importante pensador a perceber a centralidade da noção de inimizade, transformando a "relação amigo-inimigo" em "antagonismo supremo", caracterizado não por *privata odia*, mas por *publice bellum*.[202] Zaffaroni, ao observar o papel de Schmitt nesse processo, anota: "O nazismo, dado que sua essência era a de um *programa político radical de construção de um sistema*, precisava inventar um inimigo de seu projeto de instalação de sociedade sistêmica". Prossegue o jurista argentino: "Carl Schmitt viu esta necessidade com clareza e oportunismo e pretendeu elevar a *invenção do inimigo* à condição de essência da política. Um projeto genocida não pode ignorar que todo crime em massa vem precedido de um prévio processo de insensibilização e, por conseguinte, a invenção do inimigo para a simulação da guerra é imprescindível."[203]

Esse é o pano de fundo que faz com que a noção de inimigo chegue também ao Direito Penal. Explícita ou implicitamente, ela atravessa

---

[199] SOUZA NETO, Cláudio Pereira de. *Democracia em crise no Brasil*. Rio de Janeiro: Eduerj; São Paulo: Contracorrente, 2020. p. 37.

[200] VIEIRA, Oscar Vilhena. *A batalha dos poderes*: da transição democrática ao mal-estar constitucional. São Paulo: Companhia das Letras, 2018. p. 35.

[201] LAFER, Celso. *A reconstrução dos direitos humanos*: um diálogo com o pensamento de Hannah Arendt. São Paulo: Companhia das Letras, 1988. p. 285-286.

[202] LAFER, Celso. *A reconstrução dos direitos humanos*: um diálogo com o pensamento de Hannah Arendt. São Paulo: Companhia das Letras, 1988. p. 286.

[203] ZAFFARONI, Eugenio Raul. *Doutrina penal nazista*: a dogmática penal alemã entre 1933 e 1945. Tradução de Rodrigo Murad do Prado. Florianópolis: Tirant Lo Blanch, 2019. p. 103.

variadas correntes, manifestando-se seja em versões mais brutas e vulgares (a exemplo do nazismo e do stalinismo), seja em versões mais moderadas, que recorrem a eufemismos. No nazismo, por exemplo, era comum o uso do conceito de traidor: como o Direito Penal tinha como essência o dever de lealdade, a transgressão a ele era uma traição, e os delinquentes eram traidores.[204]

Contemporaneamente, a ideia de inimigo ganha novos contornos, motivados sobretudo pelo avanço do fenômeno do terrorismo, sendo Günther Jakobs seu teórico mais relevante.

Seja como for, como já adiantamos, a ideia perpassa, às vezes com roupagens menos extravagantes, diferentes segmentos do espectro ideológico e tem um papel relevante na exacerbação antidemocrática do uso do Direito Penal.

É nesse contexto que se verifica a conversão do Direito Penal em arma de luta política,[205] por dentro do próprio sistema, por agentes do Estado investidos legalmente da função de persecução penal, instrumentalizados de modo não necessariamente consciente. É curioso que, ao final, nem sempre o ator político a princípio beneficiário desse movimento é efetivamente beneficiado. A perseguição inicialmente pontual contra um pode terminar redundando em prejuízo a todos. No fundo, a perseguição política por meio do uso do Direito Penal é um processo que se opõe à própria política. Trata-se da antipolítica, a qual corrói o apoio popular de todos aqueles que de qualquer modo são identificados com as instituições tradicionais, abrindo caminho para alternativas autoritárias.

No Brasil, isso se verifica de modo muito claro. Inicialmente, quando a chamada Operação Lava Jato atingia mais em cheio o Partido dos Trabalhadores, praticamente todos os adversários do partido, mesmo que moderados e democratas, aplaudiram e estimularam a operação. Não se percebeu, naquele momento, que se tratava de um movimento que atingiria todos os atores políticos – réus ou não, investigados ou não, com ficha limpa ou não – identificados no imaginário popular com o sistema. Incólumes e fortalecidos restariam apenas aqueles identificados com a antipolítica – personificada, em seu grau máximo, em

---

204 ZAFFARONI, Eugenio Raul. *Doutrina penal nazista*: a dogmática penal alemã entre 1933 e 1945. Tradução de Rodrigo Murad do Prado. Florianópolis: Tirant Lo Blanch, 2019. p. 75-76, 85 e 170-172.

205 SOUZA NETO, Cláudio Pereira de. *Democracia em crise no Brasil*. Rio de Janeiro: Eduerj; São Paulo: Contracorrente, 2020. p. 37-39.

Jair Bolsonaro, Sergio Moro e Deltan Dallagnol, todos eles unificados, apesar das suas diferenças, por um discurso simplório que manipula o legítimo sentimento popular de repúdio à corrupção.[206]

Não é difícil comprovar empiricamente a adesão dessas figuras a uma lógica cujo cerne é a divisão entre amigo e inimigo. Em mais de uma ocasião, inclusive já no governo, Bolsonaro afirmou querer construir um Brasil para as maiorias: "As leis devem existir para defender as maiorias; as minorias se adéquam ou simplesmente desaparecem".[207] Ou seja, para Bolsonaro, a política não é um espaço em que diferenças são normais, em que disputas devem ser travadas por meio de uma gramática democrática e em que vencer ou perder faz parte do jogo. Para ele, adversários – identificados com a esquerda, com os direitos humanos ou simplesmente com o "sistema corrupto" – são inimigos a serem eliminados. Vale aqui transcrever a observação de Souza Neto: "O fascismo, de modo geral, e o bolsonarismo, em particular, almejam produzir unidade pela via da *supressão do pluralismo e da diversidade*. A unidade política da tradição liberal-democrática, ao contrário, é produzida por meio da adesão às instituições que protegem a diversidade e o pluralismo".[208]

Outro não é o discurso de Deltan Dallagnol, também assentado sobre uma clivagem maniqueísta, em que de um lado estão heróis virtuosos (juízes, procuradores, delegados e seus apoiadores) e do outro lado estão vilões corruptos (os políticos). Veja-se o que Dallagnol afirma – não em um discurso improvisado, mas em livro publicado ainda durante a sua carreira de procurador: "Creio que sempre foi assim que o brasileiro viu a luta contra a corrupção: um verdadeiro desafio de Davi contra Golias. De um lado, cidadãos e profissionais de combate ao crime. De outro, a gigantesca corrupção fortalecida pelo cinismo, por um sistema de Justiça ineficaz e um sistema político que estimula o conchavo". Em outro momento, conclui, desta vez referindo expressamente a ideia de inimigo: "Procuradores, policiais, juízes e cidadãos ainda eram um pastor de ovelhas diante de um gigantesco guerreiro,

---

[206] SOUZA NETO, Cláudio Pereira de. *Democracia em crise no Brasil*. Rio de Janeiro: Eduerj; São Paulo: Contracorrente, 2020. p. 159.

[207] A passagem é lembrada em: SOUZA NETO, Cláudio Pereira de. *Democracia em crise no Brasil*. Rio de Janeiro: Eduerj; São Paulo: Contracorrente, 2020. p. 207.

[208] SOUZA NETO, Cláudio Pereira de. *Democracia em crise no Brasil*. Rio de Janeiro: Eduerj; São Paulo: Contracorrente, 2020. p. 207.

mas um lance sucessivo de êxitos inesperados pareceu abalar o inimigo como nunca antes na história".[209]

Enfim, fica claro que a velha dicotomia amigo-inimigo segue relevante, sendo indissociável da narrativa contemporânea que vê a política como uma guerra de "limpos contra impuros".[210]

2.2.4.4 O papel de Francisco Campos

Já abordamos rapidamente a centralidade do conceito de defesa social, cuja difusão muito se a deve a Francisco Campos. Por seu papel na história das ideias jurídicas e penais brasileiras, vale a pena buscarmos melhor compreender esse personagem.

Francisco Campos é, seguramente, um dos juristas mais importantes da história do Brasil. Ao longo de quatro décadas, dos anos 1930 aos anos 1960, ocupou postos poderosos, como os de ministro da Educação e da Justiça, e foi o principal redator de textos normativos como a Constituição de 1937, o Código de Processo Civil de 1939 e o ainda vigente Código de Processo Penal de 1941. Também a redação dos atos institucionais 1 e 2 é de sua autoria. Não é exagero dizer que Campos é o sujeito que literalmente "assina a violência".[211]

Como teórico da política e do Direito, Campos tem uma obra vasta. Sua comparação com Carl Schmitt é inevitável. É controverso o quanto Schmitt influenciou efetivamente Campos. Em tese doutoral que procura avaliar as semelhanças entre os autores em tema de intervenção do Estado no domínio econômico, Menezes cataloga três diferentes opiniões: (i) a influência de Schmitt sobre Campos foi relevante (posição defendida por Clovis Ramalhete e Rogério Dultra dos Santos); (ii) a influência foi mínima, tendo Campos apenas lido e feito algumas referências a Schmitt (posição de Airton Seelaender e Alexandre Rodrigues de Castro); (iii) não houve nenhuma influência (posição de José Pedro Galvão de Souza).[212]

---

209 DALLAGNOL, Deltan Martinazzo. *A luta contra a corrupção*: a Lava Jato e o futuro de um país marcado pela impunidade. Rio de Janeiro: Primeira Pessoa, 2017. p. 54 e 154-155.

210 COSTA, Patrícia Spagnolo Parise. *A vontade do povo como perversão*: uma visão crítica do papel do Ministério Público a partir da Operação Lava Jato. São Paulo: LiberArs, 2021. p. 193.

211 A expressão é de Ricardo Gloeckner, parafraseando Jacques Derrida. GLOECKNER, Ricardo Jacobsen. *Autoritarismo e processo penal*: uma genealogia das ideias autoritárias no processo penal brasileiro. Florianópolis: Tirant Lo Blanch, 2018. p. 116-117 e 130.

212 MENEZES, Daniel Francisco Nagao. *Francisco Campos, Carl Schmitt e a atuação do Estado na economia*. 2013. Tese (Doutorado em Direito Político e Econômico) – Programa de

Neste livro, entende-se que houve, sim, alguma influência. O só fato de Campos fazer referência a Schmitt revela que o autor alemão não era ignorado pelo brasileiro. A cronologia das vidas dos dois reforça essa impressão. Embora não tenham tido contato, foram contemporâneos. Schmitt nasceu em 1888, e Campos, em 1891. É verdade que Campos morreu dezessete anos antes de Schmitt, em 1968. Mas a obra de Schmitt já tinha, há tempo considerável, grande projeção. O alemão tornou-se famoso e importante muito jovem. A maior parte de sua produção remonta aos anos 1930 e 1940, e sua *magnum opus*, *Der Nomos der Erde*, é de 1950, fase em que Schmitt já se encontrava numa espécie de reclusão autoimposta em Plettenberg, no interior da Alemanha, como observa Teixeira.[213]

Em suma, parece inegável ter havido, sim, inspiração de Campos em Schmitt. Gloeckner observa inclusive uma coincidência terminológica importante: o uso por Campos da ideia de teologia política, conceito central no ideário schmittiano.[214]

Seja como for, comuns ou não ao pensamento de Schmitt, alguns traços do pensamento de Campos têm projeções importantes sobre o campo penal no Brasil e merecem ser destacados.

De início, cabe o registro de que Campos era um jurista adaptável e pragmático.[215] Com origem na política mineira, era um sujeito ambivalente, com inclinações ideológicas radicais, em alguns momentos abertamente simpáticas ao nazismo, mas com capacidade de circular em diversos meios. Foi essa ambivalência que tornou possível sua aproximação com Getúlio Vargas – um político também muito ambíguo – ainda antes da Revolução de 1930, na qual Campos se envolveu de modo direto.[216] Em seguida, Campos teria inclusive um papel como interlocutor de Getúlio junto ao movimento integralista. Em 1945, acabariam rompendo.[217]

Pós-Graduação em Direito Político e Econômico, Universidade Presbiteriana Mackenzie, São Paulo, 2013.

213 TEIXEIRA, Anderson Vichinkeski. Trilogia Carl Schmitt (I): perece um homem, vive a obra. *Estadão*, São Paulo, 22 mar. 2020. Caderno de Cultura "Estado da Arte".

214 GLOECKNER, Ricardo Jacobsen. *Autoritarismo e processo penal*: uma genealogia das ideias autoritárias no processo penal brasileiro. Florianópolis: Tirant Lo Blanch, 2018. p. 119.

215 ROSENFIELD, Luis. *Revolução conservadora*: genealogia do constitucionalismo autoritário brasileiro (1930-1945). Porto Alegre: EDIPUCRS, 2021. p. 157.

216 NETO, Lira. *Getúlio*: dos anos de formação à conquista do poder (1882-1930). São Paulo: Companhia das Letras, 2012. p. 315, 351, 434-435 e 522.

217 NETO, Lira. *Getúlio*: do governo provisório à ditadura do Estado Novo (1930-1945). São Paulo: Companhia das Letras, 2013. p. 315, 318, 418-419, 463 e 466.

Certa ambiguidade ou obscuridade, portanto, é uma das marcas do discurso de Campos. Perceba-se que não se trata de uma falta de clareza acidental. A "teologia política obscurantista e labiríntica", repleta de "conceitos abertos e abstratos",[218] tingida com um verniz de erudição, é proposital e favorece movimentos centralizadores e autoritários. Esse tipo de expediente não é incomum também na atualidade, na medida em que possibilita que juristas agradem o poder da ocasião, qualquer que seja a sua orientação ideológica.

Outro aspecto importante no pensamento de Campos é o frequente contraponto à "velha ordem de coisas".[219] Cuida-se de algo não muito diferente do discurso, em voga na atualidade, de que é necessário "eliminar a velha política" – inclusive por meio do Direito Penal. Ligada a isso geralmente está uma visão, como ocorre no caso de Campos, que despreza a própria democracia. Campos era um adversário da democracia constitucional, das suas instituições e processos característicos – inclusive, claro, dos seus institutos jurídicos e processuais. Era um crítico do "formalismo liberal" e do excesso de "ritos bizantinos", os quais deveriam, segundo seu entendimento, ser substituídos por uma "concepção autoritária de processo", com poderes centralizados na figura do juiz.[220] Como observa Gloeckner, na visão de Campos, "quem exerce a concepção autoritária de processo é o juiz (não o Ministério Público, muito menos o advogado). As partes processuais, à exceção do magistrado, são engrenagens acessórias e obstáculos morais desnecessários".[221] São flagrantes as similaridades entre esse posicionamento e a visão de figuras como Sergio Moro, também adepto notório da concentração de poderes pelos juízes e crítico contumaz de supostos excessos formalistas.

Ainda sobre a posição de Campos acerca da democracia, trata-se de um teórico que, como observam vários estudiosos, a exemplo de Gloeckner[222] e Rosenfield,[223] defendia uma espécie de cesarismo, que

---

218 ROSENFIELD, Luis. *Revolução conservadora*: genealogia do constitucionalismo autoritário brasileiro (1930-1945). Porto Alegre: EDIPUCRS, 2021. p. 158, 198 e 207.

219 ROSENFIELD, Luis. *Revolução conservadora*: genealogia do constitucionalismo autoritário brasileiro (1930-1945). Porto Alegre: EDIPUCRS, 2021. p. 154 e 157.

220 ROSENFIELD, Luis. *Revolução conservadora*: genealogia do constitucionalismo autoritário brasileiro (1930-1945). Porto Alegre: EDIPUCRS, 2021. p. 212, 269-270 e 294-295.

221 GLOECKNER, Ricardo Jacobsen. *Autoritarismo e processo penal*: uma genealogia das ideias autoritárias no processo penal brasileiro. Florianópolis: Tirant Lo Blanch, 2018. p. 133.

222 GLOECKNER, Ricardo Jacobsen. *Autoritarismo e processo penal*: uma genealogia das ideias autoritárias no processo penal brasileiro. Florianópolis: Tirant Lo Blanch, 2018. p. 128.

223 ROSENFIELD, Luis. *Revolução conservadora*: genealogia do constitucionalismo autoritário brasileiro (1930-1945). Porto Alegre: EDIPUCRS, 2021. p. 195.

combina centralização autoritária com constantes apelos à vontade popular. As instituições políticas próprias da democracia constitucional – como o parlamento e o sufrágio universal – são consideradas empecilhos à "espontaneidade da vida política" e ao "império da vontade do povo".[224] São ilustrativos disso, como lembra Lira Neto,[225] trechos de discursos proferidos por Campos em 1935 e 1936, inclusive durante visita de Franklin Roosevelt ao Brasil: "Não há hoje um povo que não clame por um César"; "uma sala de parlamento tem hoje a mesma importância que uma sala de museu".[226]

Nesse modelo, busca-se sempre prestigiar o "contato direto com o povo",[227] suprimindo-se a mediação das instituições. Aqui não temos como dissociar a posição de Campos da visão que passa a prevalecer contemporaneamente também entre os operadores do sistema de justiça. O Poder Judiciário e sobretudo o Ministério Público – como observam, entre outros, Rodriguez[228] e Assis[229] – passam a pretender falar diretamente com a sociedade, muitas vezes pela via do Direito Penal, conferindo a este um caráter popular-majoritário absolutamente anômalo.

Um aspecto que precisa ser também destacado nesse contexto é a ideia de mito político, que percorre as obras de Schmitt e Campos e também a história política brasileira desde pelo menos Getúlio Vargas, como bem observa Teixeira: "Em vez de crer em um sistema, isto é, em uma totalidade racionalmente ordenada (...) o imaginário político brasileiro norteia-se, prioritariamente, a partir de uma figura que foi muito bem resumida por Carl Schmitt: o mito político". Prossegue Teixeira: "o mito político possui a capacidade de agregar em si mesmo, em atributos unipessoais, caracteres de fácil reconhecimento intersubjetivo por parte da sua sociedade de pertencimento (...) Uma liderança política investe em si mesma um poder que não é racional, mas irracional, e

---

224 ROSENFIELD, Luis. *Revolução conservadora*: genealogia do constitucionalismo autoritário brasileiro (1930-1945). Porto Alegre: EDIPUCRS, 2021. p. 161 e 196.

225 NETO, Lira. *Getúlio*: do governo provisório à ditadura do Estado Novo (1930-1945). São Paulo: Companhia das Letras, 2013. p. 270-271.

226 CAMPOS, Francisco. *O Estado nacional*: sua estrutura, seu conteúdo ideológico. Brasília, DF: Senado Federal: Conselho Editorial, 2001. p. 24 e 34.

227 ROSENFIELD, Luis. *Revolução conservadora*: genealogia do constitucionalismo autoritário brasileiro (1930-1945). Porto Alegre: EDIPUCRS, 2021. p. 267.

228 RODRIGUEZ, José Rodrigo. *Direito das lutas*: democracia, diversidade, multinormatividade. São Paulo: LiberArs, 2019. p. 244.

229 ASSIS, Wilson Rocha Fernandes. Há fascismo na Lava Jato? *Jornal GGN*, [*S. l.*]. 05 maio 2019. Disponível em: https://jornalggn.com.br/artigos/ha-fascismo-na-lava-jato-por-wilson-rocha-fernandes-assis/

diria, mais ainda, transcendental, tendo em vista a ligação direta que o líder alega possuir com o povo".[230]

Talvez não seja um completo acidente, portanto, o fato de um dos maiores líderes políticos do Brasil contemporâneo ser tratado por seus apoiadores justamente como mito. Também a pessoalidade e o tom messiânico que marcam as atuações de figuras como Deltan Dallagnol e Sergio Moro, assim como o afã de falar diretamente com o povo, possivelmente têm alguma inspiração – mesmo que remota e inconsciente – na ideia de mito político.

Finalmente, não podemos deixar de referir o peso da técnica e da codificação, supostamente neutros, no pensamento de Campos. A ideia de uma "ciência da administração, regida pela técnica, e não por fatores políticos", era então uma "tendência global", que se manifesta também nas democracias liberais, como nos Estados Unidos de Roosevelt.[231] Trata-se de uma visão tributária do cientificismo cartesiano que, no ideário autoritário brasileiro em voga nos anos 1930, alcança níveis extremos, sintetizados na noção de "objetivismo tecnocrático", de Oliveira Vianna.[232] Segundo esse conceito, "o regime estatista deveria ser regido pela produção científica". Trata-se de uma visão ligada claramente a uma "sociologia positivista".[233] A propósito, é interessante perceber que o próprio Vargas – discípulo de Julio de Castilhos e leitor, desde jovem, de Auguste Comte – tinha forte influência positivista em sua formação.[234] Nessa perspectiva, segundo Campos, "o legislador não deve ligar-se a nenhum credo filosófico, nem a nenhuma ortodoxia doutrinária. Deve inspirar-se, principalmente, em considerações de ordem prática".[235] Sua proposta, como se vê, não é muito diferente do que sustentam personagens como Sergio Moro e Deltan Dallagnol. Como já anotamos, Moro afirma textualmente que "nada pior do que

---

230 TEIXEIRA, Anderson Vichinkeski. *Prefácio*. *In*: ROSENFIELD, Luis. *Revolução conservadora:* genealogia do constitucionalismo autoritário brasileiro (1930-1945). Porto Alegre: EDIPUCRS, 2021. p. 19-23.

231 ROSENFIELD, Luis. *Revolução conservadora*: genealogia do constitucionalismo autoritário brasileiro (1930-1945). Porto Alegre: EDIPUCRS, 2021. p. 284.

232 GLOECKNER, Ricardo Jacobsen. *Autoritarismo e processo penal*: uma genealogia das ideias autoritárias no processo penal brasileiro. Florianópolis: Tirant Lo Blanch, 2018. p. 110-111.

233 GLOECKNER, Ricardo Jacobsen. *Autoritarismo e processo penal*: uma genealogia das ideias autoritárias no processo penal brasileiro. Florianópolis: Tirant Lo Blanch, 2018. p. 110-111.

234 NETO, Lira. *Getúlio*: do governo provisório à ditadura do Estado Novo (1930-1945). São Paulo: Companhia das Letras, 2013. p. 67.

235 CAMPOS, Francisco. *O Estado nacional: sua estrutura, seu conteúdo ideológico*. Brasília, DF: Senado Federal: Conselho Editorial, 2001. p. 145.

conduzir um governo motivado por ideologias",[236] enquanto Dallagnol se reivindica, com indisfarçável pretensão de superioridade, "um técnico, não um ativista".[237]

2.2.4.5 A transversalidade ideológica da perversão

Embora aqui seja enfatizado o peso de correntes e teóricos situados num campo mais conservador do espectro político, é preciso notar que um certo uso político do Direito Penal não é uma exclusividade de direita.

O caso sem dúvida mais explícito e vulgar nesse sentido é o stalinismo. Assim como na Alemanha nazista, na Rússia sob Stalin também se recorreu à ideia de inimigo objetivo, a qual ofereceu as bases para que a perseguição promovida pelo Estado (via Direito Penal, via atuação da polícia secreta ou ambos) avançasse progressivamente contra os mais variados alvos: "tendo começado com os descendentes das antigas classes governamentais, dirigiu-se a seguir contra os *Kulaks* (no começo da década de 1930), seguidos pelos russos de origem polonesa (entre 1936 e 1938), os tártaros (durante a II Guerra), os antigos prisioneiros de guerra e unidades das forças de ocupação do Exército Vermelho (depois da guerra) e a população judaica (...)". Nem mesmo antigos líderes comunistas e membros da velha guarda bolchevista foram poupados nesse processo. Como explica Lafer, a ideia de "inimigo objetivo leva, no plano jurídico, ao conceito totalitário de *crime possível*". Considerando que no totalitarismo tudo é possível, "todo crime que o governo possa conceber como viável deve ser punido, tenha sido cometido ou não".[238] Para ser criminalizado, basta que o fato cogitado seja possível, não importando que seja altamente improvável (a exemplo da hipótese, disseminada pelo stalinismo, de que líderes soviéticos estariam traindo Stalin e flertando com o fascismo).

É nesse quadro que é possível entender certa admiração que o próprio Hitler curiosamente nutria por Andrei Vishinsky, um dos autores da Constituição soviética de 1936 e procurador-geral responsável, nos anos 1930, pela condução dos chamados Processos de Moscou, os quais

---

[236] MORO, Sergio. *Contra o sistema da corrupção*. Rio de Janeiro: Primeira Pessoa, 2021. p. 142.

[237] DALLAGNOL, Deltan Martinazzo. *A luta contra a corrupção*: a Lava Jato e o futuro de um país marcado pela impunidade. Rio de Janeiro: Primeira Pessoa, 2017. p. 208.

[238] LAFER, Celso. *A reconstrução dos direitos humanos*: um diálogo com o pensamento de Hannah Arendt. São Paulo: Companhia das Letras, 1988. p. 100-101.

atingiram figuras célebres como Kamenev, Zinoviev e Trotsky. Mais de uma fonte aponta que Hitler chegou a se referir a Roland Freisler, o mais famoso juiz nazista, como "o nosso Vishinsky".[239]

Por inusitado que pareça, esses personagens e experiências têm de fato pontos em comum.

Em primeiro lugar, assim como Freisler, Vishinsky era um simplificador.[240] Não por acaso, embora tenha sido professor de Processo Penal e reitor da Universidade de Moscou, sua produção teórica nunca foi digna de maior consideração. Convém notar, a propósito, que, "no stalinismo, a teorização foi cortada violentamente e suas vítimas foram justamente os que tentaram fazê-la, como os juristas Evgueni Pachoukanis e Nijolai Krylenko",[241] executados em 1937 e 1938.

Mas, para além da falta de qualquer sofisticação teórica, há também um elemento substancial que une o nazismo e o stalinismo, Freisler e Vishinsky: a função que atribuem ao Direito Penal. Como ressaltamos acima, em ambos está presente a categoria do inimigo objetivo, "cuja identidade muda de acordo com as circunstâncias do momento". Eliminada uma determinada categoria de adversários, pode-se passar à seguinte. O regime, portanto, movimenta-se sempre a partir da ideia de inimigo. Se é possível apontar algum raciocínio legal no sistema totalitário, "o *oponente objetivo* é a sua ideia central", constata Lafer, recorrendo a Hannah Arendt.[242]

Antecedentes desse modo de funcionamento são identificados na Revolução Francesa. O terror que se seguiu à Revolução, aponta Lafer, não era um elemento acidental do ideário revolucionário jacobino. A Revolução nutre-se de circunstâncias e depende sempre de um adversário. Buscava, assim, encontrar "traições, como o complô aristocrático e a guerra, vistos como condição para o seu desenvolvimento".[243]

---

239 KERSHAW, Ian. *Hitler*. Tradução de Pedro Maia Soares. São Paulo: Companhia das Letras, 2015. p. 881; ZAFFARONI, Eugenio Raul. *Doutrina penal nazista*: a dogmática penal alemã entre 1933 e 1945. Tradução de Rodrigo Murad do Prado. Florianópolis: Tirant Lo Blanch, 2019. p. 89.

240 Em obra que reúne escritos sobre os Processos de Moscou, Trotsky, entre outras críticas que faz a Vishinsky, chama-o de *simplista*. TROTSKY, Leon. *Os processos de Moscou*: a repressão e os expurgos stalinistas. São Paulo: Edições Populares, 1983. p. 128.

241 ZAFFARONI, Eugenio Raul. *Doutrina penal nazista*: a dogmática penal alemã entre 1933 e 1945. Tradução de Rodrigo Murad do Prado. Florianópolis: Tirant Lo Blanch, 2019. p. 24.

242 LAFER, Celso. *A reconstrução dos direitos humanos*: um diálogo com o pensamento de Hannah Arendt. São Paulo: Companhia das Letras, 1988. p. 100-101.

243 LAFER, Celso. *A reconstrução dos direitos humanos*: um diálogo com o pensamento de Hannah Arendt. São Paulo: Companhia das Letras, 1988. p. 335-336.

Noutro giro, embora tenhamos enfatizado experiências abertamente autoritárias, é oportuno registrar que mesmo correntes democratas não estão imunes à aposta no Direito Penal como um solucionador de problemas.

Nesse sentido, Rodriguez refere criticamente o "sequestro de parte da pauta de esquerda pela luta por criminalização". A "demanda por mais crimes e penas" torna-se a tônica das "reivindicações dos movimentos sociais contemporâneos, mesmo diante de críticas bastante intensas a respeito da inefetividade e seletividade do sistema penal".[244] É algo próximo ao que Karam identificou, já em 1996, como esquerda punitiva. Trata-se de parte da esquerda que, ao se distanciar das críticas que "vieram a desvendar o papel do sistema penal como um instrumento poderoso de manutenção e reprodução da dominação e da exclusão" e ao perceber "apenas superficialmente a concentração da atuação do sistema penal sobre os membros das classes subalternatizadas, a deixar inatingidas condutas das classes dominantes", não compreende as razões reais dessa atuação desigual, pretendendo que os mesmos mecanismos repressores sejam dirigidos ao "enfrentamento da criminalidade dourada". Ocorre que, como assinala a autora, a desigualdade, que proporciona a grupos dominantes melhor utilização de mecanismos de defesa, não se resolve com a retirada de direitos e garantias, cuja vulneração repercute de maneira muito mais intensa sobre as classes subalternizadas. É um erro, portanto, pretender "a utilização de um mecanismo provocador de um problema como solução para este mesmo problema".[245]

Enfim, do que dissemos é possível concluir que, por diferentes que sejam, há um "ponto de identidade" importante entre as diversas tendências políticas e teóricas que resultam na criminalização da política. Esse ponto consiste em certa "profissão de fé"[246] no Direito Penal.

Não propomos aqui, ressalte-se, adesão ao abolicionismo penal. Entendemos que o Direito Penal é inafastável de qualquer empreendimento social com alguma pretensão civilizatória. Onde não há Direito Penal, há a barbárie da vingança privada. É a isso que o Direito Penal

---

244 RODRIGUEZ, José Rodrigo. *Direito das lutas*: democracia, diversidade, multinormatividade. São Paulo: LiberArs, 2019. p. 29 e 39.

245 KARAM, Maria Lucia. A esquerda punitiva. *Discursos sediciosos – Crime, Direito e Sociedade*, Rio de Janeiro, v. 1, n.1, p. 79-81 e 85, 1996.

246 As expressões são de Rubens Casara. CASARA, Rubens. *Processo penal do espetáculo e outros ensaios*. Florianópolis: Tirant Lo Blanch, 2018. p. 204-205.

deve, então, servir: assegurar o convívio social e evitar a barbárie de um mundo em que a punição de ofensas graves a bens jurídicos relevantes não é monopólio do Estado. Ir além disso – pretendendo, por exemplo, que se promovam correções morais e de falhas do sistema político – não é papel de um Direito Penal democrático.

Em suma, o fenômeno da criminalização da política não é orientado por um ideário unívoco e homogêneo. Seu gérmen é a aposta – equivocada e, embora mais comum à direita, presente também na esquerda – num suposto papel transformador virtuoso que o Direito Penal poderia cumprir.

2.2.4.6 Institutos autoritários no Direito Penal contemporâneo

Por último, a título conclusivo, convém catalogarmos, em forma mais esquemática, certos institutos contemporâneos do Direito Penal que têm alguma inspiração em experiências autoritárias. O levantamento baseia-se principalmente em estudos de Gloeckner e Zaffaroni.

Nesse sentido, podemos citar: a) a subordinação do Direito Penal à vontade popular majoritária; b) a *etização* total do Direito Penal. Quebra-se a distinção iluminista entre Ética e Direito, subordina-se completamente o Direito Penal àquela e compreende-se o delito como violação de um dever ético, de modo que se nega relevância aos resultados concretos por ele produzidos e, assim, rejeita-se o próprio princípio da lesividade; c) a crescente vagueza dos bens jurídicos tutelados pelas normas penais; d) a profusão de tipos penais de perigo abstrato ou presumido; e) a crescente relevância da disposição interna nos tipos e valorações penais; f) a crescente tipificação de atos preparatórios; g) a criminalização de omissões de intervenções inúteis; h) a tendência de imposição aos delitos tentados de penas semelhantes às dos delitos consumados; i) a tendência de punição de situações de falta de tipo como tentativa; j) a confusão entre concurso eventual de pessoas e associação criminosa; k) a invocação da periculosidade num sentido positivista-lombrosiano; l) o avanço da ideia *in dubio pro societate*; m) a difusão da ideia de instrumentalidade processual e, num nível mais vulgar, o desprezo a formas processuais e a nulidades; n) a manipulação da prisão preventiva e da duração indefinida dos processos como pena antecipada; o) o uso de prisões preventivas para forçar colaborações premiadas; p) o crescente reconhecimento de atribuições jurisdicionais a polícias e órgãos administrativos.[247]

2.3 Novo arranjo institucional

2.3.1 Expansão e autonomização do sistema de justiça e do Ministério Público

Um outro elemento importante na análise das origens do processo de criminalização da política que teve lugar no Brasil consiste numa alteração do nosso arranjo institucional, marcada pela expansão e pela autonomização do sistema de justiça (sobretudo do Ministério Público).

A chamada expansão do sistema de justiça é um fenômeno global. Especialmente após a Segunda Guerra, cortes constitucionais espalham-se por todo o mundo, e o Judiciário passa mais e mais a decidir sobre temas antes entendidos como de domínio exclusivo dos políticos, e não dos juristas ou da burocracia do Estado.

Nesse contexto, a democracia representativa foi transformada. Critérios majoritários e processos eleitorais tornaram-se insuficientes para aferir a qualidade das democracias. O incremento de outras formas de *accountability* passa a ser também um critério fundamental.[248]

No Brasil, esse processo, mais tardio, acentua-se a com a Constituição de 1988.

Como anota Almeida, a redemocratização brasileira colocou a Constituição e os direitos no centro da política e confiou muito nas instituições – como a Defensoria Pública, o Ministério Público e o Poder Judiciário – para a realização do projeto constitucional. Apostou-se na expansão da democracia para além dos espaços representativos tradicionais.[249]

---

[247] GLOECKNER, Ricardo Jacobsen. *Autoritarismo e processo penal*: uma genealogia das ideias autoritárias no processo penal brasileiro. Florianópolis: Tirant Lo Blanch, 2018. p. 148 e 160-161; ZAFFARONI, Eugenio Raul. *Doutrina penal nazista*: a dogmática penal alemã entre 1933 e 1945. Tradução de Rodrigo Murad do Prado. Florianópolis: Tirant Lo Blanch, 2019. p. 240-241.

[248] ARANTES, Rogério. Rendición de cuentas y pluralismo estatal en Brasil: Ministerio Público y Policía Federal. *Desacatos (CIESAS)*, [*S. l.*], v. 49, p. 32, 2015.

[249] ALMEIDA, Frederico. Da democratização da justiça à tutela judicial da democracia: uma interpretação do protagonismo judicial no Brasil contemporâneo. *In*: MARONA, Marjorie; DEL RIO, Andrés. *Justiça no Brasil*: às margens da democracia. Belo Horizonte: Arraes, 2018. p. 223.

Nessa perspectiva, Arantes observa que o Brasil tem sido um cenário de intensa experimentação de controles democráticos. Seja no plano da *accountability* vertical (por meio de conselhos, associações, organizações não governamentais), seja no plano da *accountability* horizontal (por meio do fortalecimento de instituições como Ministério Público, Polícia Federal, Tribunais de Contas, controladorias), avanços relevantes ocorreram a partir dos marcos da Constituição.[250]

No entanto, essa transformação institucional e democrática não é imune a críticas. O primeiro ponto concentrador de polêmica consiste no fato de que os novos arranjos institucionais teriam transferido decisões sobre questões eminentemente políticas a agentes – como promotores e juízes – não eleitos pelo voto popular.

Um segundo ponto crítico diz respeito mais diretamente a supostos excessos da atuação desses agentes na esfera criminal. Sustenta-se que o aparelho estatal de persecução penal está deliberadamente contaminado por interesses ideológicos e de classe – ou que, no mínimo, se deixou instrumentalizar por esses interesses. O contraponto às críticas aponta que casos como a ação penal do Mensalão[251] e a Operação Lava Jato demonstraram, na verdade, a vitalidade das nossas instituições, agora independentes e imunes à influência do poder econômico e político. Hoje, ainda que sem negar a gravidade do problema da corrupção no Brasil, é razoável afirmar que a história deu razão aos críticos, ao revelar que tais ações judiciais transcorreram, em geral, num ambiente de baixa isenção e republicanismo por parte do sistema de justiça.[252]

---

[250] ARANTES, Rogério. Rendición de cuentas y pluralismo estatal en Brasil: Ministerio Público y Policía Federal. *Desacatos (CIESAS)*, [*S. l.*], v. 49, p. 33, 2015.

[251] Mensalão foi uma expressão utilizada pelo então deputado federal Roberto Jefferson, em entrevista publicada em 6 de junho de 2005, para se referir a um suposto esquema de compra de apoio parlamentar em benefício do governo federal. O episódio marcou o início de uma grande crise política que, no plano jurídico, redundou na Ação Penal nº 470, proposta pela Procuradoria-Geral da República contra quarenta pessoas alegadamente envolvidas no esquema. Após 53 sessões de julgamento, 24 réus acabaram condenados pelo Supremo Tribunal Federal. O processo gerou grandes controvérsias na comunidade jurídica, tendo sido amplamente considerado um "ponto fora da curva", em especial pela forma como lidou com o exame das provas. JEFFERSON, Roberto. *PT dava mesada de R$ 30 mil a parlamentares*. Entrevista concedida a Renata Lo Prete. *Folha de São Paulo*, São Paulo, 06 jun. 2005. Disponível em: https://www1.folha.uol.com.br/folha-100-anos/2020/02/entrevista-de-roberto-jefferson-a-folha-revelou-o-esquema-do-mensalao.shtml; CASTRO, Grasielle. 10 fatos sobre os 10 anos do julgamento do Mensalão. *Jota*, São Paulo, 14 dez. 2022. Disponível em: https://www.jota.info/stf/do-supremo/ saiba-dez-fatos-sobre-os-10-anos-do-julgamento-do-mensalao

[252] ALMEIDA, Frederico. Da democratização da justiça à tutela judicial da democracia: uma interpretação do protagonismo judicial no Brasil contemporâneo. *In*: MARONA, Marjorie;

Finalmente, um terceiro ponto de questionamento à transformação e à "pluralização do Estado" que vivenciamos reside no fato, constatado por Arantes, de que esses movimentos não obedecem a um plano prévio e sistemático, mas se dão principalmente por meio da "vontade de afirmação" de órgãos e carreiras estatais.[253] Como observa Almeida, a concepção de poder vigente é resultado de processos históricos e relacionais, nos quais agentes disputam posições a partir de seus próprios projetos e ideologias do profissionalismo.[254] De fato, o processo de construção institucional brasileiro tem sido muito pautado pelo "voluntarismo político de grupos de elite, muitos deles radicados no próprio Estado", os quais, munidos das "linguagens da *accountability* e dos direitos", professam valores e missões capazes de dar coesão interna às suas corporações e de justificar externamente a sua relevância, levando-os à conquista de crescente autonomia e prerrogativas.[255] Essa agenda é alimentada pela crise de legitimidade das instituições representativas tradicionais e, curiosamente, em sua origem (isto é, no processo constituinte de 1988), foi encampada principalmente pelo assim chamado campo progressista,[256] de onde hoje partem as críticas mais duras a ela.

Seja como for, no novo arranjo institucional que emerge desse processo, uma determinada instituição assume especial relevância: o Ministério Público. Em 1985, a Lei 7.347 atribui ao Ministério Público novos e poderosos instrumentos de atuação: o termo de ajustamento de conduta e a ação civil pública. Mas é em 1988, com a Constituição, que a instituição dá seu grande salto. A Constituição confere aos membros do Ministério Público simetria total em relação aos integrantes da magistratura e outorga-lhes uma ampla gama de funções, que vai da tradicional atribuição de titular da ação penal até a tutela de direitos

---

DEL RIO, Andrés. *Justiça no Brasil*: às margens da democracia. Belo Horizonte: Arraes, 2018. p. 223-224.

253 ARANTES, Rogério. Rendición de cuentas y pluralismo estatal en Brasil: Ministerio Público y Policía Federal. *Desacatos (CIESAS)*, [S. l.], v. 49, p. 29, 2015.

254 ALMEIDA, Frederico de. As elites da Justiça: instituições, profissões e poder na política da justiça brasileira. *Revista de Sociologia e Política*, São Paulo, v. 22, n. 52, p. 83 e 85, dez. 2014.

255 ARANTES, Rogério. Rendición de cuentas y pluralismo estatal en Brasil: Ministerio Público y Policía Federal. *Desacatos (CIESAS)*, [S. l.], v. 49, p. 29, 33-36, 2015.

256 ALMEIDA, Frederico. Da democratização da justiça à tutela judicial da democracia: uma interpretação do protagonismo judicial no Brasil contemporâneo. *In*: MARONA, Marjorie; DEL RIO, Andrés. *Justiça no Brasil*: às margens da democracia. Belo Horizonte: Arraes, 2018. p. 228.

difusos e coletivos, a defesa do regime democrático e a fiscalização de agentes políticos e da burocracia estatal.[257]

Esse novo Ministério Público passa a atuar, então, como uma espécie de "mediador da cidadania" e a "disputar a representação do interesse público".[258] Até meados dos anos 2000, esse novo arranjo institucional – que combina eleições, participação cidadã e engajamento de instituições redesenhadas pelo processo constituinte – produz bons resultados, num "movimento bastante bem orquestrado de aprofundamento da democracia brasileira". O Ministério Público ganha capital político por atuações destacadas em tema de direitos humanos, direitos dos povos indígenas, direito do consumidor e proteção do meio ambiente, entre outros. Noutro giro, na esfera criminal, prevalece uma atuação discreta (por vezes apontada até mesmo como omissa no que diz respeito aos escalões mais altos da República). Eventuais excessos são em geral contidos pelas próprias instituições, por meio do sistema de freios e contrapesos que o constituinte concebeu. Excessos da chamada Operação Satiagraha,[259] por exemplo, em 2004, tiveram imediata resposta das cortes superiores.[260]

Todavia, com o advento da Operação Lava Jato, em 2014, esse "padrão de interlocução institucional" – sem dúvida imperfeito, mas ao menos capaz de debelar os excessos autoritários mais gritantes – degenerou-se. A partir de então, o uso sistemático da mídia e o consórcio

---

[257] Embora a configuração do Ministério Público brasileiro seja peculiar, a ampliação do seu leque de atribuições, antes restrito à acusação criminal, é uma tendência identificada também em outros países. Anota Ribeiro: "A origem do Ministério Público remete ao absolutismo francês do século XIV, 'quando funcionários reais ganharam prerrogativa para agir em nome da monarquia e na acusação de criminosos comuns' (Paula, 2010: 74). Por isso, na maioria dos países, as funções exercidas por essa agência estão associadas à acusação pública de alguém pela prática de um determinado delito. Têm crescido, porém, os arranjos institucionais que ampliam as atribuições tradicionais deste órgão". RIBEIRO, Ludmila. Ministério Público: velha instituição com novas funções? *Revista Crítica de Ciências Sociais*, Coimbra, n. 113, p. 52, 2017.

[258] AVRITZER, Leonardo; MARONA, Marjorie Corrêa. A tensão entre soberania e instituições de controle na democracia brasileira. *Dados – Revista de Ciências Sociais*, Rio de Janeiro, v. 60, p. 363-365, 2017.

[259] A Operação Satiagraha consistiu num conjunto de investigações e ações penais que, em 2009, levaram à prisão banqueiros, empresários e agentes políticos por crimes contra o sistema financeiro, entre outros. A operação acabou anulada pelo Superior Tribunal de Justiça a partir da constatação de que dela participaram ilegalmente funcionários da Agência Brasileira de Inteligência. BRASIL. Superior Tribunal de Justiça. *Habeas Corpus nº 149.250*. Relator: Ministro Adilson Vieira Macabu (desembargador convocado). 07 de junho de 2011.

[260] AVRITZER, Leonardo; MARONA, Marjorie Corrêa. A tensão entre soberania e instituições de controle na democracia brasileira. *Dados – Revista de Ciências Sociais*, Rio de Janeiro, v. 60, p. 361-368, 2017.

que se estabelece entre Ministério Público e Poder Judiciário, os quais deixam de exercer controles recíprocos efetivos, descambam para o que Avritzer chama de "pretorianismo judicial" – isto é, a pressão desestabilizadora exercida por aqueles atores sobre o sistema político, com base não tanto no seu fortalecimento institucional, mas no voluntarismo individual de seus membros. Essa nova postura "desloca a base de legitimidade da atuação judicial do campo da independência para o da popularidade, em adesão a um campo majoritário contingencial", o que revela duas tendências: "uma tendência à desinstitucionalização, pois o sistema de controle passa a operar na base de uma substituição dos remanescentes déficits de interação e controle pelo protagonismo pessoal de alguns atores", e "uma tendência à seletividade".[261] A articulação desse conjunto de fatores, sem dúvida, é uma das origens do que chamamos de criminalização da política.

Em suma, se por um lado "o déficit de autonomia do qual o Judiciário e as instituições de controle no Brasil historicamente padeceram foi sanado",[262] possibilitando avanços em termos de combate à corrupção, por outro lado o incremento voluntarista dessa autonomia gerou também sérios problemas, desestabilizadores do próprio regime democrático.

Voltando mais especificamente ao caso do Ministério Público, Ribeiro aponta que ele se configura como um "campo dentro do sistema de justiça, isto é, um espaço que estrutura regras, recursos e agentes com determinadas características, com o objetivo de exercer dominação". Explica a autora que o campo é uma unidade analítica concebida por Bourdieu e ligada à ideia de "autonomização dos sistemas de ação". De fato, a transição democrática transformou o Ministério Público "em um campo autônomo em relação ao sistema de justiça, dado o recebimento de novas funções, que estenderam as suas atribuições de titular da ação penal ao campo político; mas por outro, a possibilidade de cuidar de uma miríade de funções se tornou uma espécie de 'cheque em branco'.

---

261 AVRITZER, Leonardo; MARONA, Marjorie Corrêa. A tensão entre soberania e instituições de controle na democracia brasileira. *Dados – Revista de Ciências Sociais,* Rio de Janeiro, v. 60, p. 374, 2017.

262 AVRITZER, Leonardo; MARONA, Marjorie Corrêa. A tensão entre soberania e instituições de controle na democracia brasileira. *Dados – Revista de Ciências Sociais,* Rio de Janeiro, v. 60, p. 374, 2017.

Contudo, nem todos os promotores e procuradores preenchem o cheque da mesma forma".[263]

A propósito da diversidade de perfis ideológicos e de estilos de atuação, Ribeiro sugere uma distinção entre "procuradores de gabinete" e "procuradores de fato". Os primeiros seriam procuradores tradicionais, centrados em cumprir prazos e metas e com atuações em geral limitadas à esfera criminal. Já os procuradores de fato seriam caracterizados por uma atuação engajada em pautas relacionadas a direitos humanos e cidadania. Em qualquer caso, conclui a autora, "o Ministério Público não absorveu plenamente as competências que lhe foram outorgadas e, por isso, continua agindo de acordo com os parâmetros de sua velha constituição". Seus membros "ainda são os mesmos do ponto de vista da classe de recrutamento e, por isso, as ações por eles realizadas não são substancialmente distintas das que caracterizavam o órgao antes da mudança constitucional". Dito de outro modo, trata-se, em geral, de "uma elite que está mais preocupada em construir a sua credibilidade perante a opinião pública do que com a transformação da sociedade".[264] Esse contexto estimula, evidentemente, uma atuação criminal mais visível, a qual costuma render capital político junto ao senso comum estabelecido.

2.3.2 Mudança do padrão de judicialização e deslocamento da legitimidade

Na linha do que já afirmamos acima e como observa Avritzer, "o déficit de autonomia do qual o Judiciário e as instituições de controle no Brasil historicamente padeceram foi sanado, particularmente pelo reforço da autonomia do Poder Judiciário e o aprofundamento e extensão do sistema de controle judicial de constitucionalidade". Da mesma forma, o Ministério Público "ampliou sua atuação no campo dos direitos difusos e coletivos e avança, hodiernamente, no combate à corrupção, pela via criminal. Por fim, as mudanças na Polícia Federal a partir de 2004 completaram a reforma das instituições judiciárias

---

263 RIBEIRO, Ludmila. Ministério Público: velha instituição com novas funções? *Revista Crítica de Ciências Sociais*, Coimbra, n. 113, p. 55, 2017.

264 RIBEIRO, Ludmila. Ministério Público: velha instituição com novas funções? *Revista Crítica de Ciências Sociais*, Coimbra, n. 113, p. 76-78, 2017.

de controle com uma polícia judiciária aparelhada e com capacidade operacional".[265]

Como resultado dessa reconfiguração, "o padrão de judicialização da política se alterou profundamente: passou-se da esfera cível de atuação para a criminal, do aprofundamento de um projeto inclusivo, pela efetivação de direitos difusos e coletivos, para uma preocupação com o controle e combate da corrupção".[266]

Fabiana Alves Rodrigues resgata duas pesquisas empíricas que bem ilustram essa mudança de foco. Pesquisa realizada em 1996, com 3.927 questionários, perguntou sobre o grau de prioridade de intervenção do Judiciário em determinadas áreas. Apenas 0,8 porcento dos magistrados indicaram a repressão a delitos econômicos como de alta prioridade. 76,1 porcento afirmaram que a área deve receber alguma prioridade e 23,2 porcento sugeriram baixa ou nenhuma prioridade. Já em 2018, em pesquisa com 3.851 questionários, foram arroladas oito áreas de atuação e pediu-se que os juízes indicassem três prioritárias. 22,2 porcento apontaram o controle da probidade, 17,2 porcento indicaram a defesa dos direitos humanos, 15,7 porcento assinalaram a defesa da ordem pública e 12,6 porcento defenderam a repressão a delitos econômicos.[267] Ou seja, mais da metade vê como prioridade uma atuação de caráter eminentemente repressivo.

No âmbito do Ministério Público identifica-se movimento similar. Embora dados colhidos nos anos 1990 revelem que já naquela década a atuação criminal e o combate à corrupção eram prioridades importantes entre os membros da instituição,[268] dados mais recentes evidenciam um fortalecimento dessa posição. Kerche e Viegas observam: "Em 1996, 60% dos entrevistados, quando perguntados sobre suas prioridades, apontavam o combate à corrupção no topo da lista (Sadek, 1996). Vinte anos depois, deparados com pergunta semelhante, os integrantes do MP

[265] AVRITZER, Leonardo; MARONA, Marjorie Corrêa. A tensão entre soberania e instituições de controle na democracia brasileira. *Dados – Revista de Ciências Sociais*, Rio de Janeiro, v. 60, p. 374-375, 2017.

[266] AVRITZER, Leonardo; MARONA, Marjorie Corrêa. A tensão entre soberania e instituições de controle na democracia brasileira. *Dados – Revista de Ciências Sociais*, Rio de Janeiro, v. 60, p. 375, 2017.

[267] RODRIGUES, Fabiana Alves. *Lava Jato*: aprendizado institucional e ação estratégica na Justiça. São Paulo: WMF Martins Fontes, 2020. p. 27-29.

[268] Podemos citar os seguintes estudos relativamente ao perfil do Ministério Público nos anos 1990: CASTILHO, Ela Wiecko Volkmer de; SADEK, Maria Tereza. *O Ministério Público e a administração da Justiça no Brasil*. São Paulo: Idesp, Sumaré, 1998; SADEK, Maria Tereza Aina (org.). *O Ministério Público e a Justiça no Brasil*. São Paulo: Sumaré, 1997.

posicionaram-se no mesmo sentido: 62% dos entrevistados afirmaram que o combate à corrupção seria a grande prioridade, e a distância em relação a outros temas aumentou (Lemgruber *et al.*, 2016)".[269]

Noutro giro, identifica-se um processo de "redução da concepção de interesse público à institucionalidade, em um âmbito – o judicial – que padece de um profundo insulamento". Estabelece-se um "paradoxo de legitimidade", na medida em que as instituições que compõem o sistema de justiça – muitas vezes pretensamente mais fidedignas à soberania popular do que as instituições eleitas – "não possuem mecanismos próprios claros ou aceitos capazes de alicerçarem sua própria legitimidade".[270]

Dessa incontornável dificuldade de legitimidade democrática do sistema de justiça decorre um "imperativo de decisões racionalmente fundamentadas". Como destaca Rodrigues, "a necessidade de fundamentar decisões judiciais parece intuitiva a qualquer pessoa que se imagina potencialmente sujeita a seus efeitos, mas isso teve que ser reafirmado em súmulas dos tribunais superiores e em dispositivos do recente Código de Processo Civil, além de ter sido destacado no Manual prático de decisões penais publicado pela Enfam[271] em 2018". Conclui a autora: "O fato de ser o único manual publicado pela Enfam desde o seu surgimento, em 2006, sugere que existe um diagnóstico de significativa falta de fundamentação nas decisões judiciais".[272]

Ainda sobre esse tema da legitimidade, Moro, comentando a experiência italiana de combate à corrupção, aponta com extrema naturalidade "a maior legitimação da magistratura em relação aos políticos profissionais".[273]

Não se trata de uma voz isolada. Como observa Almeida, entre as diversas ideologias profissionais das corporações que compõem o sistema de justiça brasileiro, um ponto em comum é "a avaliação positiva

---

269 KERCHE, Fábio; VIEGAS, Rafael Rodrigues. O Ministério Público Federal: de defensor de direitos a combatente da corrupção (1988-2018). *Revista Direito GV*, São Paulo, v. 20, e2408, 2024.

270 AVRITZER, Leonardo; MARONA, Marjorie Corrêa. A tensão entre soberania e instituições de controle na democracia brasileira. *Dados – Revista de Ciências Sociais*, Rio de Janeiro, v. 60, p. 375, 2017.

271 Enfam é a Escola Nacional de Formação e Aperfeiçoamento de Magistrados.

272 RODRIGUES, Fabiana Alves. *Lava Jato*: aprendizado institucional e ação estratégica na Justiça. São Paulo: WMF Martins Fontes, 2020. p. 103.

273 MORO, Sergio Fernando. Considerações sobre a Operação Mani Pulite. *Revista CEJ – Justiça Federal*, Brasília, DF, n. 26, p. 56-62, 2004.

de suas próprias atribuições e autonomias em contraponto à avaliação negativa das instituições representativas".[274]

Bento, em sentido similar, aponta que "os juristas, na condição de portadores dos princípios morais mobilizados contra as práticas políticas 'desviantes', apropriam-se de um repertório de 'patologias', apresentando o direito como o intermediário institucional e moral legitimado para oferecer as soluções técnicas e jurídicas, o 'remédio' à crise dos poderes políticos". Complementa afirmando que "a descrença de que padecem os poderes eleitos, cuja legitimidade popular assenta nas urnas, encontra na suplência do Judiciário, legitimado racionalmente por méritos reconhecidos por concurso público, a capacidade de assegurar a integridade do Estado".[275]

Em outro momento, a mesma autora bem observa que os juristas "apropriam-se de uma coleção de argumentos que desautorizam a política nacional com vistas a aumentar sua autoridade para apresentar soluções à crise". Assim, "valorizam seu poder profissional, tornando-o protagonista num espaço social 'carente de soluções' para lidar com o declínio da política, corrompida e destituída dos meios para garantir a integridade do Estado e a proteção 'da cidadania'".[276]

Trata-se isso tudo de dados muito preocupantes, que estimulam o descrédito das instituições democráticas, senão a própria usurpação de seus papéis pela via violenta do Direito Penal.

2.4 O transplante da experiência italiana

Agora, a partir da ideia de transplantes jurídicos, pretendemos examinar a influência exercida pela experiência italiana de combate à corrupção sobre o Brasil.

---

[274] ALMEIDA, Frederico. *Da democratização da justiça à tutela judicial da democracia: uma interpretação do protagonismo judicial no Brasil contemporâneo*. *In*: MARONA, Marjorie; DEL RIO, Andrés. *Justiça no Brasil*: às margens da democracia. Belo Horizonte: Arraes, 2018. p. 235.

[275] BENTO, Juliane Sant'Ana. *Julgar a política*: lutas pela definição da boa administração pública no Rio Grande do Sul (1992-2016). 2017. f. 37. Tese (Doutorado em Ciência Política) – Programa de Pós-Graduação em Ciência Política, Instituto de Filosofia e Ciências Humanas, Universidade Federal do Rio Grande do Sul, Porto Alegre, 2017.

[276] BENTO, Juliane Sant'Ana. *Julgar a política*: lutas pela definição da boa administração pública no Rio Grande do Sul (1992-2016). 2017. f. 66. Tese (Doutorado em Ciência Política) – Programa de Pós-Graduação em Ciência Política, Instituto de Filosofia e Ciências Humanas, Universidade Federal do Rio Grande do Sul, Porto Alegre, 2017.

Certamente haveria outras inúmeras experiências, instituições e categorias estrangeiras que poderíamos submeter a escrutínio a partir da categoria dos transplantes.

A teoria do domínio da organização, por exemplo, popularizada no Brasil a partir da já mencionada Ação Penal nº 470, poderia muito bem ser compreendida como um transplante. Idealizada por Claus Roxin em 1963 a partir do julgamento de Adolf Eichmann,[277] a teoria possibilita a extensão do conceito de autor do crime para além daqueles agentes envolvidos diretamente na prática dos verbos nucleares do tipo delituoso. Poderiam ser considerados autores de um crime, assim, também aqueles que, embora sem ligação imediata com a prática criminosa, exercem domínio sobre aparatos organizados de poder por meio dos quais os fatos são perpetrados. A tese de Roxin foi fundamento relevante para a condenação de Alberto Fujimori, ex-ditador do Peru, pela Suprema Corte daquele país. Escrevendo sobre o caso, Roxin fez elogios ao manejo da teoria pela corte peruana.[278] Já no caso brasileiro,

---

[277] A história de Adolf Eichmann e, sobretudo, de seu julgamento em Israel, após sua captura na Argentina em 1960, é objeto de uma das mais conhecidas obras de Hannah Arendt. No que diz respeito à participação de Eichmann nos crimes que lhe foram imputados, Arendt observa que ele "insistiu veementemente que era culpado apenas de 'ajudar e instigar'", mas que "ele próprio nunca havia cometido nenhum ato aberto". Os juízes rechaçaram a tese, destacando a autora o seguinte trecho, bastante importante para as ciências criminais: "Em tal enorme e complexo crime como este que estamos agora considerando, no qual muitas pessoas participaram, em vários níveis e em várias espécies de atividade – os planejadores, os organizadores, e aqueles que executavam os atos, segundo seus vários níveis –, não há muito propósito em se usar os conceitos normais de aconselhar e assistir a perpetração de um crime. Pois estes crimes foram cometidos em massa, não só em relação ao número de vítimas, mas também no que diz respeito ao número daqueles que perpetraram o crime, e a medida em que qualquer dos muitos criminosos estava próximo ou distante do efetivo assassinato da vítima nada significa no que tange à medida de sua responsabilidade. Ao contrário, no geral o grau de responsabilidade aumenta quanto mais longe nos colocamos do homem que maneja o instrumento fatal com suas próprias mãos". ARENDT, Hannah. *Eichmann em Jerusalém*: um relato sobre a banalidade do mal. São Paulo: Companhia das Letras, 1999. p. 268.

[278] Diz Roxin: "O que foi exposto pelo Tribunal possui, sem dúvida alguma, nível científico. É especialmente de se reconhecer que as questões relacionadas à autoria – a única parte da decisão traduzida para o alemão – foram tratadas levando em conta não apenas a literatura nacional peruana sobre o tema, mas também em grande medida toda a discussão internacional (...). Estamos diante, aqui, de um feliz exemplo da – a denominação vem do meu aluno Schünemann – ciência jurídico-penal internacional, por mim preconizada e praticada, que não representa apenas uma espécie de estudo de direito comparado à moda antiga, mas sim o anseio de desenvolver regras supranacionalmente válidas para casos que podem ocorrer em qualquer lugar do mundo. No caso em questão, o Tribunal peruano teve mais facilidade em recorrer à dogmática jurídico-penal alemã, já que ambos os códigos penais definem expressamente autoria mediata como 'realização do fato por meio de outrem'". A título conclusivo, arremata o autor: "O julgamento demonstra quão frutífera pode ser uma ciência jurídico-penal internacional, que, além de analisar de forma

a importação da teoria sofreu intensas críticas no debate público e acadêmico nacional, seja por falta de respaldo no Direito positivo, seja por ter implicado, no caso concreto, uma modalidade de responsabilização objetiva, o que é absolutamente vedado em matéria penal. Seja como for, é inegável que essa importação conceitual, mesmo desprezando o ordenamento jurídico e particularidades nacionais, criou Direito. É plausível sustentar, portanto, que se tratou de um transplante (mal sucedido, no caso).

Outro conceito que pode ser também escrutinado a partir da ideia de transplantes é o de *rule of law*. O conceito aparece com frequência no discurso jurídico brasileiro, inclusive entre atores da Operação Lava Jato, em especial Sergio Moro. Em geral, é invocado como um instituto pretensamente neutro e universal. No entanto, como bem demonstra Engelmann, trata-se de uma ideia vinculada à expansão de um modelo político e econômico concebido pelos países centrais – e agências e *think tanks* a eles vinculados – e direcionado aos países periféricos, sobretudo no pós-Guerra Fria.[279]

A propósito, também o significado da corrupção tal como o conhecemos hoje está inserido nesse contexto. Como explica Gloeckner, ao longo dos anos 1970, o debate internacional em torno da corrupção passou a se dividir em duas narrativas principais. A matriz chilena, liderada por Salvador Allende, via na corrupção "uma questão conexa ao papel das corporações sobre a política e o exercício do seu poder sobre o processo democrático, referindo-se às poderosas influências corruptivas destas corporações sobre as instituições públicas, tanto nos países ricos quanto nos pobres".[280] Em sentido oposto, a matriz norte-americana associa a corrupção à ideia de *bribery*, isto é, ao suborno de um agente do Estado, cuja existência passa a ser apontada como grande causa e cerne do problema. Prossegue Gloeckner: "Em outras palavras, não era a questão da influência das grandes corporações na

---

completa a jurisprudência e doutrina do próprio país, conquista novos argumentos ao levar cuidadosamente em consideração a literatura estrangeira, que é capaz de produzir consenso internacionalmente, para além das fronteiras do próprio país. Também nesse sentido a decisão é um modelo a ser seguido". ROXIN, Claus. *Novos estudos de Direito Penal*. Organizador: Alaor Leite. Tradução de Luís Greco. São Paulo: Marcial Pons, 2014. p. 182-183 e 190.

279 ENGELMANN, Fabiano. Juristas e politização da justiça no Brasil: desafios analíticos para a abordagem sociopolítica. *Revista Pós Ciências Sociais*, São Luís, v. 20, n. 1, p. 13, 2023.

280 GLOECKNER, Ricardo Jacobsen. *Autoritarismo e processo penal II*: autoritarismo cool e economia política do processo penal brasileiro. São Paulo: Tirant lo Blanch, 2023. p. 73-74.

política o núcleo do problema. E sim, o próprio Estado, suscetível de ser sequestrado por agentes em procura de seus próprios interesses".[281]

O triunfo dessa segunda matriz – segundo a qual o Estado é o grande vilão – ajudou a impulsionar a agenda de reformas privatizantes que marcou a quadra final do século XX, carregando consigo um pacote de conceitos (inclusive jurídicos) que se incorporaram à vida dos países. Podemos afirmar que essa incorporação – muitas vezes acrítica, criando Direito ao arrepio de peculiaridades e mesmo de interesses nacionais – não deixa de ser um possível transplante (bastante problemático).

Outro possível exemplo de transplante (igualmente criticável) consiste na exportação, observada por Zaffaroni, do conceito de *conspiracy*. Com origem no direito anglo-saxão para designar especificamente a prática de falsas acusações, o conceito expandiu-se, disseminou-se e perverteu-se de modo a se tornar uma espécie de "tipo penal difuso", passando a ser indevidamente associado à ideia de organização criminosa, com a qual originalmente não tem nenhuma relação.[282]

Enfim, positiva ou negativa, configurando transplantes ou não, é inegável a influência de uma série de símbolos, conceitos e institutos de origem estrangeira sobre o Direito brasileiro.

---

[281] GLOECKNER, Ricardo Jacobsen. *Autoritarismo e processo penal II*: autoritarismo cool e economia política do processo penal brasileiro. São Paulo: Tirant lo Blanch, 2023. p. 75.

[282] Diz Zaffaroni: "Há muitas maneiras de violar a legalidade sem abandonar as tradicionais formas de fazê-lo no Direito Penal de tradição europeia continental. Em não conformidade com este, porém, a exportação da nebulosa ideia de *organized crime* tem querido trazer a nossas legislações uma das mais conhecidas, criticadas e formas claras de violá-lo que conhece o Direito Penal anglo-saxão: o conceito de *conspiracy*. Ao invés do cientificamente correto, ou seja, adotar as instituições de outra tradição que sirvam para melhorar a nossa, se adotam das que são suscetíveis de piorá-la. *Conspiracy* é um dos conceitos mais difusos e discutíveis do Direito Penal anglo-saxão. Os historiadores do direito inglês precisam que nasceu há séculos como delito independente para falsas acusações e que logo se foi estendendo a todos os delitos, à medida que se estendia a *rule of law* ou legalidade. Em outras palavras: à medida que se reduzia a faculdade dos tribunais para criar novos delitos, por império da legalidade, a *conspiracy* ia se estendendo, como recurso judicial para violá-la. Com efeito: fixados claramente alguns delitos pelo *common law* e criados outros pelo *statute law* (por leis do parlamento), sem que as cortes pudessem ampliar o catálogo de uns nem de outros, estas apelaram a um suposto tipo penal difuso, no qual se pode arbitrariamente introduzir qualquer ação imaginável e que definem de modo original: *agreement to do an unlawful act or a lawful act by unlawful means*. Para completar o panorama de incerteza, importa esclarecer que a palavra *unlawful* não se entende somente como o ilícito, mas também como o 'imoral'. Não tem nada a ver com associação ilícita do direito continental, porque basta que haja uma proposição dirigida a uma pessoa, ainda que não a admita; porque é suficiente que se proponha um só delito em particular; e porque o meio pode ser *lawful*. Não é raro que esta curiosa fórmula tenha sido utilizada para perseguir o sindicalismo e certas forças políticas e que sua história não seja nada elogiosa quanto ao serviço que prestou às liberdades públicas". ZAFFARONI, Eugenio Raul. Crime organizado: uma categorização frustrada. *Discursos Sediciosos – Crime, Direito e Sociedade*, Rio de Janeiro, v. 1, n. 1, p. 60-61, 1996.

No exame específico da influência da experiência italiana de combate à corrupção, primeiro faremos um levantamento (prevalentemente descritivo, mas também com um enfoque prescritivo, apontando desde logo alguns problemas mais óbvios) das diversas alusões de atores brasileiros àquela experiência. Em seguida, analisaremos criticamente esse conjunto de alusões à luz da categoria dos transplantes, conceito difundido por Alan Watson, que lhe atribui um papel decisivo de criação do Direito. Por último, examinaremos a aproximação entre Brasil e Itália em termos de modelos institucionais.

2.4.1 As referências à experiência italiana

A influência da Itália sobre o Brasil em matéria penal dá-se em diversos níveis.

É fato notório, por exemplo, que o Código de Processo Penal brasileiro foi diretamente inspirado no *Codice Rocco*, o Código da Itália fascista.[283]

No plano doutrinário, é impossível não referir a influência de Luigi Ferrajoli. No Brasil, Ferrajoli chega a ser motivo de uma curiosa disputa (entre, de um lado, os assim denominados garantistas integrais e, de outro lado, garantistas pretensamente mais puros) sobre quem é o intérprete mais autêntico de sua obra.[284]

O que aqui nos interessa, porém, é a inspiração de atores do sistema de justiça brasileiro no experimento de combate à corrupção desenvolvido na Itália nas décadas de 1980 e 1990 (com resultados muito ruins na vida política daquele país, diga-se de passagem).

Essa inspiração ocorre num nível predominantemente simbólico.[285] No discurso de figuras proeminentes da Operação Lava Jato,

---

[283] O tema é exaustivamente abordado em: GLOECKNER, Ricardo Jacobsen. *Autoritarismo e processo penal*: uma genealogia das ideias autoritárias no processo penal brasileiro. Florianópolis: Tirant Lo Blanch, 2018.

[284] Na Itália, a obra de Ferrajoli não tem, no âmbito penal, a mesma projeção que alcançou no Brasil. Não porque sua obra seja considerada menor, mas porque, naquele país, ele é considerado mais um filósofo do Direito do que propriamente um autor de teorias criminais. Deve-se essa explicação ao professor Giuseppe Caputo, em conversa realizada na *Università degli Studi di Firenze*, em março de 2023.

[285] A propósito disso, é interessante a observação de Pitombo, em tese doutoral de 2007 (bem antes, portanto, do advento da Operação Lava Jato). O autor destaca o fascínio que o fenômeno da máfia italiana desperta, seja entre seus seguidores, seja entre seus perseguidores: "Curioso notar como o fascínio não se limita aos grupos criminosos, mas se espraia sobre seus perseguidores. Idealizam-se as vidas dos promotores públicos, cujos assassinatos os tornam funcionários públicos reconhecidos, embora, em vida, pouco o Estado lhes conferisse

identificam-se inúmeras alusões, em tom por vezes mitificador, a personagens de destaque da experiência italiana.

Em carta dirigida a colegas magistrados, em 2018, por ocasião da sua nomeação como ministro da Justiça do governo Bolsonaro, Sergio Moro escreveu: "Lembrei-me do juiz Falcone, muito melhor do que eu, que, depois dos sucessos em romper a impunidade da *Cosa Nostra*, decidiu trocar Palermo por Roma, deixou a toga e assumiu o cargo de Diretor de Assuntos Penais no Ministério da Justiça, onde fez grande diferença mesmo em pouco tempo".[286]

Em artigo publicado em 2020, Moro reiterou: "Eu, particularmente, sempre me inspirei no trabalho do juiz italiano Giovanni Falcone, que se notabilizou pelo combate à Máfia nos anos 1980".[287]

Essas alusões repetem-se em outros escritos. Em prefácio, datado de 2020, à versão brasileira do livro *Excellent Cadavers*, *best seller* de autoria de Alexander Stille sobre a história de Giovanni Falcone, Moro volta a exaltar sua inspiração no magistrado italiano. Menciona ainda um colega de Falcone, chamado Paolo Borsellino, e afirma que "a luta contra a Máfia, embora iniciada em Palermo, só poderia ser ganha em

---

em termos de instrumentos para a realização das investigações criminosas. Os exemplos conhecidos de Giovanni Falcone e Paolo Borsellino permanecem na memória não apenas siciliana. Eles se converteram, em muitos países, em figuras emblemáticas de combatentes contra as máfias. Tornaram-se mais: tornaram-se símbolos da importância institucional do Ministério Público, bem assim nomes invocados em favor do aumento de poder dos acusadores públicos. A tragédia pessoal de cada um deles acabou sendo, assim, politizada, seja pelo poder público italiano, que se viu obrigado, pelas circunstâncias, a olhar para o antigo caos das instituições sicilianas, seja pelos patronos de reformas no direito e no processo penal, que encontraram outra oportunidade para proclamar a ineficácia do sistema criminal. Adicionaram-se ao mau exemplo da legislação emergencial as denominadas Operações Mãos Limpas (*Mani pulite*), em um momento histórico italiano marcado pelo cumprimento de centenas de prisões cautelares e pelo julgamento coletivo de muitos acusados. Com ampla cobertura da imprensa internacional, os casos judiciais chamaram atenção para a questão dos grupos mafiosos italianos, tornando cada sessão de julgamento um espetáculo de mídia, no qual acusadores, defensores, juízes, testemunhas e imputados tinham o desempenho acompanhado dia-a-dia pela opinião pública". PITOMBO, Antônio Sérgio Altieri de Moraes. *Organização criminosa*: nova perspectiva do tipo legal. São Paulo: Thompson Reuters Brasil, 2019. p. 123-124.

286 VASCONCELOS, Frederico. Moro diz a juízes que se inspirou no italiano Falcone para deixar a toga. *Folha de São Paulo*, São Paulo, 04 nov. 2018. Disponível em: https://blogdofred.blogfolha.uol.com.br/2018/11/04/moro-diz-a-juizes-que-se-inspirou-no-italiano-falcone-para-deixar-a-toga/

287 MORO, Sergio Fernando. Bons exemplos. *Revista Crusoé*, São Paulo, ed. 122, 2020. Disponível em: https://crusoe.uol.com.br/edicoes/122/bons-exemplos/

Roma".[288] Importado esse raciocínio ao Brasil, a luta contra a corrupção, iniciada em Curitiba, só poderia ser ganha em Brasília.

Já em livro de memórias, Moro revela inspiração em personagens centrais de outro empreendimento político-jurídico relevante na Itália, popularmente conhecido como *Mani Pulite*[289] ou *Tangentopoli*. Entre outros, são citados Antonio Di Pietro e Gherardo Colombo, procuradores protagonistas daquele processo.[290] Especialmente Colombo, é importante que se diga, se tornou um (auto)crítico de sua atuação naqueles anos. Hoje considera que o Direito Penal "exorbita seus fins" quando passa a ter pretensões políticas e, a pretexto de promover igualdade, rebaixa garantias de réus e investigados alegadamente abastados.[291]

Em outro prefácio, datado de 2016, o então juiz afirma, a propósito da experiência italiana, que, apesar de possíveis excessos, se desconhecem "casos de inocentes que tenham sido presos ou condenados indevidamente". Esse mesmo discurso foi posteriormente repetido à exaustão diante de críticas a excessos atribuídos à Operação Lava Jato. Moro refere também a necessidade do "emprego de instrumentos

---

288 MORO, Sergio. Prefácio. *In*: STILLE, Alexander. *Morte a vossa excelência*: entenda a verdadeira história do juiz que desafiou e abalou a máfia. Porto Alegre: CDG, 2020. p. 11-13.

289 Lima assim introduz a história da operação Mãos Limpas: "'Mãos Limpas' é um nome que agrega uma série de investigações anti-corrupção na Itália no início dos anos 90. O nome 'Mãos Limpas' se referia, inicialmente, à investigação da promotoria de Milão conduzida pelo procurador Antonio Di Pietro e registrada no número 8655/922. A escolha do nome, *Mani Pulite* em italiano, tem duas versões. A primeira, oferecida por Di Pietro, é uma combinação das iniciais M e P (Mike e Papa), do alfabeto fonético internacional, com as quais o promotor Antonio Di Pietro (Papa) e o capitão dos *carabinieri* Zuliani (Mike) se comunicavam via rádio durante as fases ostensivas da operação. A segunda é que o termo tem origem jornalística, tendo sido incorporado pelos procuradores posteriormente (RAYNER, 2005a). Ela é precedida por diversas operações anticorrupção que, por vezes, vão ser retomadas ou solucionadas graças aos dados e documentos obtidos pela Mãos Limpas. Em algumas delas, os mesmos procuradores atuaram. Entre os exemplos estão a investigação sobre a Loja Maçônica P2, da qual diversos políticos e autoridades italianas eram membros, incluindo vários investigados da Mãos Limpas, como Silvio Berlusconi, e a investigação sobre a conta *Protezione*, conta em um banco suíço pela qual passaram propinas que teriam como destinatário políticos como Bettino Craxi, líder do Partido Socialista Italiano. (...) A investigação não tinha inicialmente um objeto bem definido, ela se iniciou como uma investigação sobre alegações feitas no jornal *Il Giorno* sobre extorsão no *Pio Albergo Trivulzio* (PAT), um asilo de Milão cujo presidente era o engenheiro e membro do Partido Socialista Italiano (PSI) Mario Chiesa". LIMA, Amanda Evelyn Cavalcanti de. *Entre parábolas e* teoremas: uma sociologia política de Lava Jato e Mani Pulite. 2021. f. 18-19. Tese (Doutorado em Sociologia) – Instituto de Estudos Sociais e Políticos, Universidade do Estado do Rio de Janeiro, Rio de Janeiro, 2021.

290 MORO, Sergio. *Contra o sistema da corrupção*. Rio de Janeiro: Primeira Pessoa, 2021. p. 124-125.

291 COLOMBO, Gherardo. Corrupção e responsabilidade. *In*: PINOTTI, Maria Cristina (org.). *Corrupção:* Lava Jato e Mãos Limpas. São Paulo: Portfolio-Penguin, 2019. p. 95-97.

processuais mais drásticos" para "debelar o quadro de corrupção sistêmica, como prisões cautelares". É uma variante da tese – em outras ocasiões sustentada em termos mais explícitos, como veremos – que defende o uso de prisões para extração de confissões. Por último, Moro vaticina que a história da *Mani Pulite* "transcende em muito a Itália".[292]

Finalmente, não podemos deixar de referir aquele que é o mais conhecido texto de Moro sobre sua inspiração na experiência italiana. Trata-se de artigo publicado em 2004 em que o então ainda desconhecido juiz, além de manifestar fascínio pela *Mani Pulite*, faz afirmações que depois se revelariam diretrizes centrais de sua atuação. É indisfarçável, por exemplo, a visão positiva do uso da publicidade e de prisões como meios provocadores de confissões: "As prisões, confissões e a publicidade conferida às informações obtidas geraram um círculo virtuoso, consistindo na única explicação possível para a magnitude dos resultados obtidos pela operação *mani pulite*".[293]

É no mínimo curiosa, também, a naturalidade com que Moro expressa a convicção de que magistrados (agentes políticos não eleitos) deteriam mais legitimidade do que os chamados políticos profissionais: "A independência judiciária, interna e externa, a progressiva deslegitimação de um sistema político corrupto e a maior legitimação da magistratura em relação aos políticos profissionais foram, portanto, as condições que tornaram possível o círculo virtuoso gerado pela operação *mani pulite*".[294]

Noutro giro, não podemos deixar de observar que a influência da experiência italiana sobre a brasileira se manifesta também por meio da importação de modelos institucionais específicos. Rodrigo Janot, nesse sentido, revela: "Era a primeira vez que se criava esse tipo de força-tarefa no Ministério Público Federal. A ideia de força-tarefa se encaixava numa promessa de minha campanha de criar unidades volantes de combate à corrupção. A Itália tem a Procuradoria Nacional Antimáfia. Nós teríamos uma Procuradoria Nacional Anticorrupção".[295]

---

292 MORO, Sergio. Introdução. *In*: BARBACETTO, Gianni; GOMEZ, Peter; TRAVAGLIO, Marco. *Operação Mãos Limpas*: a verdade sobre a operação italiana que inspirou a Lava Jato. Porto Alegre: CDG, 2016. p. 08-09.

293 MORO, Sergio Fernando. Considerações sobre a Operação Mani Pulite. *Revista CEJ – Justiça Federal*, Brasília, DF, n. 26, p. 03, 2004.

294 MORO, Sergio Fernando. Considerações sobre a Operação Mani Pulite. *Revista CEJ – Justiça Federal*, Brasília, DF, n. 26, p. 56-62, 2004.

295 JANOT, Rodrigo. *Nada menos que tudo*: bastidores da operação que colocou o sistema político em xeque. São Paulo: Planeta do Brasil, 2019. p. 41.

2.4.2 Transplantes

Feito um breve levantamento descritivo que nos permite uma visão um pouco mais clara das diversas influências da experiência italiana sobre atores do sistema de justiça brasileiro, passamos agora a uma análise crítica desse material à luz da categoria dos transplantes jurídicos.

Embora não tenha sido o primeiro autor a recorrer à categoria, Alan Watson é o grande responsável por sua difusão, a partir dos anos 1970.

Uma síntese das ideias de Watson pode ser extraída de tese de doutoramento defendida por Norberto Flach.

Segundo Flach, a ideia watsoniana de transplante é simples: "o principal modo de modificação do direito consiste em tomar emprestada uma norma de um país e levá-la até outro país ou de um povo para outro povo".[296]

Watson, como aponta Flach, desassocia o Direito do ambiente em que ele se insere. Para ele, "o direito tem sido caracterizado tanto pela sua capacidade de resistir à passagem do tempo como pela adaptabilidade e facilidade de ser transplantado de um sistema jurídico para outro". Assim, por mais diferentes que dois países e sociedades sejam em termos econômicos, históricos e culturais, "no Ocidente, a maioria do direito, a maioria das jurisdições, é o resultado de algo que foi tomado emprestado de algum outro lugar". É dizer, a maioria das normas teria raiz em "aspectos transnacionais da tradição jurídica, que têm pouco ou nada a ver com condições sociais, econômicas ou políticas". Por fim, Watson assinala que, uma vez criadas (mesmo que em conflito com particularidades locais), as normas tendem a se manter.[297]

A posição de Watson, evidentemente, não é imune a críticas e problematizações, as quais são bem sumarizadas por Flach. Como ele observa, "no paradigma grafocêntrico que domina o direito moderno, a interpretação e a aplicação das normas não dependem apenas dos textos (...), mas de todo um ambiente hermenêutico" e de certa compatibilidade de "cultura jurídica" na qual o direito se realiza. Desse

[296] FLACH, Norberto. *Precedentes vinculantes no Brasil e na Louisiana*: desafios de um transplante jurídico. 2021. f. 13. Tese (Doutorado em Direito) – Programa de Pós-Graduacão em Direito, Faculdade de Direito, Universidade Federal do Rio Grande do Sul, Porto Alegre, 2021.

[297] WATSON, Alan. Legal change: sources of law and legal culture. *University of Pennsylvania Law Review*, [*S. l.*], v. 131, n. 5, p. 1121-1157, 1983.

modo, o mero traslado de conjuntos de textos não garante, obviamente, a efetividade de um transplante.[298]

Essa é a perspectiva das críticas de Pierre Legrand a Watson, conforme resume Flach: "se é fato que se pode distinguir normas e institutos jurídicos da cultura e das mentalidades jurídicas nacionais, também é fato que as normas e institutos só se realizam dentro de uma determinada comunidade interpretativa". Essa comunidade "será sempre histórica e culturalmente condicionada" e, com as suas pré-compreensões, "filtra ativamente toda e qualquer recepção, reconstruindo-a, e, dessa maneira, transformando-a em coisa diversa daquela que era na origem". Em suma, conclui Flach, o cerne da divergência consiste na própria definição do que é o Direito. Watson exalta a autonomia e a independência do Direito, cuja criação ocorreria pelo próprio Direito, independentemente do contexto histórico, econômico e cultural. Já para Legrand[299] o Direito seria indissociável desse contexto.[300]

Por sua vez, Teubner – sempre de acordo com a análise de Flach – entende que a metáfora do transplante é equivocada na medida em que não se trata simplesmente de transferir daqui para lá uma norma jurídica, como se fosse uma peça de máquina ou um órgão transplantado, imediatamente integrado de modo saudável ao corpo receptor ou rejeitado pelo sistema imunológico. Segundo Teubner, quando uma norma estrangeira é introduzida em uma nova cultura jurídica, não há integração ou rejeição, mas um processo de "irritação", mais ou menos traumático, que "deflagra toda uma série de eventos novos e inesperados". A nova norma "irrita as 'articulações vinculantes' (*binding arrangements*) do Direito. É um ruído que vem do exterior para criar selvagens perturbações na interação de discursos que ocorre no

---

[298] FLACH, Norberto. *Precedentes vinculantes no Brasil e na Louisiana*: desafios de um transplante jurídico. 2021. f. 15. Tese (Doutorado em Direito) – Programa de Pós-Graduacão em Direito, Faculdade de Direito, Universidade Federal do Rio Grande do Sul, Porto Alegre, 2021.

[299] Segundo Legrand, a atribuição de significado a um texto normativo "está predisposta pela forma como o intérprete compreende o contexto em que a regra surge e pela maneira como este molda suas perguntas". Tal processo é "em grande parte determinado por quem o intérprete é e onde está e, portanto, em uma dimensão ao menos, pelo que ele, de antemão, quer e espera (sem intenção?) que as respostas sejam. O significado da regra é, portanto, uma função dos pressupostos epistemológicos do intérprete que estão, eles próprios, histórico e culturalmente condicionados". LEGRAND, Pierre. A impossibilidade de "transplantes" jurídicos. Tradução de Gustavo Castagna Machado. *Cadernos do Programa de Pós-Graduação em Direito da UFGRS*, Porto Alegre, v. 9, n. 1, p. 01-21, 2014.

[300] FLACH, Norberto. *Precedentes vinculantes no Brasil e na Louisiana*: desafios de um transplante jurídico. 2021. f. 16. Tese (Doutorado em Direito) – Programa de Pós-Graduacão em Direito, Faculdade de Direito, Universidade Federal do Rio Grande do Sul, Porto Alegre, 2021.

interior dessas articulações, forçando-as a reconstruir, internamente, não apenas as suas próprias normas, mas também reconstruir, a partir do esboço, o próprio elemento alienígena".[301]

Finalmente, outra ponderação crítica relevante consiste em que, embora Watson arrole numerosos transplantes bem sucedidos mesmo entre países e ordenamentos muito distintos, seus exemplos "seriam escolhidos com pinça, além de serem citados superficial e acriticamente, sem maiores análises das condições e circunstâncias de cada caso, apenas para confirmar a hipótese sempre alvitrada e afirmada: a autonomia do direito em relação ao contexto e a facilidade dos transplantes".[302]

Watson não deixa de responder aos críticos. Em primeiro lugar, observa Flach, ele "certamente não desdenha do contexto ou da constatação banal de que uma mesma regra jurídica, transplantada, poderia ser compreendida e operada de maneiras diferentes nos dois países envolvidos". Além disso, segundo ele, os ditos transplantes referem-se a normas – normas legais, instituições e conceitos – e não ao "espírito" de um sistema jurídico.[303] De fato, muitas vezes, os transplantes têm caráter assumidamente "limitado, técnico e utilitário", veiculados por meio de "pacotes legislativos restritos – geralmente aprovados a partir de projetos elaborados pelo Executivo – e destinados a interferir em problemas mais ou menos pontuais". Nessa hipótese, nem de longe são um fator relevante "de modificação da ordem ou da cultura jurídica local".[304]

Seja como for, sem desconsiderar a qualidade das críticas lançadas às ideias de Watson, é inegável a centralidade dos transplantes na criação e na transformação do Direito contemporâneo. Como anota Flach, o próprio processo de globalização parece dar alguma razão a Watson: "senão, como explicar que países tão díspares como a já mencionada Turquia, além da China, da Etiópia ou do Japão, tenham livre

---

[301] TEUBNER, Gunther. Legal irritants: good faith in British Law or how unifying law ends up in new divergences. *The Modern Law Review*, [*S. l.*], v. 61, n. 1, p. 11- 32, 1998.

[302] FLACH, Norberto. *Precedentes vinculantes no Brasil e na Louisiana*: desafios de um transplante jurídico. 2021. f. 15. Tese (Doutorado em Direito) – Programa de Pós-Graduação em Direito, Faculdade de Direito, Universidade Federal do Rio Grande do Sul, Porto Alegre, 2021.

[303] FLACH, Norberto. *Precedentes vinculantes no Brasil e na Louisiana*: desafios de um transplante jurídico. 2021. f. 17-18. Tese (Doutorado em Direito) – Programa de Pós-Graduação em Direito, Faculdade de Direito, Universidade Federal do Rio Grande do Sul, Porto Alegre, 2021.

[304] FLACH, Norberto. *Precedentes vinculantes no Brasil e na Louisiana*: desafios de um transplante jurídico. 2021. f. 26. Tese (Doutorado em Direito) – Programa de Pós-Graduação em Direito, Faculdade de Direito, Universidade Federal do Rio Grande do Sul, Porto Alegre, 2021.

e deliberadamente (excetuado o Japão, quanto às transformações do pós-guerra) incorporado, em época mais ou menos recente, códigos e legislações europeias inteiras?".[305]

Cumpre acrescentar, ainda, que "no mundo do direito a preferência histórica mais consolidada é por buscar soluções na autoridade da 'tradição', qualquer uma delas, não necessariamente na autoridade da jurisprudência ou do precedente". Nesse quadro, como solução mais acessível e rápida e menos exposta à controvérsia, emerge "a busca de alternativas jurídicas em ordenamentos estrangeiros".[306]

Na experiência brasileira recente de combate à corrupção, está muito claro que esse movimento – de empréstimo de normas e institutos de experiências estrangeiras – foi central. Bem ou mal, houve criação de Direito (seja em casos concretos, seja de modo mais abrangente, por meio de novos desenhos institucionais, por exemplo) a partir de transplantes.

Diante disso, a questão que se coloca é se tais transplantes (especialmente aqueles que se referem ao modelo institucional) foram bem sucedidos e estão em harmonia com certo padrão civilizatório mínimo que o Direito Internacional dos Direitos Humanos e nossa Constituição recomendam.

2.4.3 Aproximação de modelos institucionais

A propósito da pretendida aproximação entre as experiências italiana e brasileira, a questão, coloca Kerche, "é se a experiência italiana foi reproduzida de alguma forma no Brasil para além da inspiração". Dito de outro modo, "as similaridades se restringem somente ao desejo, e ao fato, de que promotores e um juiz de instância inicial utilizem a via judicial e as ações penais para 'purificar' a política ou há outras semelhanças? Do ponto de vista institucional, o que aproxima

305 FLACH, Norberto. *Precedentes vinculantes no Brasil e na Louisiana*: desafios de um transplante jurídico. 2021. f. 27. Tese (Doutorado em Direito) – Programa de Pós-Graduação em Direito, Faculdade de Direito, Universidade Federal do Rio Grande do Sul, Porto Alegre, 2021.

306 FLACH, Norberto. *Precedentes vinculantes no Brasil e na Louisiana*: desafios de um transplante jurídico. 2021. f. 29-30. Tese (Doutorado em Direito) – Programa de Pós-Graduação em Direito, Faculdade de Direito, Universidade Federal do Rio Grande do Sul, Porto Alegre, 2021.

os integrantes da Lava Jato e os magistrados italianos que conduziram a Operação Mãos Limpas?"[307]

Kerche sustenta que a chamada Operação Lava Jato somente foi viável na medida em que o modelo judicial brasileiro, já antes semelhante ao da Itália, se aproximou ainda mais do modelo do país europeu. Essa mudança começou pelo desenho institucional feito pelo constituinte de 1988 e foi incrementada por iniciativas de governo (que melhor aparelharam instituições como a polícia e reforçaram a independência do Ministério Público), bem como por estratégias de afirmação institucional dos diversos atores envolvidos no processo (policiais, promotores e juízes). Houve "uma espécie de 'italianização' do ponto de vista institucional e de estratégia de judicialização do combate à corrupção em instância ordinária que, assim como na Itália, gerou impacto na política do país".[308]

Acrescenta o autor que "todos os Estados com democracias consolidadas possuem uma instituição responsável pela ação penal. Se o monopólio da violência é do Estado, cabe a um ator estatal, o promotor, exigir que aquele que lançou mão da violência de maneira ilegítima seja punido".[309]

No entanto, as características dessa instituição responsável pela ação penal variam em diversos aspectos, tais como: localização na estrutura estatal (parte do Poder Executivo, Judiciário ou independente), forma de recrutamento e, mais importante, *accountability* e discricionariedade.[310]

A respeito da *accountability*, Kerche bem observa que, "na democracia, os atores prestam contas de seus atos e escolhas e respondem por isso a um ator externo, podendo ser punidos ou premiados por sua atuação". Ainda segundo o autor, a *accountability* pode ser dividida em dois tipos. A vertical é exercida pelos eleitores, os quais, por meio do voto, punem ou premiam os mandatários por suas escolhas. A horizontal, por sua vez, é exercida reciprocamente entre agências e atores situados na própria estrutura do Estado. Um desses atores é o próprio

---

307 KERCHE, Fábio. Ministério Público, Lava Jato e Mãos Limpas: uma abordagem institucional. *Lua Nova – Revista de Cultura e Política*, São Paulo, n. 105, p. 257, 2018.

308 KERCHE, Fábio. Ministério Público, Lava Jato e Mãos Limpas: uma abordagem institucional. *Lua Nova – Revista de Cultura e Política*, São Paulo, n. 105, p. 259, 2018.

309 KERCHE, Fábio. Ministério Público, Lava Jato e Mãos Limpas: uma abordagem institucional. *Lua Nova – Revista de Cultura e Política*, São Paulo, n. 105, p. 260, 2018.

310 KERCHE, Fábio. Ministério Público, Lava Jato e Mãos Limpas: uma abordagem institucional. *Lua Nova – Revista de Cultura e Política*, São Paulo, n. 105, p. 260, 2018.

Poder Judiciário. Dessa tipologia, então, derivam quatro possíveis combinações: "(i) um ator ser *accountable* verticalmente e horizontalmente; (ii) um ator ser *accountable* horizontalmente por outras agências e pelo Judiciário; (iii) um ator ser *accountable* pelo Judiciário e (iv) um ator não ser *accountable*".[311]

De sua parte, a discricionariedade consiste num "espaço para escolhas legais garantido formalmente". Diz respeito ao conteúdo sobre o qual os atores estatais podem deliberar e à margem de liberdade possível em suas escolhas. Nesse sentido, um político eleito pelo voto popular tem alta discricionariedade. Pode decidir de forma livre, segundo seus próprios critérios, sobre muitos assuntos. Já um guarda de trânsito, por exemplo, tem baixa discricionariedade. Seu papel não comporta margem para escolhas e deve se limitar à aplicação quase mecânica do texto legal.

Nesse quadro, o político precisa ser mais *accountable* do que um guarda de trânsito: "criar uma estrutura complexa de *accountability* para alguém que simplesmente deve aplicar a lei definida em parâmetros claros e inequívocos seria um desperdício de energia e recursos públicos. Portanto, na democracia, quanto maior a discricionariedade, maior deveria ser a *accountability*."[312]

Como demonstra Kerche, é com base nessa relação entre *accountability* e discricionariedade que os desenhos institucionais das agências responsáveis pela persecução penal são geralmente pensados. Quatro modelos básicos de Ministério Público, então, são identificados (sem prejuízo de possíveis combinações entre eles e do aparecimento de tipos híbridos): eleitoral, burocrático, autônomo e independente.

No modelo eleitoral, promotores são escolhidos por meio de eleições diretas e regulares, "sofrendo dos mesmos incentivos e restrições de outros políticos". É o sistema que prevalece na maior parte dos estados e condados norte-americanos, onde promotores têm grande discricionariedade para negociar penas. Essa discricionariedade tem como contrapartida a subordinação ao escrutínio eleitoral, o que faz com que "promotores americanos, algumas vezes de forma aberta e sem constrangimento, levem em conta as reações da mídia, a opinião pública e razões políticas quando decidem que casos irão dar prosseguimento

311 KERCHE, Fábio. Ministério Público, Lava Jato e Mãos Limpas: uma abordagem institucional. *Lua Nova – Revista de Cultura e Política*, São Paulo, n. 105, p. 261, 2018.

312 KERCHE, Fábio. Ministério Público, Lava Jato e Mãos Limpas: uma abordagem institucional. *Lua Nova – Revista de Cultura e Política*, São Paulo, n. 105, p. 260, 2018.

e como lidarão com eles". Em suma, no modelo eleitoral, promotores têm alta discricionariedade e são submetidos a forte *accountability*, seja do ponto de vista vertical (por meio de eleições), seja do ponto de vista horizontal (por meio de controle exercido por outras agências e pelo Poder Judiciário).[313]

No modelo burocrático, a persecução criminal cabe ao governo, e não a uma instituição judicial. Promotores são subordinados ao ministro da justiça ou cargo equivalente. Em última instância, é o governo "que é *accountable* junto ao cidadão pela atuação da promotoria, aproximando-os de um modelo típico de qualquer outra burocracia". Esse sistema é encontrado nos Estados Unidos (em nível federal), Espanha, França e Inglaterra. Também é o que prevalece na Alemanha, Holanda e Japão, países em que, embora promotores integrem o Poder Judiciário, na prática respondem ao Poder Executivo. Em tal modelo, a discricionariedade dos promotores é intermediária e a *accountability* é apenas horizontal.[314]

Finalmente, nos modelos independente e autônomo, promotores não respondem ou respondem pouco a atores externos.[315]

Segundo Kerche, o modelo italiano seria independente. Na Itália, juízes e promotores prestam o mesmo concurso e integram uma única carreira, não havendo controle da atuação de promotores por atores externos. Além disso, segundo novidade introduzida pela Constituição de 1948, magistrados judiciais e do Ministério Público passaram a contar com elevada autonomia e deixaram de estar de qualquer forma subordinados às demais instituições políticas. Essa opção foi uma resposta a desvios da era fascista, em que magistrados eram perseguidos, premiados ou instrumentalizados politicamente a depender de suas posições. Nesse tipo de desenho institucional, em que a *accountability* sobre um ator é baixa, sua discricionariedade também costuma ser baixa. Não é, porém, o que ocorre na Itália. Embora, à primeira vista, a ação penal seja de baixa discricionariedade, uma vez que obrigatória, na prática a discricionariedade é elevada. Segundo Kerche, isso ocorre devido a uma conjunção de fatores, como o fato de uma reforma legislativa de

---

313 KERCHE, Fábio. Ministério Público, Lava Jato e Mãos Limpas: uma abordagem institucional. *Lua Nova – Revista de Cultura e Política*, São Paulo, n. 105, p. 266-267, 2018.

314 KERCHE, Fábio. Ministério Público, Lava Jato e Mãos Limpas: uma abordagem institucional. *Lua Nova – Revista de Cultura e Política*, São Paulo, n. 105, p. 264-266, 2018.

315 KERCHE, Fábio. Ministério Público, Lava Jato e Mãos Limpas: uma abordagem institucional. *Lua Nova – Revista de Cultura e Política*, São Paulo, n. 105, p. 267, 2018.

1989 ter conferido ao Ministério Público o poder de dirigir a polícia, de forma que "o promotor não espera passivamente ser acionado para iniciar um processo penal e, portanto, apenas aceitar as provas levantadas por outro ator". Além disso, um promotor pode atuar sobre uma vasta gama de matérias e, em certo sentido, "lançar mão da compulsoriedade quando lhe convém, definindo e implementando, muitas vezes baseado em critérios pessoais, a política criminal do país". Nesse sistema, por fim, inexiste clara divisão de funções, e todas as etapas do processo criminal (investigação, acusação e julgamento) recaem sobre uma única instituição (o Poder Judiciário), restando esvaziados potenciais mecanismos de *checks and balances* aptos a corrigir falhas e desequilíbrios. Em suma, o modelo italiano de Ministério Público tem como características a alta discricionariedade e a baixa *accountability*.[316]

Foi essa moldura institucional, anota Kerche, "que garantiu que os magistrados italianos atuassem com ampla independência na Operação Mãos Limpas, permitindo a adoção de uma estratégia baseada em dois pontos: delações dos investigados e busca por apoio da opinião pública". Ao fim de tudo isso, "o que no início era uma competição entre políticos e magistrados pelo apoio popular, transferiu-se para o campo da luta partidária propriamente dita, com vários promotores disputando eleições e, inclusive, fundando um novo partido político".[317] Nesses pontos, como se pode ver, são muito claras as semelhanças entre as experiências italiana e brasileira.

A propósito do Brasil, Kerche classifica nosso modelo de Ministério Público como autônomo. Com a Constituição de 1988, no lugar de um órgão burocrático ligado ao governo, emerge uma instituição cujos membros detêm as mesmas garantias da magistratura e não se sujeitam à *accountability* dos eleitores e de outras instituições, salvo do Poder Judiciário. Também internamente a *accountability* é baixa, inexistindo hierarquia. Noutro giro, no modelo brasileiro, promotores têm, pelo menos em tese, pouca margem de escolha na atuação criminal. Em suma, a discricionariedade e a *accountability* são baixas.[318]

---

316 KERCHE, Fábio. Ministério Público, Lava Jato e Mãos Limpas: uma abordagem institucional. *Lua Nova – Revista de Cultura e Política*, São Paulo, n. 105, p. 268-273, 2018.

317 KERCHE, Fábio. Ministério Público, Lava Jato e Mãos Limpas: uma abordagem institucional. *Lua Nova – Revista de Cultura e Política*, São Paulo, n. 105, p. 273-274, 2018b.

318 KERCHE, Fábio. Ministério Público, Lava Jato e Mãos Limpas: uma abordagem institucional. *Lua Nova – Revista de Cultura e Política*, São Paulo, n. 105, p. 263 e 274-277, 2018.

Dito isso, Kerche assim sintetiza as principais semelhanças entre os modelos brasileiro e italiano: (i) a autonomia em relação a atores externos e internos e (ii) a obrigatoriedade da ação penal, o que é um limitador da discricionariedade. Por sua vez, as diferenças mais relevantes consistem em que, no Brasil: (i) juízes e promotores integram instituições distintas, e (ii) promotores não conduzem, em regra, investigações criminais. Essas diferenças do modelo brasileiro "limitam poder e aumentam as chances de correção de erros e arbitrariedades da própria justiça". Como se pode ver, a Constituição de 1988 "garantiu autonomia aos promotores, mas buscou gerar uma espécie de *checks and balances* interno ao sistema. Nesse modelo, os custos de transação são mais altos do que na Itália, o que poderia dificultar o combate à corrupção, mas geraria maior possibilidade de corrigir eventuais erros durante o processo". De sua parte, o sistema italiano "facilita a atuação contra a corrupção, diminuindo os custos de transação, porque todas as etapas – investigação, acusação e julgamento – são concentradas na mesma instituição. Por outro lado, isso pode prejudicar o direito à defesa, além de aumentar a possibilidade do erro pela falta de controles internos".[319]

No entanto, como já foi possível perceber, especialmente a partir do advento da Operação Lava Jato, o modelo brasileiro tem se aproximado mais e mais do modelo italiano, com mais discricionariedade e fronteiras cada vez mais tênues entre Ministério Público e Poder Judiciário.[320] Essa aproximação decorre de uma combinação de modificações político-jurídicas levadas a efeito por diversas vias: legislativa, jurisprudencial, ações de governo ou mesmo acordos tácitos entre os diversos atores do sistema de justiça. Uma das modificações consiste no deslocamento do foco de atuação do Ministério Público da esfera cível para a criminal. Outra modificação consiste na crescente condução de investigações pelo próprio Ministério Público, com a chancela do Supremo Tribunal Federal e do próprio Congresso Nacional. Finalmente, é também muito relevante "a passagem de um modelo baseado em 'competição' e 'sobreposição' entre as instituições do sistema de justiça para um modelo 'cooperativo'".[321] É claro que tensões e disputas

[319] KERCHE, Fábio. Ministério Público, Lava Jato e Mãos Limpas: uma abordagem institucional. *Lua Nova – Revista de Cultura e Política*, São Paulo, n. 105, p. 277, 2018.

[320] KERCHE, Fábio. Ministério Público, Lava Jato e Mãos Limpas: uma abordagem institucional. *Lua Nova – Revista de Cultura e Política*, São Paulo, n. 105, p. 263, 2018.

[321] KERCHE, Fábio. Ministério Público, Lava Jato e Mãos Limpas: uma abordagem institucional. *Lua Nova – Revista de Cultura e Política*, São Paulo, n. 105, p. 278-280, 2018.

permanecem e em alguns pontos são até mesmo acentuadas, mas uma das marcas da chamada Operação Lava Jato é um certo consórcio que se estabeleceu entre Ministério Público e Poder Judiciário. Nesse regime de consórcio (em geral informal), o sistema de freios e contrapesos e seus instrumentos de controle interinstitucional recíproco deixam, naturalmente, de funcionar.

De mais a mais, ainda sobre a emulação do sistema italiano pelo sistema brasileiro, convém acrescentar que são frequentes as confusões acerca do papel desempenhado pelos atores do sistema de justiça nos dois modelos.

Como explica Brondi, Giovanni Falcone, muito frequentemente citado por Sergio Moro como juiz que lhe serviu de inspiração, na verdade não era precisamente um juiz (ou um magistrado judicante), mas um magistrado do Ministério Público. No *Maxiprocesso*,[322] caso que o tornou célebre, o magistrado judicante, figura discreta, era Alfonso Giordano. Se fosse o caso, portanto, era em Giordano, e não em Falcone, que Moro deveria se inspirar.[323]

[322] O chamado *Maxiprocesso*, como já deve ter sido possível perceber, foi um evento anterior à *Mani Pulite*, com a qual não se confunde. Lima explica: "Falcone costuma ser descrito como o chefe de fato do *pool* e responsável pelos avanços investigativos que tornaram possível o primeiro grande processo contra uma organização mafiosa, o *maxiprocesso* de Palermo. *Maxiprocesso* é a expressão jornalística utilizada para se referir a grandes julgamentos. Em Palermo, foram julgadas 475 pessoas em primeira instância, entre fevereiro de 1986 e dezembro de 1987. Todos os imputados teriam relação com a organização mafiosa siciliana conhecida como *Cosa Nostra* e a inovação do processo foi justamente reconhecer que se tratava de uma organização unitária e secreta. A unidade entre os diversos grupos, que atuavam em territórios diversos, dava-se pelo fato de que havia uma cúpula, composta pelos seus chefes. Essa cúpula se reunia com alguma periodicidade, principalmente quando havia ameaças, fossem elas internas ou externas (LUPO, 1993). A consequência desse reconhecimento foi a possibilidade de julgar uma série de casos de uma só vez em uma só jurisdição, uma vez que eles estavam conectados pela filiação à *Cosa Nostra*". LIMA, Amanda Evelyn Cavalcanti de. *Entre parábolas e teoremas: uma sociologia política de Lava Jato e* Mani Pulite. 2021. f. 120. Tese (Doutorado em Sociologia) – Instituto de Estudos Sociais e Políticos, Universidade do Estado do Rio de Janeiro, Rio de Janeiro, 2021.

[323] BRONDI, Paulo. Sergio Moro não é Giovanni Falcone. *Revista Consultor Jurídico*, São Paulo, 03 set. 2021. Disponível em: https://www.conjur.com.br/2020-set-03/paulo-brondi-sergio-moro-nao-giovanni-falcone

PARTE II

DEFINIÇÃO E FUNCIONAMENTO DA CRIMINALIZAÇÃO DA POLÍTICA

3

DEFINIÇÃO

Em diversos momentos do trabalho fez-se alusão à ideia de perversão do Direito.

Convém, portanto, melhor compreendermos esse conceito (sobretudo no que ele alcança o Direito Penal).

Segundo Rodriguez, a perversão do Direito consiste na "manipulação das normas com o intuito de dar forma jurídica a atos arbitrários que não seriam tolerados caso as instituições estivessem funcionando normalmente". Trata-se de uma estratégia de promoção do arbítrio sob a aparência de legalidade.[324]

A partir da perversão, verifica-se uma "mudança radical no sentido estabelecido de determinada instituição, uma mudança tão radical que priva tal instituição de suas características conhecidas e faz com que ela funcione em um sentido completamente diverso de seu uso corrente".[325]

Ainda de acordo com Rodriguez, a perversão pode se manifestar por meio de três figuras: zona de autarquia, legalidade discriminatória e despersonalização jurídica. Aqui, interessa-nos a ideia de zona de autarquia, a qual consiste num "espaço institucional em que as decisões são tomadas sem que se possa identificar um padrão de racionalidade", recorrendo-se à gramática jurídica apenas para conferir legitimidade

---

324 RODRIGUEZ, José Rodrigo. *Direito das lutas*: democracia, diversidade, multinormatividade. São Paulo: LiberArs, 2019. p. 45.

325 RODRIGUEZ, José Rodrigo. *Direito das lutas*: democracia, diversidade, multinormatividade. São Paulo: LiberArs, 2019. p. 361.

ao que na verdade é arbitrário.[326] Dito de outro modo, lança-se mão do Direito para a promoção de fins subreptícios e estranhos a ele.

No fenômeno da criminalização da política, estudado neste trabalho, é possível identificar vários desses traços acima apontados – o que nos leva a concluir que ela é uma espécie do gênero perversão do Direito.

Como veremos melhor adiante, o Direito Penal deveria ser um instrumento contramajoritário e civilizador, vinculado à contenção do arbítrio e à proteção exclusiva de bens jurídico-penais – e não um instrumento majoritário, a serviço de projetos políticos ou de transformação da sociedade. No entanto, no Brasil contemporâneo, foi esse o sentido que o Direito Penal acabou assumindo, por algum tempo inclusive com a chancela dos tribunais superiores, os quais, assim, acabaram por contribuir para conferir à criminalização da política a aparência de legalidade de que ela precisava.

Essa espécie de perversão do Direito aqui estudada opera em dois níveis.

Num primeiro nível, ela se manifesta em termos formais ou subjetivos, escamoteando déficits de legitimidade democrática e o papel contramajoritário dos sujeitos envolvidos no processo penal.

O Direito Penal não é um lugar próprio para acolhimento do senso comum ou do clamor do povo. Se o fosse, deveria ser operado por atores escolhidos pelo voto. O insulamento do Ministério Público e do Poder Judiciário à lógica eleitoral não é um acidente antidemocrático, mas, ao contrário, uma escolha do constituinte voltada a viabilizar uma atuação muitas vezes contramajoritária e mesmo impopular.

No entanto, não é incomum ver integrantes do Ministério Público e da magistratura atuar a partir dos mesmos parâmetros majoritários que orientam agentes políticos eleitos. Essa hipótese é confirmada por pesquisa realizada por Costa, que apurou que um número expressivo de integrantes da chamada Força-Tarefa Lava Jato (seis de um total de oito entrevistados) entende que "o Ministério Público da Lava Jato exerceu um papel importante no processo de transformação da sociedade". Um dos entrevistados afirma que "o Ministério Público se tornou um

---

326 RODRIGUEZ, José Rodrigo. *Direito das lutas*: democracia, diversidade, multinormatividade. São Paulo: LiberArs, 2019. p. 51.

agente de transformação política".[327] Tal dado não revela outra coisa senão a extrema naturalidade com que corporações do sistema da justiça passaram a avocar para si – a partir da via radicalizada do Direito Penal – missões que deveriam competir a poderes eleitos e ser implementadas por meio de políticas públicas não repressivas.[328]

Posições como essa não são isoladas. Ao contrário, são expressão direta de um senso hegemônico de "primado exclusivo do governo da maioria", o qual, embora tenha deixado um rastro de destruição ao longo do século XX, ainda encontra grande respaldo nos mais diversos meios. Esse quadro leva à permanente necessidade de busca de um "ponto de equilíbrio entre representação popular, exercício direto do poder e prática de controles antimajoritários orientados à tutela da dignidade de todas as pessoas",[329] busca essa cuja importância é redobrada no âmbito do Direito Penal, a mais violenta forma de manifestação de poder do Estado.

Em suma, podemos afirmar que movimentos como o lavajatismo têm um sério problema de legitimidade democrática ao atribuir a agentes não eleitos – integrantes da magistratura e do Ministério Público – a prerrogativa de falar em nome do povo ou, então, de se comunicar com ele diretamente, sem mediações institucionais ou formais, pela

---

327 COSTA, Patrícia Spagnolo Parise. *A vontade do povo como perversão*: uma visão crítica do papel do Ministério Público a partir da Operação Lava Jato. São Paulo: LiberArs, 2021. p. 161.

328 Em estudo centrado na magistratura gaúcha, Bento chega a conclusão similar: "Assim como demonstram os dados que serão apresentados no Capítulo 3, a respeito das percepções dos juízes sobre seu trabalho no espaço de lutas pela definição da política no Rio Grande do Sul, a crítica da política também é vivida por eles como um exercício ordinário do dever profissional (ROUSSEL, 2002, p. 152; VAUCHEZ, 2004, p. 20). Mobilizando a necessidade de 'redimensionamento das práticas administrativas' e da 'reforma dos costumes políticos do estado', empreendem-se na construção de um novo saber sobre o Estado, que se destina a constituir uma nova verdade sobre o mundo social, diferente da versão 'equivocada' da política praticada localmente. Ao proporem-se a realizar a 'pedagogia da coisa pública', põem em curso a 'cruzada pela moralização' das atividades políticas, associadas genericamente ao paradigma da degradação, do atraso, do arcaísmo, das patologias herdadas, da falta de aptidão para a modernidade e à democracia: um paradigma imposto como ortodoxia interpretativa. Em decorrência dessa premissa, reivindicam o 'conhecimento correto' sobre o Estado e assumem para si o magistério da 'boa política', que sairia qualificada". BENTO, Juliane Sant'Ana. *Julgar a política*: lutas pela definição da boa administração pública no Rio Grande do Sul (1992-2016). 2017. f. 70. Tese (Doutorado em Ciência Política) – Programa de Pós-Graduação em Ciência Política, Instituto de Filosofia e Ciências Humanas, Universidade Federal do Rio Grande do Sul, Porto Alegre, 2017.

329 PRADO, Geraldo. Prefácio. *In*: GLOECKNER, Ricardo Jacobsen. *Autoritarismo e processo penal:* uma genealogia das ideias autoritárias no processo penal brasileiro. Florianópolis: Tirant Lo Blanch, 2018. p. 11.

via do Direito Penal.[330] O problema acentua-se na medida em que essa pretensão não se dá a partir de procedimentos previamente definidos, transparentes e controláveis,[331] mas do puro voluntarismo de seus agentes e de um certo "uso estratégico da categoria povo".[332]

Num segundo nível, a modalidade de perversão do Direito aqui designada como criminalização da política opera em termos materiais, subvertendo a própria função do Direito Penal.

Embora a definição precisa das funções do Direito Penal não seja tarefa simples e imune a divergências, é muito tranquilo afirmar que não cabe ao Direito Penal corrigir problemas morais, reparar falhas do sistema político ou promover transformação social. Como já vimos, experiências trágicas como o nazismo tiveram como um de seus cernes fundamentais a *etização* total do Direito Penal: quebra-se a distinção iluminista entre Ética e Direito, subordina-se completamente o Direito Penal àquela e compreende-se o delito como violação de um dever ético, e não como ofensa a um bem jurídico.[333] No entanto, apesar dos conhecidos resultados nefastos que esse tipo de estrutura teórica produziu, ainda é bastante comum – senão hegemônico – um senso etizador do Direito Penal, ao qual se ligam funções morais e de transformação política. Foi esse o senso que mobilizou o que chamamos de criminalização da política.

Perceba-se que esse tipo de raciocínio exprime o retorno a um paradigma superado da filosofia do Direito. Como anota Lafer, "o Direito foi deixando de ter como função operacional qualificar condutas, distinguindo-as entre *bona in se* e *mala in se* a partir de uma estreita vinculação entre Direito e Moral", e assumiu "um papel técnico instrumental de gestão da sociedade ao permitir, proibir, comandar, estimular e desestimular comportamentos", sempre fundado no Direito positivo.[334] Ao operar a partir de qualificações morais e muitas vezes à

---

[330] Essa questão será mais bem explorada por ocasião da abordagem do funcionamento da criminalização da política (4.1).

[331] RODRIGUEZ, José Rodrigo. *Direito das lutas*: democracia, diversidade, multinormatividade. São Paulo: LiberArs, 2019. p. 244-246.

[332] COSTA, Patrícia Spagnolo Parise. *A vontade do povo como perversão*: uma visão crítica do papel do Ministério Público a partir da Operação Lava Jato. São Paulo: LiberArs, 2021. p. 200.

[333] ZAFFARONI, Eugenio Raul. *Doutrina penal nazista*: a dogmática penal alemã entre 1933 e 1945. Tradução de Rodrigo Murad do Prado. Florianópolis: Tirant Lo Blanch, 2019. p. 176 e 240-241.

[334] LAFER, Celso. *A reconstrução dos direitos humanos*: um diálogo com o pensamento de Hannah Arendt. São Paulo: Companhia das Letras, 1988. p. 47.

margem do Direito positivo, o processo de criminalização da política reabilita, pois, um jusnaturalismo anacrônico e perigoso.

Enfim, como anota Zaffaroni, embora o Direito Penal seja um "instrumento metodologicamente idôneo para o objetivo *humano*", ele pode "se degradar e se perder" – ou se *perverter*, segundo a categoria que aqui utilizamos – por diferentes vias.[335] Poderemos compreender um pouco melhor essas diferentes vias ao examinarmos, a seguir, o funcionamento do fenômeno da criminalização da política no Brasil.

---

[335] *ZAFFARONI, Eugenio Raul. Doutrina penal nazista: a dogmática penal alemã entre 1933 e 1945.* Tradução de Rodrigo Murad do Prado. Florianópolis: Tirant Lo Blanch, 2019. p. 224.

4

FUNCIONAMENTO

Entendidas algumas origens e apresentada uma definição geral do fenômeno da criminalização da política enquanto uma espécie de perversão do Direito, passamos agora a descrever criticamente aspectos do funcionamento desse fenômeno, os quais configuram, por assim dizer, uma espécie de tipologia de práticas penais autoritárias.

4.1 Uso da comunicação e supressão da distinção entre sociedade e Estado

É fato notório que um dos principais instrumentos do chamado processo de criminalização da política consiste no uso intensivo da comunicação.

Nesse sentido, como já vimos, muito antes do advento da Operação Lava Jato, Sergio Moro defendia a importância da adesão da opinião pública a ações judiciais contra a corrupção. Comentando a experiência italiana, Moro aponta, em tom de elogio, que "a magistratura ganhou uma espécie de legitimidade direta da opinião pública". Segundo ele, "a opinião pública pode constituir um salutar substitutivo, tendo condições melhores de impor alguma espécie de punição a agentes públicos corruptos, condenando-os ao ostracismo".[336] A mesma opinião foi reiterada em textos posteriores, que ressaltam a importância dos "holofotes da sociedade".[337]

---

[336] MORO, Sergio Fernando. Considerações sobre a Operação Mani Pulite. *Revista CEJ – Justiça Federal*, Brasília, DF, n. 26, p. 57-61, 2004.

[337] MORO, Sergio. *Contra o sistema da corrupção*. Rio de Janeiro: Primeira Pessoa, 2021. p. 185.

Posição idêntica é sustentada por Deltan Dallagnol. A atuação da Força-Tarefa Lava Jato, segundo sua explicação, baseou-se num quadripé: acordos de colaboração, avanço por pulsos ou fases, cooperação doméstica e internacional e, finalmente, comunicação social. Nessa perspectiva, "cada fase da operação passou a ser amplamente divulgada para que a população ficasse informada sobre os desdobramentos do caso. O olhar atento da sociedade estimulou os agentes públicos que lidavam com a operação a torná-la uma prioridade". Enfim, conclui Dallagnol, "os interesses em jogo na Lava Jato exigiram uma estratégia de comunicação diferenciada".[338]

As posições desses atores não estão fora de uma certa conjuntura, marcada pela "explosão da midiatização dos assuntos criminais".[339] Como explica Casara, "o sistema de justiça criminal torna-se cada vez mais objeto de atenção dos meios de comunicação de massa", e "a mídia constrói a criminalidade e conforma a persecução penal (...) a partir de uma trama simbólico-imaginária tecida com informações selecionadas, subinformação e desinformação, bem como com crenças e preconceitos que ajudam a construir a tradição em que os atores jurídicos (e o restante da sociedade) estão inseridos".[340]

Nas palavras de Zaffaroni e Weis, assistimos à "criação midiática de um mundo paranoico", paralisado por uma espécie de "pânico moral"[341] ou, segundo Boldt, por uma "angústia quase apocalíptica em relação à corrupção".[342] Consolida-se uma narrativa de "necessidade de endurecimento do sistema penal contra a 'corrupção' estrutural e a elite política e econômica que, supostamente, assume os valores da *velha política*". Tal estado de coisas funda-se em interesses recíprocos do aparelho repressivo estatal e dos meios de comunicação de massa, que passam a ter nos *maxiprocessos* um "produto de venda essencial". O desfecho é a "corrosão simbólica do processo penal garantista",

---

[338] DALLAGNOL, Deltan Martinazzo. *A luta contra a corrupção*: a Lava Jato e o futuro de um país marcado pela impunidade. Rio de Janeiro: Primeira Pessoa, 2017. p. 122, 125 e 151.

[339] XAVIER, José Roberto. *Punição criminal entre direito e opinião pública*. Rio de Janeiro: Mórula, 2023. p. 98.

[340] CASARA, Rubens. *Processo penal do espetáculo e outros ensaios*. Florianópolis: Tirant Lo Blanch, 2018. p. 12.

[341] ZAFFARONI, Eugenio Raul; CAAMAÑO, Cristina; WEIS, Valeria Wegh. *Bem-vindos ao* lawfare. Tradução de Rodrigo Barcelos e Rodrigo Murad do Prado. Florianópolis: Tirant Lo Blanch, 2021. p. 32-33 e 150.

[342] BOLDT, Raphael. Maxiprocessos criminais, corrupção e mídia: uma análise a partir da operação lava jato. *Revista Brasileira de Direito Processual Penal*, Porto Alegre, v. 6, n. 3, p. 1212, set./dez. 2020.

condição legitimadora fundamental de práticas autoritárias e excessos do poder punitivo.[343]

Tudo isso não é exatamente novo. Greco e Leite anotam que Roxin, já nos anos 1970, observava que "o princípio da publicidade, idealizado no séc. XIX como garantia de justiça penal imparcial, pode tornar-se, numa sociedade de comunicação de massa, um dos maiores perigos para essa imparcialidade".[344] Por sua vez, em obra clássica publicada nos anos 1980, Zaffaroni advertia que "os meios de comunicação social de massa – especialmente a televisão – são hoje elementos indispensáveis para o exercício de poder de todo o sistema penal". Não fosse o papel desempenhado pelos meios de comunicação, "a experiência direta da realidade social" permitiria que a população melhor percebesse a inaptidão do sistema penal como um modelo de solução de conflitos.[345] Desde então, com o advento da *internet* e das redes sociais, muita coisa mudou no campo da comunicação, e a problemática agravou-se. Além disso, a ênfase antes quase exclusiva em crimes violentos girou na direção do fenômeno da corrupção.

Tal imbricação entre poder punitivo e mídia é um fenômeno global. Na experiência italiana, que foi uma das inspirações do caso brasileiro, buscou-se "obter o apoio da opinião pública utilizando a imprensa, especialmente a controlada de forma privada e que competia com os tradicionais veículos de comunicação públicos".[346] Segundo Nelken, citado em tradução livre por Kerche, magistrados italianos "fizeram uso estratégico de suas habilidades para tornar públicas informações sobre acusações criminais, às vezes (ilegalmente) vazando a história para um jornalista aliado. Essa oferta não apenas era uma oportunidade para aumentar o prestígio, mas também possíveis vantagens para as investigações que eles estavam conduzindo".[347] As semelhanças com o Brasil não são mera coincidência.

---

[343] BOLDT, Raphael. Maxiprocessos criminais, corrupção e mídia: uma análise a partir da operação lava jato. *Revista Brasileira de Direito Processual Penal*, Porto Alegre, v. 6, n. 3, p. 1230-1231, set./dez. 2020.

[344] GRECO, Luís; LEITE, Alaor. Claus Roxin, 80 anos. *In*: ROXIN, Claus. *Novos estudos de Direito Penal*. Organizador: Alaor Leite. Tradução de Luís Greco. São Paulo: Marcial Pons, 2014. p. 33.

[345] ZAFFARONI, Eugenio Raul. *Em busca das penas perdidas*: a perda da legitimidade do sistema penal. Rio de Janeiro: Revan, 1991. p. 127-128.

[346] KERCHE, Fábio. Ministério Público, Lava Jato e Mãos Limpas: uma abordagem institucional. *Lua Nova – Revista de Cultura e Política*, São Paulo, n. 105, p. 274, 2018.

[347] NELKEN, David. The judges and political corruption in Italy. *Journal of Law and Society*, [*S. l.*], v. 23, n. 1, p. 101, 1996.

Na história recente da Argentina, também há registros de expedientes desse tipo, destacando-se o vazamento ilegal de conversas telefônicas de autoridades.[348]

Por fim, não podemos deixar de referir que os maiores expoentes dos aparelhos repressivos da Alemanha nazista – o juiz Roland Freisler – e da Rússia stalinista – o procurador-geral Andrei Vishinsky – eram, acima de tudo, exímios propagandistas, conhecidos por atuações tão pobres em substância jurídica quanto ricas em performance publicitária. Oliveira Machado e Murad do Prado exemplificam: "No caso Konstantin Semenchuck (1936) há um ótimo exemplo do uso da jurisdição do tribunal soviético como instrumento de propaganda. Inclusive, não admira que o próprio Vishinsky tenha legitimado essa instrumentalização: '*The Soviet court should, above all, persuade, prove and subordinate the public attention to its moral influence and authority*', disse". Prosseguem os autores: "Muito além de um mecanismo de afirmação de poder (até porque coerção sempre foi e sempre pode ser exercida também por procedimentos extralegais sem muito pudor), o tribunal era uma plataforma de comunicação política muito eficaz. E Vishinsky foi, não raras vezes, o âncora da bancada".[349]

Em suma, podemos afirmar, com segurança, que a imbricação entre comunicação e sistema penal (especialmente quando este é diretamente instrumentalizado por projetos políticos) é um fenômeno antigo, transnacional e comum a diversos segmentos do espectro ideológico. Além disso, embora mais frequente em regimes autoritários, trata-se de um fenômeno também existente em democracias consolidadas.

Seja como for, a despeito de não ser um evento incomum, no caso brasileiro essa imbricação tem particularidades relevantes. Duas delas merecem ser destacadas.

A primeira está relacionada à campanha conhecida como Dez Medidas Contra a Corrupção, um projeto de recrudescimento da legislativa punitiva redigido por membros do Ministério Público Federal e apresentado ao Congresso Nacional como projeto de lei de iniciativa

---

348 ZAFFARONI, Eugenio Raul; CAAMAÑO, Cristina; WEIS, Valeria Wegh. *Bem-vindos ao* lawfare. Tradução de Rodrigo Barcelos e Rodrigo Murad do Prado. Florianópolis: Tirant Lo Blanch, 2021. p. 128, 163 e 172.

349 MACHADO, Rodrigo Barcellos de Oliveira; PRADO, Rodrigo Murad do. Apresentação, nota dos tradutores e estudos preliminares à edição brasileira. *In*: ZAFFARONI, Eugenio Raul; CAAMAÑO, Cristina; WEIS, Valeria Wegh. *Bem-vindos ao* lawfare. Tradução de Rodrigo Barcelos e Rodrigo Murad do Prado. Florianópolis: Tirant Lo Blanch, 2021. p. 20.

popular. Como já dissemos, a partir de então, a Lava Jato sai definitivamente dos autos dos seus processos e converte-se num movimento,[350] que busca falar diretamente com a sociedade e em nome dela, sem mediações ou liturgias. O centro do discurso do movimento é a deslegitimação dos espaços tradicionais de representação política e a conversão do Direito sancionador num mecanismo pretensamente capaz de resolver problemas sociais e políticos.

Por sua vez, a segunda particularidade do caso brasileiro consiste na iniciativa de criação de um fundo para gerir recursos obtidos pela Força-Tarefa Lava Jato a partir de acordo celebrado com a Petrobras. Grosso modo, tal acordo previa a destinação de centenas de milhões de dólares pagos pela Petrobras a projetos e iniciativas "que reforcem a luta da sociedade brasileira contra a corrupção". A administração dos recursos, segundo o acordo, caberia a entidade a ser constituída na forma de uma "fundação de direito privado mantenedora". A constituição da fundação seria de responsabilidade do Ministério Público Federal, que teria também um assento no órgão de deliberação superior da entidade.

A iniciativa, como se sabe, não prosperou. Em arguição de descumprimento de preceito fundamental proposta pela própria Procuradoria-Geral da República, o Supremo Tribunal Federal suspendeu liminarmente a decisão do juízo da 13ª Vara Federal de Curitiba que homologara o acordo.[351] Posteriormente, os recursos acabaram sendo destinados a políticas públicas nas áreas de educação e meio-ambiente.

Mas o ponto que merece atenção nesse episódio é, outra vez, a pretensão de falar diretamente com a sociedade e em nome dela, em substituição às instituições representativas tradicionais e eleitas pelo voto popular. Mais do que isso, cláusulas do acordo, sem motivação, vedavam a participação na fundação de pessoas filiadas a partidos políticos nos cinco anos anteriores à sua criação. Assis bem aponta: "atento às entrelinhas do acordo, vê-se que a Lava Jato não apenas exclui os partidos políticos, agremiações centrais da vida democrática brasileira, mas pretende exatamente criar legitimidade em razão desta exclusão".[352]

---

350 SOUZA NETO, Cláudio Pereira de. *Democracia em crise no Brasil*. Rio de Janeiro: Eduerj; São Paulo: Contracorrente, 2020. p. 76.

351 BRASIL. Supremo Tribunal Federal. *Arguição de Descumprimento de Preceito Fundamental nº 568*. Relator: Ministro Alexandre de Moraes. 15 de março de 2019.

352 ASSIS, Wilson Rocha Fernandes. Há fascismo na Lava Jato? *Jornal GGN*, [*S. l.*], 05 maio 2019. Disponível em: https://jornalggn.com.br/artigos/ha-fascismo-na-lava-jato-por-wilson-rocha-fernandes-assis/

Isso tudo não está dissociado de um contexto. Como observa também Assis, a crise capitalista iniciada em 2008 "estimulou novas formas de ação política, com forte questionamento das instâncias tradicionais de representação. Novas formas de mediação social desafiaram os mecanismos tradicionais de intermediação política. Entra aqui o fenômeno radicalmente novo das redes sociais". Prossegue o autor: "No sistema de justiça, o mural da repartição, o edital, as portarias tornaram-se anacrônicos diante da velocidade e dos baixos custos das redes sociais". Nesse quadro, "tornou-se sedutor atravessar o caminho das representações tradicionais – partidos políticos e parlamento, sobretudo – para construir diretamente com o corpo social novos consensos democráticos. A burocracia bem formada, situada no topo da Administração, não resistiu à tentação e foi às ruas".[353]

Enfim, subjacente a esse comportamento da Lava Jato na forma de se comunicar está a clara supressão da necessária distinção entre sociedade e Estado, o que pode ser perigoso.

Com efeito, como observa Rodriguez a partir da obra de Franz Neumann, uma das características centrais de um sistema autoritário como o nacional-socialismo "foi, justamente, a eliminação da tensão existente entre Estado e sociedade e a criação de uma suposta comunidade de interesses entre todos os alemães". A estrutura de poder da Alemanha nazista, em vez de se basear na tensão entre Estado e sociedade, passou a buscar legitimidade em "acordos instáveis celebrados entre burguesia, burocracia, exército e partido nazista, mediados pelo *Führer*". Essa ideia – a comunidade de interesses – substitui, então, a própria Constituição como fundamento do poder, o que atravessa todo o Direito nacional-socialista, inclusive o Direito Penal. Crime, no nazismo, não consiste num ato que ofende um bem jurídico preciso, mas num ato que contraria os interesses do *Reich* e da comunidade popular, fundidos num único instituto.[354]

Nessa perspectiva, Zaffaroni bem observa que, por exemplo, Schaffstein, um dos principais penalistas ligados ao Terceiro *Reich*, sustentava não uma "simples reversão de hierarquia de bens jurídicos, que se limitaria a colocar os valores da comunidade em primeiro lugar".

---

[353] ASSIS, Wilson Rocha Fernandes. Há fascismo na Lava Jato? *Jornal GGN*, [*S. l.*], 05 maio 2019. Disponível em: https://jornalggn.com.br/artigos/ha-fascismo-na-lava-jato-por-wilson-rocha-fernandes-assis/

[354] RODRIGUEZ, José Rodrigo. *Direito das lutas*: democracia, diversidade, multinormatividade. São Paulo: LiberArs, 2019. p. 168-170.

Muito além disso, defendia ele "suprimir diretamente a contraposição *comunidade-indivíduo*, fazendo-a desaparecer do Direito Penal". Assim, "tanto a punição quanto o delito deveriam ser tratados pelo Direito Penal como indagação das forças perturbadoras e modeladoras da comunidade". A dogmática penal passa a ser presidida, em vez de pela ideia de lesão a bem jurídico, por noções como honra, lealdade, dever e traição.[355]

É oportuno também trazer a contribuição de Assis à discussão sobre aspectos simbólicos e conceituais do fascismo (do qual o nazismo, ainda que distinto, é uma espécie ou derivação) e suas repercussões na esfera penal: "retenho aqui a imagem essencial do fascismo: o machado envolto por um feixe de varas. Uma imagem simplificadora e unificadora da sociedade, direta e firmemente atada ao Estado, sem corpos intermediários ou subsidiários, inteiramente mobilizada ou instrumentalizada como ferramenta de poder". Prossegue ele: "As corporações tradicionais ralharam diante da ascensão fascista, exatamente pela dispensa de sua intermediação na construção do poder estatal". Já "o sistema de justiça adaptou-se à nova realidade política, substituindo o brocardo *nullum crimen sine lege* pela assustadora fórmula *nullum crimen sine poena*, sinalizando uma expansão do punitivismo estatal, em prejuízo dos princípios liberais clássicos".[356]

Diferente não foi, nesse particular, a tragédia stalinista. Mesmo que o Estado soviético, sob Stalin, seja um "emaranhado organizativo confuso", em que se multiplicam e se sobrepõem funções e competências da administração estatal, do partido e da polícia secreta, a estrutura lógica que preside o regime é relativamente simples: o líder supremo ou secretário-geral representa o comitê central, que representa o partido, que representa o Estado, que, por fim, representa a sociedade. Há uma "destruição de toda a linha estável de distinção entre aparelho político e sociedade".[357] Não por acaso, muitas categorias do Direito Penal stalinista – em especial a de "inimigo do povo", prevista expressamente

---

[355] ZAFFARONI, Eugenio Raul. *Doutrina penal nazista*: a dogmática penal alemã entre 1933 e 1945. Tradução de Rodrigo Murad do Prado. Florianópolis: Tirant Lo Blanch, 2019. p. 168-170.

[356] ASSIS, Wilson Rocha Fernandes. Há fascismo na Lava Jato? *Jornal GGN*, [*S. l.*], 05 maio 2019. Disponível em: https://jornalggn.com.br/artigos/ha-fascismo-na-lava-jato-por-wilson-rocha-fernandes-assis/

[357] STOPPINO, Mario. Totalitarismo. *In*: BOBBIO, Norberto; MATEUCCI, Nicola; PASQUINO, Gianfranco. *Dicionário de Ciência Política*. Brasília, DF: Editora Universidade de Brasília, 1998. p. 1248 e 1253.

no Código Penal soviético – têm semelhanças com categorias fascistas. Veja-se, ainda, que a possibilidade de aplicação da lei penal por analogia *in malam partem* foi extinta somente em 1958, após a morte de Stalin.[358]

É importante mais uma vez deixar claro que as alusões aqui feitas ao fascismo, ao nazismo e ao stalinismo não buscam sustentar que a criminalização da política e experiências como a Operação Lava Jato tenham inspiração intencional e direta naquelas tragédias. Como já registrado em outro momento do trabalho, há muitas décadas, não há nenhum registro relevante de qualquer teórico ou operador do Direito Penal no Brasil filiado ao nazismo. Tampouco se cogita qualquer simpatia dissimulada, mesmo nos meios mais conservadores e punitivistas, àquele regime. De todo modo, como também já assinalamos, apesar de todos os esforços de desnazificação que o mundo empreendeu, ideias penais autoritárias – muitas delas populares na experiência nazista – não desapareceram de repente. Inclusive pontos que identificamos como fulcrais no ideário penal nazista – a ideia de comunidade popular e a eliminação de fronteiras entre Estado e sociedade – seguem tendo grande apelo.

Dito isso, voltando à experiência brasileira, resta claro que movimentos como a Operação Lava Jato padecem de um problema de déficit democrático ao desenvolverem com a esfera pública uma relação que dispensa liturgias e mediações, sem regras claras ou procedimentos controláveis.[359] O problema agrava-se na medida em que essa relação é levada para a esfera penal, essencialmente contramajoritária, mas constrangida por movimentos desse tipo a se deixar dominar pela vontade popular, pretensamente vocalizada pelos operadores do sistema de justiça.

4.2 Direito Penal subterrâneo e relativização da legalidade

A aludida pretensão de usar a esfera penal para falar diretamente com a sociedade, sem rigores formais, está ligada a uma tendência geral

---

358 BUSTAMANTE, Célio Sampaio. *Código Penal soviético*: parte geral. Rio de Janeiro: Edições Contemporâneas, 1959. p. 08. (Coleção Leis penais soviéticas).

359 RODRIGUEZ, José Rodrigo. *Direito das lutas*: democracia, diversidade, multinormatividade. São Paulo: LiberArs, 2019. p. 244-246.

de informalização, capaz de derivar, em suas versões mais radicalizadas, para o que Zaffaroni chama de "Direito Penal subterrâneo".[360]

Acerca dessa informalização do funcionamento do sistema de justiça criminal, Lima bem observa, a partir de estudos etnográficos, que "os agentes das instituições policiais e judiciais estudadas não se regulam nem pela lei, nem pelas normas internas explícitas que produzem, cujas motivações resultam muitas vezes de imposições externas à instituição, mas por rotinas implícitas de comportamento, transmitidas tradicionalmente e não explícitas para o observador casual".[361]

No fundo, isso tudo está imbricado com a fragilização da própria legalidade como alicerce fundamental de um sistema penal democrático.

Não por acaso, essa fragilização da legalidade é característica invariavelmente presente em regimes autoritários.

Como já assinalamos, no Direito Penal da Alemanha nazista, a legalidade era ladeada pela ideia de "são sentimento do povo". A partir de reforma legislativa de 28 de junho de 1935, o Código Penal alemão passou a prever: "Será punível todo aquele que cometa um fato que a lei declare punível ou que mereça uma pena segundo a ideia básica de uma lei penal ou segundo o são sentimento do povo".[362] Em sentido semelhante, também na Rússia stalinista, como já exposto, por muitas décadas houve previsão expressa de possibilidade de punição por analogia.[363]

Em contraposição a essas experiências, a legalidade é hoje garantia disseminada nas democracias constitucionais de todo o mundo. No Brasil, foi prevista em todas as Constituições e Códigos Penais. Seu enunciado, idêntico na Constituição e no Código, é autoexplicativo: "não há crime sem lei anterior que o defina, nem pena sem prévia cominação legal". Trata-se, como se vê, de "imperativo que não admite desvios nem exceções"[364] e que, além de operar como regra, funciona

---

360 ZAFFARONI, Eugenio Raul. *Doutrina penal nazista*: a dogmática penal alemã entre 1933 e 1945. Tradução de Rodrigo Murad do Prado. Florianópolis: Tirant Lo Blanch, 2019. p. 85.

361 LIMA, Roberto Kant de. Entre as leis e as normas: éticas corporativas e práticas profissionais na segurança pública e na Justiça Criminal. *Dilemas – Revista de Estudos de Conflito e Controle Social*, Rio de Janeiro, v. 6, p. 572, 2013.

362 SOUZA NETO, Cláudio Pereira de. *Democracia em crise no Brasil*. Rio de Janeiro: Eduerj; São Paulo: Contracorrente, 2020. p. 287.

363 BUSTAMANTE, Célio Sampaio. *Código Penal soviético*: parte geral. Rio de Janeiro: Edições Contemporâneas, 1959. p. 08. (Coleção Leis penais soviéticas).

364 BITENCOURT, Cezar Roberto. *Tratado de Direito Penal:* parte geral. São Paulo: Saraiva, 2008. p. 11.

como um valor que se irradia por todo o ordenamento jurídico penal, contendo o poder punitivo.

No entanto, também em democracias consolidadas, a legalidade tem sido atingida, de variadas formas.

Uma forma sutil, já referida em outro momento, tem sido a importação ao processo penal da noção de instrumentalidade das formas. De acordo com essa categoria, o processo não tem valor em si, mas apenas o da utilidade que produz. Ocorre que, no processo penal, ao contrário do que se dá no processo civil, as formas processuais têm valor em si. São garantias cuja violação não pode ser submetida a um regime de nulidades presidido pelas ideias de eficiência social e utilidade punitiva.[365]

Uma forma bastante explícita de violação à legalidade, por seu turno, tem sido a invocação expressa de um "estado de exceção" que justificaria medidas heterodoxas. Um exemplo paradigmático desse expediente consiste em julgado em que a Corte Especial Administrativa do Tribunal Regional Federal da 4ª Região decidiu pela não abertura de processo disciplinar em face do então magistrado Sergio Moro, em caso de levantamento ilegal de sigilo de interceptação telefônica por ele promovido. Na ocasião, o desembargador relator assinalou que as normas da Lei Orgânica e do Código de Ética da Magistratura Nacional "só podem ser corretamente interpretadas à luz dos fatos a que se ligam e de todo modo verificado que incidiram dentro do âmbito de *normalidade* por elas abrangido. É que a norma jurídica incide no plano da *normalidade*, não se aplicando a *situações excepcionais* (...)". Em seguida, complementou: "é sabido que os processos e investigações criminais decorrentes da chamada 'Operação Lava-Jato', sob a direção do magistrado representado, constituem *caso inédito (único, excepcional)* no direito brasileiro. Em tais condições, neles haverá *situações inéditas*, que escaparão ao *regramento genérico*, destinado aos *casos comuns*".[366]

---

365 GLOECKNER, Ricardo Jacobsen. *Autoritarismo e processo penal*: uma genealogia das ideias autoritárias no processo penal brasileiro. Florianópolis: Tirant Lo Blanch, 2018. p. 163 e 165-168.

366 Convém a transcrição de trecho mais completo do voto do relator: "Ora, é sabido que os processos e investigações criminais decorrentes da chamada 'Operação Lava-Jato', sob a direção do magistrado representado, constituem caso inédito (único, excepcional) no direito brasileiro. Em tais condições, neles haverá situações inéditas, que escaparão ao regramento genérico, destinado aos casos comuns. Assim, tendo o levantamento do sigilo das comunicações telefônicas de investigados na referida operação servido para preservá-la das sucessivas e notórias tentativas de obstrução, por parte daqueles, garantindo-se assim a futura aplicação da lei penal, é correto entender que o sigilo das comunicações telefônicas

O voto do relator foi acompanhado por ampla maioria do colegiado. No único voto divergente, de lavra do desembargador Rogerio Favreto, apontou-se preocupação com a invocação do "estado de exceção": "o Poder Judiciário deve deferência aos dispositivos legais e constitucionais, sobretudo naquilo em que consagram direitos e garantias fundamentais. Sua não observância em domínio tão delicado como o Direito Penal, evocando a teoria do estado de exceção, pode ser temerária se feita por magistrado sem os mesmos compromissos democráticos do eminente Relator e dos demais membros desta Corte".[367]

4.3 Abusos processuais

O *modus operandi* do fenômeno de criminalização da política envolve, naturalmente, uma série de violações a normas de direito processual e ao próprio modelo (conhecido como modelo acusatório de processo penal) em que essas normas se inserem. A seguir, esquematizamos algumas das principais transgressões observadas.

(Constituição, art. 5º, XII) pode, em casos excepcionais, ser suplantado pelo interesse geral na administração da justiça e na aplicação da lei penal. A ameaça permanente à continuidade das investigações da Operação Lava-Jato, inclusive mediante sugestões de alterações na legislação, constitui, sem dúvida, uma situação inédita, a merecer um tratamento excepcional. Parece-me, pois, incensurável a visão do magistrado representado – anterior à decisão do STF na Rcl nº 23.457 –, no sentido de que a publicidade das investigações tem sido o mais eficaz meio de garantir que não seja obstruído um conjunto, inédito na administração da justiça brasileira, de investigações e processos criminais – 'Operação Lava-Jato' –, voltados contra altos agentes públicos e poderes privados até hoje intocados". BRASIL. Tribunal Regional Federal da 4ª Região. *Procedimento administrativo nº 0003021-32.2016.4.04.8000/RS.* Relator: Desembargador Federal Rômulo Pizzolatti. 23 de setembro de 2016.

[367] É também oportuna a transcrição de trecho mais extenso do voto divergente, que faz considerações sobre outros aspectos relevantes da conduta do então magistrado Sergio Moro: "O magistrado, como se vê, defende posição contrária à proibição em abstrato da divulgação de dados colhidos em investigações. Todavia, essa tese, conquanto possa ser sustentada em sede doutrinária, não encontra respaldo no ordenamento jurídico pátrio no tocante a conversas telefônicas interceptadas, cuja publicização é vedada expressamente pelos arts. 8º e 9º da Lei 9.296/1996. O debate doutrinário é saudável. Todavia, não pode, porém, converter em decisão judicial, com todos os drásticos efeitos que dela decorrem, uma tese que não encontra fundamento na legislação nacional. Ao assim agir deliberadamente, pode o magistrado ter transgredido o art. 35, I, da Lei Orgânica da Magistratura Nacional. Outrossim, a tentativa de justificar os atos processuais com base na relevância excepcional do tema investigado na comentada operação, para submeter a atuação da Administração Pública e de seus agentes ao escrutínio público, também se afasta do objeto e objetivos da investigação criminal, mormente porque decisão judicial deve obediência aos preceitos legais, e não ao propósito de satisfazer a opinião pública". BRASIL. Tribunal Regional Federal da 4ª Região. *Procedimento Administrativo nº 0003021-32.2016.4.04.8000/RS.* Relator: Desembargador Federal Rômulo Pizzolatti. 23 de setembro de 2016.

4.3.1 Violações ao sistema acusatório

A Constituição Federal de 1988 estabeleceu no Brasil um modelo acusatório de processo penal. É o que se extrai do seu artigo 129, que atribui ao Ministério Público a titularidade privativa da ação penal e a prerrogativa de requisitar a instauração de investigação. Trata-se de conquista civilizatória que, ao subordinar o exercício do poder persecutório do Estado a um sistema de freios e contrapesos, prestigia os direitos fundamentais e, nas palavras de Geraldo Prado, opõe "resistência aos autoritarismos".[368]

Esse sistema, ao estabelecer uma intransponível divisão entre as funções de acusar e julgar, projeta efeitos sobre a atuação do Poder Judiciário e a condução da investigação criminal. Como agente equidistante das partes, o Poder Judiciário não pode – salvo em hipóteses excepcionais previstas expressamente na legislação – requisitar e conduzir investigações criminais. Sua atuação na fase investigatória deve se limitar à tutela dos direitos fundamentais dos investigados. É o que ocorre quando o juízo é provocado pelos órgãos de persecução a se manifestar sobre questões sensíveis – como quebras de sigilo, medidas privativas de liberdade e de intrusão domiciliar – sujeitas a reserva de jurisdição. Em suma, não é possível ao Poder Judiciário adotar, de ofício, qualquer medida investigatória, sob pena de comprometimento da sua imparcialidade e do próprio sistema.

Naturalmente, também na fase propriamente processual, quando já deflagrada a ação penal, a adoção do modelo acusatório projeta efeitos sobre a postura do Poder Judiciário. Não se admite que o juízo atue de qualquer modo em apoio ou para suprir eventuais falhas do trabalho persecutório do Ministério Público.

A filiação do sistema processual penal brasileiro ao modelo acusatório é ponto que não desperta maior dissenso doutrinário, mesmo entre correntes que costumam se opor acerca de muitos temas. Também no âmbito jurisprudencial – pelo menos até o inquérito 4.781, deflagrado e conduzido pela Suprema Corte para apurar disseminação de notícias falsas, ataques e ameaças à instituição, aos seus membros e familiares[369]

---

[368] PRADO, Geraldo. *Curso de processo penal*. São Paulo: Marcial Pons, 2024. t. 1: fundamentos e sistema, p. 427.

[369] O objeto do inquérito, conduzido pelo próprio Supremo Tribunal Federal, é: "Investigação de notícias fraudulentas (*fake news*), falsas comunicações de crimes, denunciações caluniosas, ameaças e demais infrações revestidas de *animus caluniandi, diffamandi* ou *injuriandi*, que atingem a honorabilidade e a segurança do Supremo Tribunal Federal, de seus membros; bem como de seus familiares, quando houver relação com a dignidade dos Ministros, inclusive o

– a questão não despertava maior polêmica. Nesse sentido, em sede de controle concentrado de constitucionalidade, decidiu o Supremo Tribunal Federal: "A Constituição de 1988 fez uma opção inequívoca pelo sistema penal acusatório. Disso decorre uma separação rígida entre, de um lado, as tarefas de investigar e acusar e, de outro, a função propriamente jurisdicional. Além de preservar a imparcialidade do Judiciário, essa separação promove a paridade de armas entre acusação e defesa, em harmonia com os princípios da isonomia e do devido processo legal".[370]

Como observa Casara, a consolidação do sistema acusatório – e, indissociavelmente ligado a ele, o surgimento do Ministério Público – é resultado de longa evolução.[371] Nesse sentido, Maier, lembrado por Casara, aponta que "durante o absolutismo e seu regime de realização penal, a inquisição, não fez falta um acusador estatal específico, separado, mais ou menos estritamente, por sua função processual, daqueles que julgam ou decidem a aplicação do poder penal do Estado".[372] Nesse modelo, a figura do inquisidor centralizava as funções de investigar, acusar e julgar. Constata-se, assim, que, apesar da imprecisão das pesquisas sobre as origens do Ministério Público, é incontroversa sua gênese "democrática; o Ministério Público nasce como resposta e limite aos abusos inquisitoriais".[373]

No Brasil, as características do Ministério Público inscritas na Constituição de 1988 estão muito ligadas a essa busca de consolidação de um sistema acusatório de processo penal. De fato, "diante da existência de um órgão estatal, submetido aos princípios da legalidade e da impessoalidade, com as mesmas prerrogativas da magistratura, que deve agir na defesa dos interesses da sociedade e, ao mesmo tempo, buscar a realização da justiça no caso concreto, a agência judicial pode permanecer inerte" e equidistante das posições sustentadas pelas partes.[374]

---

vazamento de informações e documentos sigilosos, com o intuito de atribuir e/ou insinuar a prática de atos ilícitos por membros da Suprema Corte, por parte daqueles que tem o dever legal de preservar o sigilo; e a verificação da existência de esquemas de financiamento e divulgação em massa nas redes sociais, com o intuito de lesar ou expor a perigo de lesão a independência do Poder Judiciário e ao Estado de Direito". BRASIL. Supremo Tribunal Federal. *Inquérito nº 4.781*. Relator: Ministro Alexandre de Moraes. 14 de março de 2019.

370 BRASIL. Supremo Tribunal Federal. *Ação Direta de Inconstitucionalidade nº 5.104*. Relator: Ministro Luis Roberto Barroso. 21 de maio de 2014.

371 CASARA, Rubens. *Processo penal do espetáculo e outros ensaios*. Florianópolis: Tirant Lo Blanch, 2018. p. 228.

372 MAIER, Julio. El ministerio público: un adolescente? *In*: MAIER, Julio (comp.). *El ministerio público en el proceso penal*. Buenos Aires: Ad-hoc, 2003. p. 21.

373 CASARA, Rubens. *Processo penal do espetáculo e outros ensaios*. Florianópolis: Tirant Lo Blanch, 2018. p. 229-230.

374 CASARA, Rubens. *Processo penal do espetáculo e outros ensaios*. Florianópolis: Tirant Lo Blanch, 2018. p. 231.

Ocorre que, na prática jurídico-penal, nem sempre esse modelo tem sido respeitado. Por muito tempo da nossa história – num movimento de "circulação simbólica" que correu "dos tribunais superiores para a base da magistratura e do Ministério Público", mas também "na direção oposta, de Curitiba para Brasília"[375] – prevaleceu uma visão que acaba por prestigiar a figura do juiz inquisidor. Iniciativas do Poder Judiciário que conclamam magistrados ao engajamento no "combate à corrupção", por exemplo, são em tudo incompatíveis com o modelo acusatório. A noção de combate está necessariamente atrelada a uma ideia de movimento – o contrário da inércia e da equidistância, que são a postura que se espera do Poder Judiciário num processo acusatório. É dizer, numa investigação ou numa ação penal que versa sobre crimes de corrupção, não incumbe ao Poder Judiciário combatê-la. Na fase de investigação, cabe-lhe unicamente tutelar a legalidade do procedimento e os direitos fundamentais dos investigados. Na fase processual, cabe-lhe conduzir o processo e julgá-lo de modo isento, condenando ou absolvendo, sem compromissos apriorísticos em combater o que quer que seja.

No caso da Operação Lava Jato, são inúmeros os exemplos de violação patente ao modelo acusatório. Em decisão em que reconheceu a parcialidade do ex-juiz Sergio Moro na condução dos processos envolvendo o presidente Lula, o Supremo Tribunal Federal traçou um histórico, inclusive prévio àquela operação, que denota reiterado desrespeito ao sistema acusatório por parte do magistrado, referido como "juiz acusador".[376]

---

[375] PRADO, Geraldo. Prefácio. *In*: GLOECKNER, Ricardo Jacobsen. *Autoritarismo e processo penal:* uma genealogia das ideias autoritárias no processo penal brasileiro. Florianópolis: Tirant Lo Blanch, 2018. p. 12 e 15.

[376] Consta na ementa do julgado: "Antecedentes da biografia de um Juiz acusador. O STF já avaliou, em diversas ocasiões, alegações de que o ex-magistrado Sergio Fernando Moro teria ultrapassado os limites do sistema acusatório. No julgamento do Habeas Corpus 95.518/PR, no qual se questionava a atuação do Juiz na chamada Operação Banestado, a Segunda Turma determinou o encaminhamento das denúncias à Corregedoria do Conselho Nacional de Justiça (CNJ), diante da constatação de que o juiz havia reiteradamente proferido decisões contrárias a ordens de instâncias superiores, bem como adotado estratégias de monitoramento de advogados dos réus. Na ocasião, reconheceu o Min. Celso de Mello que 'o interesse pessoal que o magistrado revela em determinado procedimento persecutório, adotando medidas que fogem à ortodoxia dos meios que o ordenamento positivo coloca à disposição do poder público, transforma a atividade do magistrado numa atividade de verdadeira investigação penal. É o magistrado investigador'. (HC 95.518, Redator do acórdão Min. Gilmar Mendes, Segunda Turma, julgado em 28.5.2013, DJe 19.3.2014). A Segunda Turma já decidiu que o ex-Juiz Sergio Moro abusou do poder judicante ao realizar, de ofício, a juntada e o levantamento do sigilo dos termos de delação do ex-ministro Antônio Palocci às vésperas do primeiro turno das eleições de 2018 (HC 163.943 AgR, Redator do acordão Min. Ricardo Lewandowski, Segunda Turma, julgado em 4.8.2020, DJe 10.9.2020). O STF reconheceu explicitamente a quebra da imparcialidade do magistrado, destacando que, ao condenar o doleiro Paulo Roberto Krug, ainda no âmbito da chamada Operação

Além disso, a corte apontou sete condutas indicativas de sua parcialidade. Dessas condutas, vale destacar a atuação enfática do magistrado, em período de férias e sem competência jurisdicional, para obstar o cumprimento de ordem de desembargador do Tribunal Regional Federal da 4ª Região que, em regime de plantão, determinara a soltura do presidente.

Não se pode também ignorar a chamada Operação *Spoofing*,[377] que revelou uma série de diálogos em que o ex-magistrado orientava e buscava coordenar o trabalho do Ministério Público. Evidentemente, a obtenção desses diálogos é fruto de atuação ilegal e criminosa, de modo que seu conteúdo não pode ser utilizado em desfavor dos interlocutores em eventuais investigações ou processos contra eles instaurados. Todavia, aqui, em sede de reflexão acadêmica, não é possível simplesmente considerá-los um nada. Nesse sentido, merecem referência especialmente duas passagens.

Numa delas, o ex-magistrado tece considerações sobre o desempenho do Ministério Público em inquirições e sugere aprimoramento.[378] Trata-se, obviamente, de postura em tudo incompatível com a equidistância que se espera de um magistrado num modelo acusatório de processo penal.

Já em outra ocasião, o ex-juiz pergunta ao então coordenador da Força-Tarefa Lava Jato se já não estavam há "muito tempo sem operação".[379]

Banestado, o ex-Juiz Sergio Moro 'se investiu na função persecutória ainda na fase pré-processual, violando o sistema acusatório (RHC 144.615 AgR, Redator do acordão Min. Gilmar Mendes, Segunda Turma, julgado em 25.8.2020, DJe 27.10.2020)'". BRASIL. Supremo Tribunal Federal. *Habeas Corpus nº 164.493*. Redator do acórdão: Ministro Gilmar Mendes. 23 de março de 2021.

377 A assim chamada Operação *Spoofing* consistiu numa investigação, cuja fase ostensiva foi deflagrada em 23 de julho de 2019, voltada a apurar a invasão de dispositivos informáticos de autoridades e a obtenção ilegal de mensagens trocadas entre elas. Parte dessas mensagens foi divulgada pelo portal *The Intercept Brasil* e por outros veículos de imprensa e revelou um consórcio atípico entre o ex-procurador da República Deltan Dallagnol e o ex-juiz Sergio Moro no âmbito da Operação Lava Jato. Em dezembro de 2020, o Supremo Tribunal Federal franqueou à defesa do presidente Lula acesso aos elementos colhidos na referida operação, os quais, posteriormente, somados a outros eventos, subsidiariam a impugnação da imparcialidade do ex-juiz Sergio Moro. BRASIL. Supremo Tribunal Federal. *Reclamação nº 43.007*. Relator: Ministro Ricardo Lewandowski. 28 de dezembro de 2020.

378 O diálogo foi divulgado pela imprensa nesses termos: "13 de março de 2017. Moro – 12:32:39 – Prezado, a colega (...) de vcs é excelente profissional, mas para inquirição em audiência, ela não vai muito bem. Desculpe dizer isso, mas com discrição, tente dar uns conselhos a ela, para o próprio bem dela. Um treinamento faria bem. Favor manter reservada essa mensagem. Deltan – 12:42:34 – Ok, manterei sim, obrigado!". LEIA os diálogos de Sergio Moro e Deltan Dallagnol que embasaram a reportagem do Intercept. *Intercept Brasil*, Rio de Janeiro, 12 jun. 2019. Disponível em: https://www.intercept.com.br/2019/06/12/chat-sergio-moro-deltan-dallagnol-lavajato/

379 O diálogo foi divulgado pela imprensa nesses termos: "31 de agosto de 2016. Moro – 18:44:08 – Não é muito tempo sem operação? Deltan – 20:05:32 – É sim. O problema é que

Dito de outro modo, o ex-juiz buscava ditar o ritmo da atuação da persecução penal, como se isso fosse incumbência do Poder Judiciário.

Esse aspecto foi destacado por Rodrigues, a partir de exame detalhado do fluxo de inquéritos e ações da Lava Jato. Segundo ela, "especialmente na gestão do tempo dos processos foram identificados diversos rastros de gestão estratégica que indicam não só a atuação seletiva baseada em critérios meramente discricionários, quase arbitrários, mas também adaptações que materializam arranjos momentâneos que não se direcionam a regular de modo geral as operações anticorrupção (...)".[380] Em alguns casos, conclui a autora ter havido um verdadeiro "arranjo sinfônico" para levar réus rapidamente à prisão.[381] Em outras

---

as operações estão com as mesmas pessoas que estão com a denúncia do Lula. Decidimos postergar tudo até sair essa denúncia, menos a op do taccla pelo risco de evasão, mas ela depende de Articulacao com os americanos. Deltan – 20:05:45 – (Que está sendo feita). Deltan – 20:05:59 – Estamos programados para denunciar dia 14. Moro – 20:53:39 – Ok". LEIA os diálogos de Sergio Moro e Deltan Dallagnol que embasaram a reportagem do Intercept. *Intercept Brasil*, Rio de Janeiro, 12 jun. 2019. Disponível em: https://www.intercept.com.br/2019/ 06/12/chat-sergio-moro-deltan-dallagnol-lavajato/

380 RODRIGUES, Fabiana Alves. *Lava Jato*: aprendizado institucional e ação estratégica na Justiça. São Paulo: WMF Martins Fontes, 2020. p. 117.

381 Convém transcrever um trecho mais detalhado: "As duas ações que prosseguiram contra José Dirceu foram sentenciadas rapidamente, em pouco mais de 250 dias cada uma delas, com definição da pena de 20 anos e 10 meses no caso julgado em 18/05/2015, e 11 anos e 3 meses no processo sentenciado em 08/03/2017476. José Dirceu conseguiu duas decisões do STF que permitiram sua liberdade enquanto aguardava os recursos, uma em 02/05/2017 e outra em 26/06/2018. O trâmite dos recursos no TRF4 depois das decisões do STF é sugestivo de um arranjo sinfônico da corte paranaense para acelerar o retorno de José Dirceu à prisão. Se a condenação em primeira instância à elevada pena de 20 anos e 10 meses de prisão (18/05/2016) não justificava a agilização da apelação com a finalidade de iniciar o cumprimento da pena, já que José Dirceu estava preso preventivamente, isso aparentemente mudou com a concessão da liberdade em 02/05/2017. O recurso que havia sido remetido ao TRF4 em 28/08/2016 entrou na lista de prioridades da Corte, com o envio do processo para o desembargador revisor poucos dias depois da decisão do STF, em 13/06/2017. Julgada a apelação em 26/09/2017, com elevação da pena a 30 anos e 9 meses de prisão, o TRF4 levou apenas 231 dias (7 meses e 21 dias) para julgar os três recursos seguintes (embargos de declaração da apelação, embargos infringentes e embargos de declaração dos infringentes). Com o julgamento desses últimos embargos de declaração, não por acaso o mais célere na Corte desde o início da Lava Jato (28 dias), José Dirceu retornou à prisão em 17/05/2018, mas novamente obteve a liberdade no STF em 26/06/2018. Como nem toda sinfonia termina no quarto movimento, quando José Dirceu foi novamente solto pelo STF, o TRF4 já tinha iniciado o julgamento da apelação relativa à segunda condenação, e posteriormente julgou os embargos infringentes mais céleres da Lava Jato (145 dias), em decisão que menos de três meses depois foi mantida nos embargos de declaração, com determinação do imediato cumprimento da pena, em 16/05/2019. Esse não foi o único caso de gestão estratégica no ritmo de tramitação, como veremos a seguir". RODRIGUES, Fabiana Alves. *Lava Jato*: aprendizado institucional e ação estratégica na Justiça. São Paulo: WMF Martins Fontes, 2020. p. 197.

situações, ainda, a gestão do tempo serviu como incentivo para a celebração de colaborações premiadas.[382]

Por fim, vale o registro de que esse tipo de agir estratégico e inquisitório de membros do Poder Judiciário não é, evidentemente, uma exclusividade brasileira. De situações prosaicas que ocorrem diariamente a casos antigos e célebres como os julgamentos de Giordano Bruno (condenado em 1600 após um dos processos mais longos conduzidos pelo Santo Ofício) e Alfred Dreyfus (capitão perseguido e condenado na França no fim do século XIX),[383] a inquisitoriedade segue sendo uma mácula onipresente em nossas instituições processuais penais, mesmo em países ditos democráticos.

4.3.2 Manipulação de regras de competência e violações à garantia do juiz natural

Segundo doutrina majoritária,[384] a garantia do juiz natural tem, no Direito brasileiro, fundamento expresso no artigo 5º, XXXVII e LIII, da Constituição, os quais dispõem que "não haverá juízo ou tribunal de exceção" e que "ninguém será preso nem sentenciado senão pela autoridade competente". Trata-se de garantia disseminada, basicamente nesses mesmos termos, por praticamente todas as democracias constitucionais do mundo.

A propósito dessa garantia, Lopes Jr. aponta que ela tem triplo significado: "a) somente os órgãos instituídos pela Constituição podem exercer jurisdição; b) ninguém poderá ser processado e julgado por órgão instituído após o fato; c) há uma ordem taxativa de competência entre os juízes pré-constituídos, excluindo-se qualquer alternativa deferida à discricionariedade de quem quer que seja."[385]

Nesta etapa do trabalho, interessa-nos sobretudo esse terceiro aspecto mencionado por Lopes Jr. – isto é, a vedação da manipulação discricionária de regras de competência pelos sujeitos processuais.

Com efeito, uma das marcas mais relevantes dos processos de uso indevido do Direito Penal para fim de perseguição política que aqui estudamos tem sido justamente a manipulação irregular de regras de

---

[382] RODRIGUES, Fabiana Alves. *Lava Jato*: aprendizado institucional e ação estratégica na Justiça. São Paulo: WMF Martins Fontes, 2020. p. 205.

[383] PRADO, Geraldo. *Curso de processo penal.* São Paulo: Marcial Pons, 2024. t. 1: fundamentos e sistema, p. 213-215.

[384] PRADO, Geraldo. *Curso de processo penal.* São Paulo: Marcial Pons, 2024. t. 1: fundamentos e sistema, p. 300.

[385] LOPES JR., Aury. *Direito Processual Penal.* São Paulo: SaraivaJur, 2022. p. 66.

competência, mediante "escolha arbitrária do melhor foro judicial para a apresentação da denúncia e/ou dos pedidos acusatórios (*fórum shopping*)".[386]

Na Argentina, a distribuição de nove de dez casos criminais envolvendo a ex-presidente Cristina Kirchner a um mesmo magistrado (Claudio Bonadio, juiz alinhado politicamente a adversários da ex-presidente) chegou a levar a especulações sobre as chances matemáticas da coincidência: um matemático da Universidad de Buenos Aires apontou que as chances seriam de duas a cada um bilhão.[387]

Nesse ambiente de manipulação arbitrária de regras de competência, ocupam um lugar central os institutos da conexão e da continência. Em julgado paradigmático sobre o tema, o ministro Gilmar Mendes bem observou que a aplicação desses institutos, os quais são causas de modificação de competência, "deve se limitar às restritas situações em que houver o concurso de agentes em crime específico, simultâneo ou recíproco, nos casos de crimes cometidos com a finalidade de ocultar infração anterior, quando houver um liame probatório indispensável, ou nas hipóteses de duas pessoas serem acusadas do mesmo crime". Nessas situações, "a finalidade é viabilizar a instrução probatória e impedir a prolação de decisões contraditórias". Fora dessas circunstâncias muito específicas, a modificação de competência "tem severo impacto sobre o núcleo essencial da garantia do juiz natural, ou seja, juiz previamente definido a partir de regras gerais e abstratas". Por fim, arremata o ministro: "A competência não pode ser definida a partir de um critério temático e aglutinativo de casos atribuídos aleatoriamente pelos órgãos de persecução e julgamento, como se tudo fizesse parte de um mesmo contexto, independente das peculiaridades de cada situação".[388]

No Brasil, o caso mais emblemático de manipulação de competência é, sem dúvida, o processamento do presidente Lula (precisamente de quatro ações penais contra ele propostas pelo Ministério Público Federal) na 13ª Vara Federal de Curitiba.

---

[386] MACHADO, Rodrigo Barcellos de Oliveira; PRADO, Rodrigo Murad do. Apresentação, nota dos tradutores e estudos preliminares à edição brasileira. *In*: ZAFFARONI, Eugenio Raul; CAAMAÑO, Cristina; WEIS, Valeria Wegh. *Bem-vindos ao* lawfare. Tradução de Rodrigo Barcelos e Rodrigo Murad do Prado. Florianópolis: Tirant Lo Blanch, 2021. p. 38.

[387] MACHADO, Rodrigo Barcellos de Oliveira; PRADO, Rodrigo Murad do. Apresentação, nota dos tradutores e estudos preliminares à edição brasileira. *In*: ZAFFARONI, Eugenio Raul; CAAMAÑO, Cristina; WEIS, Valeria Wegh. *Bem-vindos ao* lawfare. Tradução de Rodrigo Barcelos e Rodrigo Murad do Prado. Florianópolis: Tirant Lo Blanch, 2021. p. 36.

[388] BRASIL. Supremo Tribunal Federal. *Habeas Corpus nº 193.726*. Redator do acórdão: Ministro Gilmar Mendes. 22 de abril de 2021.

Para melhor compreendermos tal caso e a dinâmica em que ele se insere, convém um resgate de como se construiu a tese que firmou a competência daquele juízo para a condução de processos e a supervisão de investigações relacionadas à chamada Operação Lava Jato. No mesmo voto acima referido,[389] o ministro Gilmar Mendes realizou uma síntese bastante didática a propósito desse assunto.

Como observa o ministro, inúmeras decisões do juízo da 13ª Vara Federal de Curitiba e do Tribunal Regional Federal da 4ª Região denotam, ainda que sem grande clareza, que "o que justificaria a cadeia de conexões de todos os processos da Lava Jato seria, na origem, a prevenção gerada pelo processamento, na 13ª Vara Federal de Curitiba, da Ação Penal 5047229-77.2014.404.7000, na qual se investigava crime de lavagem de dinheiro consumado em Londrina-PR envolvendo o ex-Deputado Federal José Janene".

Em síntese, o ex-deputado federal José Janene, hoje já falecido, "teria praticado crimes de lavagem de dinheiro por diversas pessoas interpostas com o intuito de branquear ativos oriundos de crimes contra a Administração Pública".

Após seu falecimento, "nas investigações que se seguiram perante a primeira instância, verificou-se que José Janene teria, por meio de operações simuladas e pessoas interpostas, realizado investimentos em um empreendimento industrial localizado em Londrina/PR, mais especificamente na empresa Dunel Indústria e Comércio Ltda.". A lavagem consistia na aquisição de equipamentos para a empresa a partir de depósitos em dinheiro efetuados por terceiros, entre os quais tem destaque o doleiro Carlos Habib Chater, sócio das empresas administradoras do chamado Posto da Torre, localizado em Brasília, posto esse que inclusive serviu de inspiração para nominar a Operação Lava Jato.

O esquema de lavagem de dinheiro conduzido por Carlos Habib Chater, ressalta o ministro, envolvia operações em diversos estados da federação. Uma das contas utilizadas no esquema, recebendo vultosos recursos do Posto da Torre, estaria sediada em agência localizada em Curitiba.

Numa das operações com essa conta, foi constatada a participação do doleiro Alberto Youssef. Aí estaria "o elo deflagrador de toda a cadeia de prevenção da Lava Jato".

Em seu voto, o ministro rememora argumentação do juízo da 13ª Vara Federal de Curitiba em sede de exceção de incompetência numa

---

389 BRASIL. Supremo Tribunal Federal. *Habeas Corpus nº 193.726*. Redator do acórdão: Ministro Gilmar Mendes. 22 de abril de 2021.

das ações penais movidas contra o presidente Lula: "a competência sobre os fatos inicialmente apurados era deste Juízo, pois o produto de crimes de corrupção, especificamente propina recebida pelo ex-deputado federal José Janene, foi, por operações de ocultação e dissimulação, utilizado para a realização de investimentos industriais em Londrina/PR, no que ele contou com o auxílio de Alberto Youssef e Carlos Habib Chater condenados naquele feito".

A questão que então se apresenta é: o que esses fatos envolvendo doleiros e o ex-deputado federal José Janene – fatos esses que são a gênese da Operação Lava Jato – têm a ver com os ilícitos praticados em detrimento da Petrobras e com o suposto pagamento de vantagens indevidas ao presidente Lula, de modo a justificar a modificação da competência jurisdicional para julgá-lo? Nas palavras do ministro Gilmar Mendes, "aqui reside talvez o maior *per saltum* da história da operação". Diz ele: "haveria alguma relação probatória *sine qua non* entre o conjunto fático da investigação de Janene e as demais fases da Operação Lava Jato? Caso a ação penal envolvendo o ex-parlamentar federal fosse julgada por um Juízo distinto, haveria alguma possibilidade concreta de prolação de decisões contraditórias? Quer me parecer que não".

A propósito desse "vínculo probatório necessário entre o caso Janene e a Petrobras", o qual seria o elemento justificador da atração de competência para a 13ª Vara Federal de Curitiba, o ministro aponta que aquele juízo e o Tribunal Regional Federal da 4ª Região construíram uma argumentação circular: a sentença e o acórdão baseiam a competência em decisões proferidas anteriormente em sede de exceções de incompetência; as decisões proferidas nas exceções de incompetência, por sua vez, indicam que a questão (a relação das vantagens supostamente recebidas pelo presidente com o esquema criminoso descoberto na Petrobras) é de mérito. Ocorre que, ao decidir o mérito, o próprio juízo da 13ª Vara afastou peremptoriamente qualquer relação nesse sentido.[390]

---

[390] Em seu voto, o ministro Gilmar Mendes transcreve trecho de decisão proferida pelo juízo da 13ª Vara em embargos de declaração que tratavam do tema: "Este Juízo jamais afirmou, na sentença ou em lugar algum, que os valores obtidos pela Construtora OAS nos contratos com a Petrobras foram utilizados para pagamento da vantagem indevida para o ex-Presidente. Aliás, já no curso do processo, este Juízo, ao indeferir desnecessárias perícias requeridas pela Defesa para rastrear a origem dos recursos, já havia deixado claro que não havia essa correlação (itens 198-199). Nem a corrupção, nem a lavagem, tendo por crime antecedente a corrupção, exigem ou exigiriam que os valores pagos ou ocultados fossem originários especificamente dos contratos da Petrobras." Em seguida, comenta o ministro: "Aqui reside uma contradição capital da sentença que compromete *in totum* a preservação da competência do Juízo. Ora, mesmo que se admita que a conexão instrumental pudesse restar fixada pela prática do ato de ofício, afastando a competência do foro do lugar em que praticado o núcleo do tipo (recebimento de valores indevidos), como pode o magistrado

Enfim, o voto do ministro Gilmar Mendes no caso sinaliza que a Operação Lava Jato manipulou regras de competência mediante um expediente de exegese ampliativa *ad infinitum* do instituto da conexão. As sucessivas fases da operação, "a cada nova deflagração, expandiam seu objeto para muito além da investigação de um simples ato de lavagem em um empreendimento industrial na cidade de Londrina/PR". Ao assim agirem, seus operadores acabaram por criar uma espécie de "juízo universal", escolhido não aleatoriamente, mas de modo prévio e direcionado, ao arrepio, portanto, da garantia fundamental do juiz natural.

Outros sete ministros votaram no mesmo sentido: Edson Fachin,[391] Alexandre de Moraes,[392] Rosa Weber,[393] Dias Toffoli, Ricardo

afirmar a inexistência ou a desnecessidade de comprovação do ato oficioso e ainda assim permanecer competente para apreciação do feito, já que é neste ponto que o magistrado ancora a atração da competência? E mais: ainda que comprovados estivessem todos os atos de ofício imputados, nomeadamente a atuação do ex-presidente na nomeação e manutenção no cargo de Diretores da Petrobras, tais atos seriam praticados em Brasília-DF e não na cidade de Curitiba/PR". BRASIL. Supremo Tribunal Federal. *Habeas Corpus nº 193.726*. Redator do acórdão: Ministro Gilmar Mendes. 22 de abril de 2021.

391 Embora o ministro Edson Fachin tenha sido o relator, enfatizou-se aqui o teor do voto do ministro Gilmar Mendes, por ter enfrentado de modo detalhado e contundente a apontada manipulação deliberada de regras de competência no caso. De todo modo, é igualmente oportuno trazer à luz trechos do voto do relator, também muito meticuloso: "No caso, restou demonstrado que as condutas atribuídas ao paciente não foram diretamente direcionadas a contratos específicos celebrados entre o Grupo OAS e a Petrobras S/A, constatação que, em cotejo com os já estudados precedentes do Plenário e da Segunda Turma do Supremo Tribunal Federal, permite a conclusão pela não configuração da conexão que autorizaria, no caso concreto, a modificação da competência jurisdicional". Em outra passagem, a propósito da possível invocação da teoria do juízo aparente (a qual permitiria que os atos processuais permanecessem válidos, mesmo que praticados por juízo incompetente), o ministro conclui: "À época do ajuizamento da denúncia, datada de 14.9.2016 (Doc. 3), já era do conhecimento do Ministério Público Federal, bem como do Juízo da 13ª Vara Federal da Subseção Judiciária de Curitiba, que os fatos denunciados não diziam respeito a delitos praticados direta e exclusivamente em detrimento da Petrobras S/A, sendo certo que o primeiro precedente a reduzir a competência daquele juízo foi proferido em 23.9.2015 (INQ 4.130 QO), motivo pelo qual a teoria do juízo aparente não se aplica ao caso". BRASIL. Supremo Tribunal Federal. *Habeas Corpus nº 193.726*. Redator do acórdão: Ministro Gilmar Mendes. 22 de abril de 2021.

392 Do voto do ministro Alexandre de Moraes, destaca-se: "E o Ministério Público (...) acabou colocando em todas as denúncias o nome da Petrobras e pedia a prevenção da 13ª Vara de Curitiba, exatamente como no caso em questão". BRASIL. Supremo Tribunal Federal. *Habeas Corpus nº 193.726*. Redator do acórdão: Ministro Gilmar Mendes. 22 de abril de 2021.

393 Do voto da ministra Rosa Weber, destaca-se: "Do enredo narrado nas imputações extraio uma ligação distante entre as condutas e sua repercussão sobre o patrimônio da Petrobras S/A, insuficiente para atrair a incidência das regras de conexão e continência, quando interpretadas em conformidade com os (restritos) parâmetros definidos por esta Suprema Corte. (...) Tendo em conta a anterioridade do primeiro precedente que delimitou a competência da 13ª Vara Federal de Curitiba (Inquérito 4130 QO, julgado em 23.9.2015) em relação à data de ajuizamento das denúncias contra o Paciente (14.9.2016, no caso destes autos), é de se ter em conta o prévio conhecimento do Ministério Público Federal de que, do

Lewandowski,[394] Cármen Lúcia e Luís Roberto Barroso.[395] Divergiram os ministros Nunes Marques, Marco Aurélio e Luiz Fux.

Entre os votos divergentes, o do ministro Nunes Marques é o mais meticuloso. Segundo o ministro, há elementos ensejadores de conexão e evidências que ligam as imputações contra o presidente Lula a contratos específicos firmados pela Petrobras, dos quais teriam derivado os recursos que supostamente custearam as vantagens indevidas direcionadas a ele.[396] Apesar de engenhoso, o voto esbarra num

---

universo de condutas apuradas na mencionada operação, somente teriam processamento naquela específica unidade jurisdicional as que referissem ilícitos praticados em detrimento da Petrobras. Nessas condições, inviável a invocação da teoria do juízo aparente como fundamento para escapar da inevitável anulação dos atos processuais. A aplicação da teoria, como instrumento de preservação de atos praticados por juízo incompetente, demanda superveniência de elementos fáticos ou probatórios ou desconhecimento de sua existência à época da prática dos atos processuais (HC 81.206, Rel. Min. Sepúlveda Pertence, Tribunal Pleno, DJ 19.4.2002 e HC 120.027, Rel. p. acórdão Min. Edson Fachin, DJe 17.2.2016), o que não ocorre na hipótese". BRASIL. Supremo Tribunal Federal. *Habeas Corpus nº 193.726*. Redator do acórdão: Ministro Gilmar Mendes. 22 de abril de 2021.

394 Do voto do ministro Ricardo Lewandowski, é oportuno destacar passagem em que se transcreve parte de voto por ele proferido em caso correlato: "Ademais de outros vícios processuais, um aspecto que causa a maior espécie, mesmo numa análise preliminar dos autos da Ação Penal 5046512-94.2016.4.04.7000, é o de que não existem quaisquer elementos concretos relativamente a valores, supostamente derivados de contratos da Petrobras, que teriam sido empregados para o pagamento de vantagens indevidas ao paciente. A suposta origem dos recursos, como se sabe, justificou a atração do feito para a 13ª Vara Criminal Federal de Curitiba (...). Isso significa que a justificativa originalmente esgrimida pelo ex-juiz para atrair a competência jurisdicional para a 13ª Vara Federal de Curitiba, de maneira a legitimá-lo a processar e julgar a ação penal em face do paciente, acaba por mostrar-se completamente destituída de fundamento, sobretudo diante da decisão desta Suprema Corte no sentido de que apenas os fatos efetivamente ligados à Petrobras deveriam ser encaminhados àquele Juízo". BRASIL. Supremo Tribunal Federal. *Habeas Corpus nº 193.726*. Redator do acórdão: Ministro Gilmar Mendes. 22 de abril de 2021.

395 Os votos da ministra Cármen Lúcia e dos ministros Dias Toffoli e Luís Roberto Barroso foram breves, limitando-se basicamente a acompanhar o voto do relator.

396 Do voto do ministro Nunes Marques, destaca-se: "O suposto 'esquema criminoso' consistiria em: 1) 'acerto' do pagamento de vantagem indevida pela CONSTRUTORA OAS nos contratos da Petrobras com o Consórcio CONEST/RNEST em obras da Refinaria do Nordeste Abreu e Lima – RNEST, e no Consórcio CONPAR, em obras da Refinaria Presidente Getúlio Vargas – REPAR, no montante de cerca de R$ 87.624.971,26, equivalente a 3% (três por cento) sobre a parte correspondente da CONSTRUTORA OAS nos empreendimentos referidos; 2) 'distribuição' desse total, da seguinte forma: R$ 13,5 milhões eram destinados ao PP; R$ 6 milhões ao PSDB e R$ 16 milhões ao PT que, este último, teria alimentado uma 'conta-corrente geral de propinas' entre o GRUPO OAS e os agentes do aludido Partido dos Trabalhadores; 3) 'repasse' do total recebido pelo Partido dos Trabalhadores, no valor de R$ 3.738.738,00, exclusivamente ao ex-Presidente LUIZ INÁCIO LULA DA SILVA, sendo disponibilizado para a aquisição do apartamento no 164-A, triplex do Condomínio Solaris, matrícula 104.801 do Registro de Imóveis do Guarujá/SP, pelo qual foi condenado pelo crime de corrupção passiva. Diante disso, verifica-se que o crime julgado na AÇÃO PENAL no 5046512-94.2016.4.04.7000/PR tem por objeto, em primeiro plano, 'crimes praticados em detrimento da Petrobras', justificando, a meu sentir, a competência do Juízo Federal da 13a

problema invencível: o fato, acima já referido, de o próprio juízo da 13ª Vara Federal de Curitiba ter afastado categoricamente a relação entre contratos específicos da Petrobras e as supostas vantagens indevidas.

Em suma, da análise do julgado, parece-nos clara a adoção, pela Operação Lava Jato, de um expediente de manipulação de regras de competência mediante invocação de um artifício (um suposto vínculo entre contratos da Petrobras e as imputações de pagamentos de vantagens indevidas) voltado a direcionar casos a um juízo determinado – juízo que, ao ser assim escolhido, se caracteriza como um juízo de exceção. Essa conclusão é reforçada pela percepção de Rodrigues, que demonstra que, em várias ocasiões, o ex-juiz Sergio Moro deu ênfase à ocorrência de fatos ocorridos em solo paranaense e deliberadamente ocultou locais de crimes quando perpetrados em outros estados.[397]

Vara de Curitiba/PR, por conexão (CPP, art. 76, I e II) com os crimes de corrupção ativa e passiva, bem como de ocultação e dissimulação dessas vantagens indevidas por parte dos dirigentes da CONSTRUTORA OAS JOSÉ ADELMÁRIO PINHEIRO FILHO e AGENOR MAGALHÃES MEDEIROS, e corrupção, pelo Diretor da Petrobras PAULO ROBERTO COSTA, em contratos firmados com os CONSÓRCIOS CONPAR e RNEST/CONEST, com os mesmos acertos de propinas que geraram créditos na aludida 'conta-corrente', que beneficiaram o ex-Presidente LUIZ INÁCIO LULA DA SILVA. Por isso, ocorre, no caso, tanto a chamada conexão intersubjetiva por concurso – prevista no inciso I do art. 76 do CPP como motivo para conexão das ações penais , visto que as infrações penais foram cometidas por várias pessoas com consciência e unidade de propósitos; como também se verifica a conexão objetiva material (CPP, art. 76, II), considerando-se que uns crimes serviram para assegurar a execução de outros; e, finalmente, há também a conexão probatória ou instrumental (CPP, art. 76, III), porque está claro que foi a investigação dos primeiros crimes (os 'ajustes' entre as construtoras e agentes da Petrobras) que coletou provas que levaram ao conhecimento da segunda onda de crimes, não como achado fortuito, mas sim como desdobramento natural da compreensão mais ampla do esquema criminoso. Em que pesem as alegações de que as condutas atribuídas ao paciente não foram diretamente relacionadas a contratos específicos entre o GRUPO OAS e a PETROBRAS, não é o que se verifica das provas documentais juntadas aos autos, em especial: 1) contrato da PETROBRAS com o Consórcio CONPAR (ODEBRECHT, UTC ENGENHARIA e OAS) para execução de obras do ISBL da Carteira de Gasolina e UGHE HDT da Carteira de Coque da Refinaria Getúlio Vargas – REPAR, na região de Curitiba/PR. Nos autos, as testemunhas, colaboradoras e não colaboradoras, reafirmaram que, desse contrato, o montante de 3% (três por cento) do valor total foi acordado com os dirigentes da PETROBRAS, no caso, da Diretoria de Abastecimento e da Diretoria de Serviços, e seria direcionado para a suposta conta-corrente de propina, que, ao final, beneficiou o ex-Presidente LULA. 2) relativamente às obras da REFINARIA PRESIDENTE GETÚLIO VARGAS, na região metropolitana de Curitiba/PR, houve a contratação da OAS, em conjunto com a ODEBRECHT e a UTC Engenharia, no CONSÓRCIO CONPAR, pela Petrobras para construção da UHDTI, UGH, UDEA do Coque e Unidades que compõem a Carteira de Gasolina, com participação de 24% para OAS, 25% para UTC e 51% para ODEBRECHT". BRASIL. Supremo Tribunal Federal. *Habeas Corpus nº 193.726*. Redator do acórdão: Ministro Gilmar Mendes. 22 de abril de 2021.

397 RODRIGUES, Fabiana Alves. *Lava Jato*: aprendizado institucional e ação estratégica na Justiça. São Paulo: WMF Martins Fontes, 2020. p. 226-231.

Trata-se isso tudo de um exemplo paradigmático de violação à garantia do juiz natural, o que vem a ser um traço essencial do funcionamento do processo de criminalização da política.

4.3.3 Abuso de prisões cautelares

A Constituição brasileira consagra expressamente a garantia fundamental da presunção de inocência, de acordo com a qual "ninguém será considerado culpado até o trânsito em julgado de sentença penal condenatória".

Um dos efeitos mais importantes dessa garantia é a excepcionalidade da imposição, antes de condenação transitada em julgado, de medidas restritivas de liberdade a qualquer pessoa investigada ou processada na esfera criminal.

Como observa Wedy, teóricos importantes, a exemplo de Ferrajoli,[398] chegam a defender um modelo de processo sem prisão preventiva.[399] Embora esse projeto seja uma utopia saudável, não se trata de algo factível na atual quadra da história. De qualquer modo, a crítica reforça a condição absolutamente excepcional do instituto da prisão cautelar, ao qual se deve recorrer somente em hipóteses muito extremas e necessárias.

No ordenamento jurídico brasileiro, são previstos dois tipos de prisão anterior ao trânsito em julgado de sentença condenatória: a prisão temporária, cujo regramento se encontra na Lei nº 7.960/1989, e a prisão preventiva, regida pelo Código de Processo Penal.[400] A prisão temporária tem prazos curtos determinados e está ligada basicamente à necessidade de viabilizar medidas investigatórias sem obstrução pelos investigados. Já a prisão preventiva tem escopo mais amplo. De acordo com o artigo 312 do Código, ela poderá ser decretada "como garantia da ordem pública, da ordem econômica, por conveniência da

---

[398] Invocando Manzini, Ferrajoli defende: "o uso desse instituto, antes ainda do abuso, é radicalmente ilegítimo e além disso apto a provocar, como a experiência ensina, o esvaecimento de todas as outras garantias penais e processuais". FERRAJOLI, Luigi. *Direito e razão*: teoria do garantismo penal. São Paulo: Revista dos Tribunais, 2002. p. 445.

[399] WEDY, Miguel Tedesco. *A eficiência e sua repercussão no Direito Penal e no processo penal*. Porto Alegre: Elegantia Juris, 2016. p. 368.

[400] É verdade que existe ainda a prisão em flagrante, prevista no artigo 301 e seguintes do Código de Processo Penal. A prisão em flagrante, no entanto, não é propriamente uma prisão cautelar, mas uma prisão pré-cautelar, que não se mantém senão mediante sua imediata conversão em prisão preventiva. WEDY, Miguel Tedesco. *A eficiência e sua repercussão no Direito Penal e no processo penal*. Porto Alegre: Elegantia Juris, 2016. p. 370.

instrução criminal ou para assegurar a aplicação da lei penal, quando houver prova da existência do crime e indício suficiente de autoria e de perigo gerado pelo estado de liberdade do imputado".

Numa leitura harmônica com a Constituição e que prestigia a liberdade, a prisão preventiva, como observa Wedy, deve ser necessariamente instrumental. É dizer, ela deve ser decretada "tão somente naqueles casos de conexão evidente entre a medida e a necessidade do processo penal". Essa necessidade reserva-se a casos de demonstração concreta de risco de fuga ou de turbação do bom andamento do feito (por meio de manipulação indevida na produção de provas, por exemplo). Além disso, a medida exige elementos muito consistentes de materialidade e autoria delitiva.[401]

No entanto, a própria abertura semântica do dispositivo mencionado – que admite a prisão preventiva em hipóteses vagas como as de garantia da ordem econômica e da ordem pública – acaba estimulando a perversão do instituto. Wedy registra casos de decretação de prisão preventiva que recorrem a argumentos sem nenhuma ligação instrumental com o processo: a proteção da credibilidade do Poder Judiciário, o clamor público, social e da mídia, a gravidade do delito, os antecedentes e o risco de reiteração delitiva.[402] Nesses casos, a prisão preventiva acaba se transformando indevidamente em verdadeira pena antecipada, o que é estranho à sua natureza.

Na Argentina, como registra Zaffaroni, o malabarismo argumentativo para justificar prisões preventivas em certas circunstâncias resultou na chamada doutrina Irurzun, assim nominada em referência a Martín Irurzun, magistrado que se notabilizou como adversário da ex-presidente Cristina Kirchner. Em decisão que determinou a prisão provisória do ex-ministro Julio de Vido, o magistrado sustentou, grosso modo, que, apesar de o acusado não estar mais no cargo, era presumível que ele ainda tivesse "vínculos residuais" com a estrutura em que praticados os crimes, vínculos esses que justificariam sua segregação cautelar.[403]

---

[401] WEDY, Miguel Tedesco. *A eficiência e sua repercussão no Direito Penal e no processo penal*. Porto Alegre: Elegantia Juris, 2016. p. 369-370 e 375-377.

[402] WEDY, Miguel Tedesco. *A eficiência e sua repercussão no Direito Penal e no processo penal*. Porto Alegre: Elegantia Juris, 2016. p. 371-372.

[403] ZAFFARONI, Eugenio Raul; CAAMAÑO, Cristina; WEIS, Valeria Wegh. *Bem-vindos ao* lawfare. Tradução de Rodrigo Barcelos e Rodrigo Murad do Prado. Florianópolis: Tirant Lo Blanch, 2021. p. 94-95 e 174-175.

Na história recente do Brasil, a chamada Operação Lava Jato abusou de diversos expedientes que implicam algum grau de restrição de liberdade. Por exemplo, ainda no ano de 2018, muito antes de serem descortinadas as principais ilegalidades perpetradas pela operação, o Supremo Tribunal Federal reconheceu a inconstitucionalidade do instituto da condução coercitiva,[404] por meio da qual

[404] A decisão foi tomada pelo Supremo Tribunal Federal no julgamento das arguições de descumprimento de preceito fundamental 395 e 444, cuja ementa é a seguinte: "1. Arguição de Descumprimento de Preceito Fundamental. Constitucional. Processo Penal. Direito à não autoincriminação. Direito ao tempo necessário à preparação da defesa. Direito à liberdade de locomoção. Direito à presunção de não culpabilidade. 2. Agravo Regimental contra decisão liminar. Apresentação da decisão, de imediato, para referendo pelo Tribunal. Cognição completa da causa com a inclusão em pauta. Agravo prejudicado. 3. Cabimento da ADPF. Objeto: ato normativo pré-constitucional e conjunto de decisões judiciais. Princípio da subsidiariedade (art. 4º, §1º, da Lei nº 9.882/99): ausência de instrumento de controle objetivo de constitucionalidade apto a tutelar a situação. Alegação de falta de documento indispensável à propositura da ação, tendo em vista que a petição inicial não se fez acompanhar de cópia do dispositivo impugnado do Código de Processo Penal. Art. 3º, parágrafo único, da Lei 9.882/99. Precedentes desta Corte no sentido de dispensar a prova do direito, quando 'transcrito literalmente o texto legal impugnado' e não houver dúvida relevante quanto ao seu teor ou vigência – ADI 1.991, Rel. Min. Eros Grau, julgada em 3.11.2004. A lei da ADPF deve ser lida em conjunto com o art. 376 do CPC, que confere ao alegante o ônus de provar o direito municipal, estadual, estrangeiro ou consuetudinário, se o juiz determinar. Contrario sensu, se impugnada lei federal, a prova do direito é desnecessária. Preliminar rejeitada. Ação conhecida. 4. Presunção de não culpabilidade. A condução coercitiva representa restrição temporária da liberdade de locomoção mediante condução sob custódia por forças policiais, em vias públicas, não sendo tratamento normalmente aplicado a pessoas inocentes. Violação. 5. Dignidade da pessoa humana (art. 1º, III, da CF/88). O indivíduo deve ser reconhecido como um membro da sociedade dotado de valor intrínseco, em condições de igualdade e com direitos iguais. Tornar o ser humano mero objeto no Estado, consequentemente, contraria a dignidade humana (NETO, João Costa. Dignidade Humana: São Paulo, Saraiva, 2014. p. 84). Na condução coercitiva, resta evidente que o investigado é conduzido para demonstrar sua submissão à força, o que desrespeita a dignidade da pessoa humana. 6. Liberdade de locomoção. A condução coercitiva representa uma supressão absoluta, ainda que temporária, da liberdade de locomoção. Há uma clara interferência na liberdade de locomoção, ainda que por período breve. 7. Potencial violação ao direito à não autoincriminação, na modalidade direito ao silêncio. Direito consistente na prerrogativa do implicado a recursar-se a depor em investigações ou ações penais contra si movimentadas, sem que o silêncio seja interpretado como admissão de responsabilidade. Art. 5º, LXIII, combinado com os arts. 1º, III; 5º, LIV, LV e LVII. O direito ao silêncio e o direito a ser advertido quanto ao seu exercício são previstos na legislação e aplicáveis à ação penal e ao interrogatório policial, tanto ao indivíduo preso quanto ao solto – art. 6º, V, e art. 186 do CPP. O conduzido é assistido pelo direito ao silêncio e pelo direito à respectiva advertência. Também é assistido pelo direito a fazer-se aconselhar por seu advogado. 8. Potencial violação à presunção de não culpabilidade. Aspecto relevante ao caso é a vedação de tratar pessoas não condenadas como culpadas – art. 5º, LVII. A restrição temporária da liberdade e a condução sob custódia por forças policiais em vias públicas não são tratamentos que normalmente possam ser aplicados a pessoas inocentes. O investigado é claramente tratado como culpado. 9. A legislação prevê o direito de ausência do investigado ou acusado ao interrogatório. O direito de ausência, por sua vez, afasta a possibilidade de condução coercitiva. 10. Arguição julgada procedente, para declarar a incompatibilidade com a Constituição Federal da condução coercitiva de investigados ou

inúmeros investigados foram levados *manu militari* a delegacias para prestar depoimento.[405]

No entanto, o mais importante uso indevido da prisão preventiva no âmbito da Operação Lava Jato consistiu na sua decretação como meio de compelir investigados e réus a firmarem acordos de colaboração premiada.

No Supremo Tribunal Federal, o *leading case* sobre a relação entre encarceramento cautelar e voluntariedade do acordo de colaboração é o *Habeas Corpus* nº 127.483, impetrado no contexto da Operação Lava Jato. Na oportunidade, o ministro Dias Toffoli, relator, afirmou: "Destaco que requisito de validade do acordo é a liberdade psíquica do agente, e não a sua liberdade de locomoção. A declaração de vontade do agente deve ser produto de uma escolha com liberdade (= liberdade psíquica), e não necessariamente em liberdade, no sentido de liberdade física". Acrescentou que, portanto, "não há nenhum óbice a que o acordo seja firmado com imputado que esteja custodiado, provisória ou definitivamente, desde que presente a voluntariedade dessa colaboração. Entendimento em sentido contrário importaria em negar injustamente ao imputado preso a possibilidade de firmar acordo de colaboração e de obter sanções premiais por seu cumprimento, em manifesta vulneração ao princípio da isonomia". Por outro lado, o ministro asseverou que "é manifestamente ilegítima, por ausência de justificação constitucional, a adoção de medidas cautelares de natureza pessoal, notadamente a prisão temporária ou preventiva, que tenham por finalidade obter a colaboração ou a confissão do imputado, a pretexto de sua necessidade para a investigação ou a instrução criminal".[406]

Também o ministro Teori Zavascki, igualmente no contexto da Operação Lava Jato, fez considerações sobre o tema. Nas palavras do

---

de réus para interrogatório, tendo em vista que o imputado não é legalmente obrigado a participar do ato, e pronunciar a não recepção da expressão 'para o interrogatório', constante do art. 260 do CPP". BRASIL. Supremo Tribunal Federal. *Arguição de Descumprimento de Preceito Fundamental nº 444*. Relator: Ministro Gilmar Mendes. 22 de maio de 2019.

405 Rodrigues aventa a seguinte hipótese para o uso do instituto no âmbito da Operação Lava Jato: "O uso recorrente da condução coercitiva para prestar depoimento, sem prévia intimação, tem por trás, aparentemente, a estratégia de constranger os investigados a prestar esclarecimentos sem ter conhecimento anterior das evidências que estão em poder dos investigadores, o que é coerente com a estratégia de gestão temporal das investigações e do rito legal das ações penais". RODRIGUES, Fabiana Alves. *Lava Jato*: aprendizado institucional e ação estratégica na Justiça. São Paulo: WMF Martins Fontes, 2020. p. 177.

406 BRASIL. Supremo Tribunal Federal. *Habeas Corpus nº 127.483*. Relator: Ministro Dias Toffoli. 27 de agosto de 2015.

ministro, o uso da prisão com o fim de extrair colaboração premiada, "além de atentatório aos mais fundamentais direitos consagrados na Constituição, constituiria medida medievalesca que cobriria de vergonha qualquer sociedade civilizada".[407]

Infelizmente, é inegável que aquela operação lançou mão desse tipo de expediente. Inclusive em livros e artigos, Sergio Moro não disfarça certa simpatia pela prática. Por exemplo, como já vimos, ao comentar a experiência italiana de combate à corrupção, afirma: "As prisões, confissões e a publicidade conferida às informações obtidas geraram um círculo virtuoso, consistindo na única explicação possível para a magnitude dos resultados obtidos pela operação *mani pulite*".[408]

A posição de Deltan Dallagnol sobre o tema não é diferente. Em diálogos obtidos a partir da já referida Operação *Spoofing*, o ex-procurador dá a entender que a possibilidade de transferência de um determinado investigado preso para uma carceragem mais precária foi fator decisivo para despertar interesse na celebração de acordo.[409]

Seja como for, a síntese mais bem acabada da visão da Operação Lava Jato sobre o assunto não partiu de Moro ou Dallagnol, mas de outro integrante do sistema de justiça. Em parecer em *habeas corpus* julgado pela 8ª Turma do Tribunal Regional Federal do 4ª Região, o membro do Ministério Público Federal oficiante sustentou: "Além de se prestar a preservar as provas, o elemento autorizativo da prisão preventiva, consistente na conveniência da instrução criminal, diante da série de atentados contra o país, tem importante função de convencer os infratores a colaborar com o desvendamento dos ilícitos penais, o que poderá acontecer neste caso, a exemplo de outros tantos".[410]

---

407 BRASIL. Supremo Tribunal Federal. *Habeas Corpus nº 127.186*. Relator: Teori Zavascki. 28 de abril de 2015.

408 MORO, Sergio Fernando. Considerações sobre a Operação Mani Pulite. *Revista CEJ – Justiça Federal*, Brasília, DF, v. 8 n. 26, p. 59, jul./set. 2004.

409 O diálogo foi divulgado pela imprensa nesses termos: "4 de agosto de 2017. 14:49:07 Advogados do Bendine estão tentando falar com o Moro e com vocês para dizer que ele quer fazer um acordo de colaboração e não ir para o CMP.... 15:05:15 Moro pediu para transferir o Bendine só na segunda. 17:39:52 Deltan kkkk 17:39:59 Deltan Nunca uma transferência foi tão eficiente rsrsrs 17:40:06 Deltan Pediram reunião pra segunda pela manhã 19:04:29 Boa... rs". BOSELLI, André; CALEGARI, Luiza. Deltan Dallagnol admite que prisão é eficiente para forçar acordos de delação. *Revista Consultor Jurídico*, São Paulo, 6 fev. 2021. Disponível em: https://www.conjur.com.br/2021-fev-06/deltan-dallagnol-admite-prisao-eficiente-forcar-delacoes/

410 BRASIL. Ministério Público Federal. Parecer em habeas corpus. *Habeas Corpus 5029050-46.2014.404.0000*. Procurador Regional da República Manoel Pastana. 21 de novembro de 2014.

Em suma, hoje não há dúvida de que a "medida medievalesca" que Zavascki temia foi um elemento central do ideário e da prática do fenômeno da criminalização da política no Brasil.

4.4 Abusos materiais

Como pudemos ver, o processo de criminalização da política envolve inúmeros abusos no âmbito do Direito Processual Penal. No entanto, naturalmente, os abusos não ficam confinados a esse campo. É também, e principalmente, em termos materiais que eles se projetam, sobretudo mediante a fabricação de situações criminosas em casos que a rigor não são criminosos.

Muitos são os expedientes usados nesse contexto. Zaffaroni refere, por exemplo, a prática legislativa de antecipação da tipificação penal para atos que são meramente preparatórios e a invenção (ou clonagem) de bens jurídicos direcionada à criação de novos tipos penais. Outro recurso, comum na jurisprudência, consiste em converter concursos aparentes de normas penais em concursos reais,[411] fazendo incidir mais de um tipo penal sobre um fato que na verdade constitui crime único.[412]

Nesse cenário de banalização e manipulação indevida de tipos penais, interessam-nos sobretudo práticas que se relacionam às noções de associação e organização criminosa e corrupção. A seguir, passamos a analisar algumas perversões ligadas a esses conceitos e aos seus correspondentes tipos penais.

---

[411] ZAFFARONI, Eugenio Raul; CAAMAÑO, Cristina; WEIS, Valeria Wegh. *Bem-vindos ao* lawfare. Tradução de Rodrigo Barcelos e Rodrigo Murad do Prado. Florianópolis: Tirant Lo Blanch, 2021. p. 99-100.

[412] No Brasil, um exemplo comum dessa prática é a imputação simultânea dos crimes de corrupção passiva e de lavagem de dinheiro pelo ato de recebimento clandestino de vantagem indevida. No curso da Operação Lava Jato, inúmeras denúncias foram protocoladas nessa linha, na contramão da jurisprudência do Supremo Tribunal Federal sobre o tema. Na Ação Penal nº 470, assim votou o ministro Luís Roberto Barroso, acompanhado pela maioria da corte: "O recebimento por modo clandestino e capaz de ocultar o destinatário da propina, além de esperado, integra a própria materialidade da corrupção passiva, não constituindo, portanto, ação distinta e autônoma da lavagem de dinheiro. Para caracterizar esse crime autônomo seria necessário identificar atos posteriores, destinados a recolocar na economia formal a vantagem indevidamente recebida". BRASIL. Supremo Tribunal Federal. *Sextos Embargos Infringentes na Ação Penal nº 470*. Redator do acórdão: Ministro Luís Roberto Barroso. 13 de março de 2014.

4.4.1 Associação e organização criminosa

Em razão da proximidade conceitual, é inevitável, para os propósitos deste trabalho, que a análise relativa aos crimes de associação e organização criminosa seja feita em conjunto. Em geral, as críticas a essas categorias e ao seu manuseio têm muitos pontos em comum.

Zaffaroni aponta que "a pluralidade de agentes tem chamado a atenção de penalistas e criminólogos em todos os tempos e de diferentes maneiras". Na Europa do século XIX, por exemplo, particularmente após a experiência da Comuna de Paris, produziu-se considerável literatura sobre delitos praticados por multidões e a responsabilidade de seus líderes.[413]

No entanto, as noções de associação e de organização criminosa com contornos próximos aos que conhecemos contemporaneamente são muito mais recentes. Trata-se de um fenômeno do século XX, muito atrelado ao processo de globalização. Ao se globalizar, "o mercado mundial não se limitou apenas a exportar seus âmbitos de indisciplina, mas possibilitou novos e nunca imaginados espaços de indisciplina, prontamente aproveitados pela atividade empresarial, legal ou ilegal". Nesse quadro, naturalmente, também as tecnologias de controle desses novos problemas difundem-se. O discurso do *organized crime* dissemina-se pelo mundo, traduzindo-se em leis e tipos penais.[414]

No Brasil, segundo Pitombo, o crime de associação criminosa é fruto de uma combinação entre a assuada[415] do Direito português e a associação de malfeitores[416] do Direito francês, com influência, ainda, da Escola Positiva italiana.[417]

De todo modo, já no período imperial, o Código Criminal de 1830 tinha dispositivo prevendo o crime de ajuntamento ilícito: "Art. 285

---

[413] ZAFFARONI, Eugenio Raul. Crime organizado: uma categorização frustrada. *Discursos Sediciosos – Crime, Direito e sociedade*, Rio de Janeiro, v. 1, n. 1, p. 45-46, 1996.

[414] ZAFFARONI, Eugenio Raul. Crime organizado: uma categorização frustrada. *Discursos Sediciosos – Crime, Direito e sociedade*, Rio de Janeiro, v. 1, n. 1, p. 55-57, 1996.

[415] O Código Penal português de 1852 estabelecia: "Art. 180 O ajunctamento de dez ou mais indivíduos destinados a commetter violentamente qualquer crime, não havendo começo de execução d'este crime, mas sómente algum acto preparatório, será punido com a prisão de tres até seis mezes, se a reunião for armada, e com a prisão até tres mezes, se a reunião não for armada".

[416] O *Códe Pénal* francês de 1810 dispunha: "Art. 265 Toda a associação de malfeitores contra a pessoa ou a propriedade é um crime contra a ordem pública".

[417] PITOMBO, Antônio Sérgio Altieri de Moraes. *Organização criminosa*: nova perspectiva do tipo legal. São Paulo: Thompson Reuters Brasil, 2019. p. 153.

Julgar-se-ha commettido este crime, reunindo-se tres, ou mais pessoas com a intenção de se ajudarem mutuamente para commetterem algum delicto, ou para privarem illegalmente a alguem do gozo, em exercicio de algum direito, ou dever".

No período republicano, o Código Penal de 1890 dispôs: "Art. 119 Ajuntarem-se mais de tres pessoas, em logar publico, com o designio de se ajudarem mutuamente, para por meio de motim, tumulto ou assuada: 1º, commetter algum crime; 2º, privar ou impedir a alguem o gozo ou exercicio de um direito ou dever; 3º, exercer algum acto de odio ou desprezo contra qualquer cidadão; 4º, perturbar uma reunião publica, ou a celebração de alguma festa civica ou religiosa".

Finalmente, em 1940, o Código Penal tipificou o crime de quadrilha ou bando, nos seguintes termos: "Art. 288 Associarem-se mais de três pessoas, em quadrilha ou bando, para o fim de cometer crimes".[418] Em 2013, o dispositivo foi modificado pela Lei nº 12.850. Em síntese, sua designação foi alterada para associação criminosa, passou-se a exigir um mínimo de três (e não mais quatro) pessoas e acrescentou-se a finalidade específica de cometer crimes, o que antes não era expresso: "Art. 288. Associarem-se 3 (três) ou mais pessoas, para o fim específico de cometer crimes".

Ao longo das décadas, a imprecisão do tipo penal trouxe grandes dificuldades. Embora a Lei nº 12.850/2013 tenha promovido ligeira melhora ao passar a exigir expressamente o fim específico de cometer crimes, muitos problemas persistem. As dificuldades começam com o próprio bem jurídico pretensamente tutelado pelo tipo: a paz pública, conceito fluido que, segundo perspectiva que se consolidou a partir da Escola Positiva italiana, designa "o potencial de risco, para a sociedade, de pessoas se agruparem com eventual intuito de praticar crimes".[419] A tutela de um risco potencial – e não necessariamente real – está associada a uma tendência de expansão dos chamados delitos de perigo abstrato, os quais presumem um perigo, levando a situações de crimes sem lesão, em afronta a postulados elementares do garantismo penal.

Esses problemas do tipo legal levaram doutrina e jurisprudência a um esforço de busca de parâmetros e significados mais precisos.

---

418 Os diversos textos legais transcritos foram extraídos de: PITOMBO, Antônio Sérgio Altieri de Moraes. *Organização criminosa*: nova perspectiva do tipo legal. São Paulo: Thompson Reuters Brasil, 2019. p. 57, 60-64, 67 e 75-76.

419 PITOMBO, Antônio Sérgio Altieri de Moraes. *Organização criminosa*: nova perspectiva do tipo legal. São Paulo: Thompson Reuters Brasil, 2019. p. 154.

Consolidou-se o entendimento de que a associação supõe estabilidade e permanência, ou seja, não se configura em caso de reunião ocasional. Além disso, como já vimos, o próprio legislador incorporou ao tipo a finalidade específica de cometer crimes. Isso tudo, porém, não imunizou a categoria de arbitrariedades, que veremos melhor em seguida. É interessante notar, ainda, que obviamente não se trata de uma dificuldade exclusiva do Brasil. Na Argentina, por exemplo, a redação é ainda mais problemática, dispondo o artigo 210 do seu Código Penal: "quem quer que participe de uma associação ou quadrilha de três ou mais pessoas destinada a cometer delitos, apenas pelo fato de ser membro da associação".[420]

Dito isso, passamos agora a uma rápida reconstrução da ideia de organização criminosa no Brasil. A primeira tentativa de uma definição legal remonta ao final dos anos 1980, quando o então deputado federal Michel Temer apresentou projeto de lei "sobre a utilização de meios operacionais para a prevenção e repressão do crime organizado". O projeto resultou na Lei nº 9.034/1995, a qual, entretanto, não conceituou a figura e se limitou a dispor acerca de procedimentos investigatórios e meios de prova, inclusive sobre a figura do colaborador. A norma viria a ser modificada pela Lei nº 10.217/2001, a qual, contudo, mais uma vez, não definiu a categoria, limitando-se a introduzir os instrumentos de infiltração policial e captação ambiental. Em suma, no início deste século, imperou certa desordem legislativa sobre o tema. Na falta de uma definição mínima de organização criminosa, em manobras exegéticas muitas vezes carentes de qualquer critério, recorreu-se ao conceito de quadrilha e a outros dispositivos espalhados pelo ordenamento, produzidos no afã recrudescedor de emergências inventadas.[421]

Em 2004, então, o Brasil internaliza a Convenção das Nações Unidas contra o Crime Organizado Transnacional, também conhecida como Convenção de Palermo, a qual finalmente delineia um conceito de "grupo criminoso organizado": "grupo estruturado de três ou mais pessoas, existente há algum tempo e atuando concertadamente com o propósito de cometer uma ou mais infrações graves ou enunciadas na presente Convenção, com a intenção de obter, direta ou indiretamente,

---

420 ZAFFARONI, Eugenio Raul; CAAMAÑO, Cristina; WEIS, Valeria Wegh. *Bem-vindos ao* lawfare. Tradução de Rodrigo Barcelos e Rodrigo Murad do Prado. Florianópolis: Tirant Lo Blanch, 2021. p. 97-98.

421 PITOMBO, Antônio Sérgio Altieri de Moraes. *Organização criminosa*: nova perspectiva do tipo legal. São Paulo: Thompson Reuters Brasil, 2019. p. 89-104 e 108-110.

um benefício econômico ou outro benefício material". O novo instrumento, de todo modo, não resolve nossos problemas, notadamente a falta de um tipo preciso de organização criminosa.[422]

Por último, em 2013, a Lei nº 12.850 enfim tipifica o delito de organização criminosa. O novo tipo, porém, passa longe de solucionar dificuldades. O conceito de organização adotado pela lei – "associação de 4 (quatro) ou mais pessoas estruturalmente ordenada e caracterizada pela divisão de tarefas, ainda que informalmente, com objetivo de obter, direta ou indiretamente, vantagem de qualquer natureza, mediante a prática de infrações penais cujas penas máximas sejam superiores a 4 (quatro) anos, ou que sejam de caráter transnacional" – segue pecando pela vagueza (notadamente pelo excesso de advérbios de modo pouco precisos)[423] e, assim, pela vulnerabilidade ao arbítrio.

Nesse quadro, não se pode deixar de concordar com Zaffaroni quando ele define o crime organizado como uma categoria frustrada, fadada a ser uma "ideia difusa, indefinida, carente de limites certos".[424] Daí porque, na linha do que sugere Pitombo, melhor seria que o legislador tratasse da organização criminosa na parte geral do Código Penal, como causa de aumento de pena, e não como crime autônomo.[425]

De qualquer modo, o fato é que o tipo penal de organização criminosa hoje existe expressamente no Direito positivo brasileiro. Diante de suas imperfeições, convém redobrada cautela ao lidar com a categoria, cabendo ao operador buscar parâmetros democráticos e intersubjetivamente controláveis no seu manuseio.

A realidade penal brasileira, porém, está muito distante disso. Em especial no fenômeno que designamos como criminalização da política, identifica-se uma exploração da vagueza dos tipos de associação e organização criminosa de forma a neles se buscar albergar meros concursos de pessoas ou, ainda, grupos de pessoas formados para fins lícitos, como empresas e partidos políticos.

---

422 PITOMBO, Antônio Sérgio Altieri de Moraes. *Organização criminosa*: nova perspectiva do tipo legal. São Paulo: Thompson Reuters Brasil, 2019. p. 107-108.

423 PITOMBO, Antônio Sérgio Altieri de Moraes. Definição de organização criminosa trará dor de cabeça. *Revista Consultor Jurídico*, São Paulo, 05 ago. 2013. Disponível em: https://www.conjur.com.br/2013-ago-05/antonio-pitombo-definicao-organizacao-criminosa-trara-dor-cabeca/

424 ZAFFARONI, Eugenio Raul. Crime organizado: uma categorização frustrada. *Discursos Sediciosos – Crime, Direito e sociedade*, Rio de Janeiro, v. 1, n. 1, p. 57-58, 1996.

425 PITOMBO, Antônio Sérgio Altieri de Moraes. *Organização criminosa*: nova perspectiva do tipo legal. São Paulo: Thompson Reuters Brasil, 2019. p. 171-173 e 191-192.

No que diz respeito a empresas, a problemática já desperta reflexões críticas há algum tempo, seja na doutrina,[426] seja na jurisprudência. Merece destaque, nesse sentido, voto do ministro Cezar Peluso em *habeas corpus* julgado pelo Supremo Tribunal Federal em 2008.[427] Na ocasião, o ministro anotou que, "de regra, as pessoas físicas associam-se para a prática de atos lícitos, não para cometimento de delitos". Da mesma forma, em geral, "os crimes econômicos praticados no exercício da atividade lícita, são-no, se não sempre, pelo menos em boa parte dos casos, por grupo de pessoas responsáveis pelo gerenciamento e direção da empresa, não porque acordaram associar-se para prática de delitos, mas por necessidade orgânica e jurídica da administração de atividades negociais". Daí porque a "postura teórica de cúmulo automático ou sistemático da acusação de formação de quadrilha ou bando, nas denúncias de crimes econômicos", subverte "o alcance do tipo e o escopo

[426] Nesse sentido, Estellita, por exemplo, afirma, em trabalho publicado em 2009: "Em regra, no âmbito das sociedades empresárias, a associação de várias pessoas terá finalidade lícita prevista e autorizada em lei: atividade econômica organizada para a produção ou circulação de bens e serviços. Ocorre que, todos sabem, os crimes econômicos (entendidos no sentido lato proposto por Schünemann) são praticados, em sua maioria, no contexto das sociedades empresárias, por pessoas físicas atuando em seu contexto e em seu benefício, ou seja, no âmbito da criminalidade de empresa. Afirmar isso, todavia, não é dizer – e aqui a diferença fundamental –, que essas pessoas se reuniram para a prática de crimes; bem pelo contrário, a gênese da associação se faz, em regra, para a prática de atividades econômicas lícitas na forma autorizada e prevista em lei. É por isso que não é admissível que toda imputação da prática de crime econômico contra quatro pessoas ou mais, atuando em contexto de sociedade empresarial (sócios, gerentes, diretores, funcionários etc.), venha acompanhada, *ipso facto*, da imputação do crime de quadrilha ou bando. A confusão entre a reunião de pessoas para a prática de atos lícitos com o crime descrito no artigo 288 do Código Penal subverte a ordem jurídica, que como se viu, expressamente autoriza a reunião de pessoas para o exercício de atividade empresarial. (...) Dúvida não há da existência de empresas ilícitas, sociedade empresárias formadas para a prática de crimes, geralmente econômicos, nas quais a obtenção do lucro se faz por meios criminosos. Pode suceder, ainda, que a sociedade empresária tenha tido gênese lícita, associando-se as pessoas em torno de finalidades legítimas, mas tenha se desvirtuado e passado a atuar exclusivamente como empresa ilícita, desviando-se totalmente dos objetivos originários e transformando-se numa associação exclusivamente voltada a prática de crimes. O que se deve ter em mente, todavia, é que, *a priori*, a reunião de pessoas formando uma sociedade empresária para a prática de atividades econômicas não se consubstancia em formação de quadrilha ou bando, ainda que tais pessoas venham a ser responsabilizadas pela prática de crimes econômicos no exercício da atividade econômica lícita; nestes casos, não há formação de quadrilha ou bando porque falta a essa reunião de pessoas (4 ou mais) a finalidade da prática de crimes". ESTELLITA, Heloísa. *Criminalidade de empresa, quadrilha e organização criminosa*. Porto Alegre: Livraria do Advogado, 2009. p. 29-31.

[427] Segundo Estellita, o voto "é um marco na abordagem da matéria pelo Supremo Tribunal Federal porque, s.m.j., foi o primeiro que enfrentou diretamente a questão da criminalidade de empresa e a imputação do crime descrito no art. 288 do CP e estabeleceu com singular clareza os limites entre os institutos". ESTELLITA, Heloísa. *Criminalidade de empresa, quadrilha e organização criminosa*. Porto Alegre: Livraria do Advogado, 2009. p. 37.

da norma, tanto penal, como daqueloutras predestinadas à disciplina das empresas e das atividades empresariais".[428]

Idêntica crítica pode ser estendida a certa tendência de criminalização de partidos políticos. Ressalvados casos extremos em que partidos sejam constituídos para fins criminosos (como seria o caso, por exemplo, de um partido nazista ou cujo programa defendesse a supressão do regime democrático) ou como fachada para a perpetração de delitos (notadamente de crimes contra a administração pública),[429]

---

428 Convém transcrever um trecho mais extenso do voto: "Causa-me estranheza que se possa confundir tal delito com a associação de pessoas para, sob a modalidade jurídicosocial típica, desenvolverem atividades empresariais, beneficentes, esportivas etc. É que a lei civil ou comercial prevê a associação de pessoas físicas para formação de pessoa jurídica, impondo-lhes, segundo a natureza do objeto social, forma típica, que, sendo lícita numa província jurídica, não pode considerada criminosa noutra. Tal é, aliás, a intuitiva *ratio* do disposto no art. 23, inc. III, 2ª parte, do Código Penal, que dispõe não haver crime, quando o agente pratique o ato no exercício regular de um direito. A circunstância é particularmente relevante no âmbito do que se convencionou chamar de crimes econômicos, em sua grande maioria praticados no exercício da atividade empresarial por grupo de pessoas, porque é desta forma óbvia, com reunião de pessoas físicas a título de sócios, gerentes, diretores, que se organizam as pessoas jurídicas e se administram as atividades empresariais. De regra, as pessoas físicas associam-se para a prática de atos lícitos, não para cometimento de delitos. E, igualmente de regra, os crimes econômicos praticados no exercício da atividade lícita, são-no, se não sempre, pelo menos em boa parte dos casos, por grupo de pessoas responsáveis pelo gerenciamento e direção da empresa, não porque acordaram associar-se para prática de delitos, mas por necessidade orgânica e jurídica da administração de atividades negociais. O que me preocupa na postura teórica de cúmulo automático ou sistemático da acusação de formação de quadrilha ou bando, nas denúncias de crimes econômicos, é que se subvertam o alcance do tipo e o escopo da norma, tanto penal, como daqueloutras predestinadas à disciplina das empresas e das atividades empresariais. Não precisariam lembrar que é a própria Constituição que reconhece e estimula a associação de pessoas para o exercício de atividades econômicas". BRASIL. Supremo Tribunal Federal. *Habeas Corpus nº 84.223*. Relator: Ministro Eros Grau. 03 de junho de 2008.

429 Evidentemente, muitas situações estarão em zona fronteiriça, de difícil distinção entre lícito e ilícito, o que, senão impossibilita, dificulta ainda mais a identificação de uma associação ou organização criminosa. Sobre o tema, particularmente no que diz respeito à chamada criminalidade econômica, afirma Zaffaroni: "Em definitivo, seja porque no mercado existem áreas não disciplinadas ou porque estas se criam em razão de que a proibição interfere no mesmo elevando desmesuradamente a renda, o certo é que se abrem espaços que, como em todo o mercado, são ocupados empresarialmente por uma atividade que se apresenta em forma de espectro – como bem a descreve Smith – em cujos extremos estão o lícito e o delitivo, mas que aparecem tão confundidos e dispersos que se torna muito difícil distinguir as matizes ou graus que se inclinam para um ou outro extremo. Por isso, restam milhares de perguntas sem resposta: até que ponto do circuito de capitais o dinheiro é negro ou desde que ponto começa a ser branco? Uma empresa lícita que ocasionalmente lava dinheiro pratica crime organizado? O suborno continuado, que favorece uma empresa em uma atividade ou indústria lícita, é crime organizado? É crime organizado a atividade de uma indústria lícita que emprega massivamente imigrantes clandestinos para pagar salário menor? O seria se os emprega em menor quantidade ou porcentagem do total de seu pessoal? Um bando de sequestradores é crime organizado? Um banco que ocasionalmente toma dinheiro sem preocupar-se com sua origem o constitui? (...) Por tudo isso, há um conjunto de atividades e fenômenos econômicos, dentre os quais alguns são incontestavelmente criminais, mas não

a prática de infrações penais por agentes políticos e grupos com filiação partidária deve ser compreendida como concurso de pessoas. A propósito, num país, como o Brasil, em que a filiação partidária é condição de elegibilidade, agentes políticos eleitos serão necessariamente filiados a partidos. É ilógico, assim, usar de qualquer modo a filiação como elemento indicativo de pertencimento a uma associação ou organização criminosa.

Vários casos emblemáticos da nossa história recente estão conectados diretamente a esse tema. Entre eles, merece destaque o inquérito 3.989, no âmbito do qual a Procuradoria-Geral da República imputou o crime de organização criminosa a parlamentares do Partido Progressista. Em sede de embargos de declaração, o ministro Gilmar Mendes, cujo voto prevaleceu, afirma que a denúncia "imputa desvalor a acontecimentos corriqueiros da vida partidária", configurando uma "tentativa de capturar as relações entre partidos políticos no contexto do presidencialismo brasileiro e torná-las tão simples e diretas quanto o funcionamento de uma suposta organização criminal".[430]

Invocando esse precedente, a própria Procuradoria-Geral da República pediu a rejeição de denúncia por ela proposta contra agentes

---

há uma categoria capaz de abrangê-los no campo criminológico e menos ainda no legal". ZAFFARONI, Eugenio Raul. Crime organizado: uma categorização frustrada. *Discursos Sediciosos – Crime, Direito e sociedade*, Rio de Janeiro, v. 1, n. 1, p. 54, 1996.

430 É oportuna a transcrição de um trecho mais longo do voto: "Em um tom tão simplificador quanto embaraçante, a exordial afirma a existência de uma grande organização criminosa na política brasileira cujo núcleo 'era composto também por integrantes do Partido do Movimento Democrático Brasileiro – PMDB e do Partido dos Trabalhadores – PT, que compunham subnúcleos políticos específicos, assim com os ora denunciados'. A denúncia supõe, portanto, que três grandes partidos políticos brasileiros teriam atuado durante mais de uma década de forma coordenada, em comunhão de vontades e em torno de objetivos harmônicos ('aderência de interesses comuns'). Os sobressaltos que podem vir da leitura dessa narrativa só são dissipados quando conhecidos os verdadeiros motivos subjacentes à apresentação da peça acusatória. Nas suas primeiras linhas, a denúncia revela seu desígnio: usar a persecução penal contra o partido político como uma plataforma de deslegitimação de algumas figuras públicas de destaque no cenário nacional, trazendo a imputação criminosa ao cerne da agremiação partidária (...). O olhar em retrospecto da presente denúncia revela que ela era apenas o artefato de um planejamento persecutório maior, finamente orquestrado para sustentar uma teoria de criminalização das relações entre o Parlamento e o Governo Federal (...). Essa estratégia persecutória de criminalização da atividade política insere-se em contexto maior de expansão do Direito Penal com fins obscuros. A acusação de organização criminosa imposta aos membros de um Partido Político, com base em fatos que integram o regular exercício de suas atividades político-partidárias, somente foi possível a partir do reforço desse discurso de combate à criminalidade de colarinho branco, o que não deve ser admitido quando em conflito com as regras básicas da legalidade estrita, da tipicidade e das garantias do processo". BRASIL. Supremo Tribunal Federal. *Segundos embargos de declaração no inquérito nº 3.989*. Redator do acórdão: Ministro Gilmar Mendes. 02 de março de 2021.

do Movimento Democrático Brasileiro no âmbito do Inquérito nº 4.326. O pedido foi acolhido pelo Supremo Tribunal Federal.[431]

Destino similar tiveram casos declinados pelo Supremo Tribunal Federal à primeira instância.

Na Ação Penal nº 1026137-89.2018.4.01.3400, fruto de declínio do Inquérito nº 4.325, a Justiça Federal do Distrito Federal absolveu sumariamente pessoas ligadas ao Partido dos Trabalhadores, entre as quais o presidente Lula e a ex-presidente Dilma Rousseff. Na sentença, que seguiu parecer do próprio Ministério Público Federal, o juízo observou que a peça acusatória "não permite concluir, sequer em tese, pela existência de uma associação de quatro ou mais pessoas estruturalmente ordenada, com divisão de tarefas, alguma forma de hierarquia e estabilidade". A seguir, acrescentou: "a denúncia apresentada, em verdade, traduz tentativa de criminalizar a atividade política".[432]

Por idênticos fundamentos, na Ação Penal nº 0001238-44.2018.4.01.3400, fruto de declínio do Inquérito nº 4.327, o mesmo juízo absolveu sumariamente o ex-presidente Michel Temer e pessoas ligadas a ele.[433]

Enfim, não há dúvida de que os tipos penais de associação e organização criminosa serviram – e continuam servindo – a uma infinidade de excessos persecutórios, incompatíveis com um Direito Penal democrático.

4.4.2 Corrupção

Em sua acepção comum, a corrupção é um conceito amplo e aberto que pode designar uma vasta gama de condutas reprováveis – mesmo que num sentido exclusivamente moral – envolvendo recursos públicos e agentes do Estado.

Já em termos jurídicos, a corrupção tem um significado mais restrito. Em nível internacional, a matéria é objeto da Convenção das Nações Unidas contra a Corrupção, de 2003, internalizada ao ordenamento jurídico brasileiro pelo Decreto nº 5.687/2006. Já no plano

---

431 BRASIL. Supremo Tribunal Federal. *Inquérito nº 4.326*. Relator: Ministro Edson Fachin. 15 de agosto de 2023.

432 BRASIL. Justiça Federal. Seção Judiciária do Distrito Federal (12. Vara). *Ação Penal nº 1026137-89.2018.4.01.3400*. Juiz Federal Marcus Vinicius Reis Bastos. 04 de dezembro de 2019.

433 BRASIL. Justiça Federal. Seção Judiciária do Distrito Federal (12. Vara). *Ação Penal nº 0001238-44.2018.4.01.3400*. Juiz Federal Marcus Vinicius Reis Bastos. 05 de maio de 2021.

doméstico, a corrupção designa alguns delitos específicos, notadamente: corrupção passiva ("solicitar ou receber, para si ou para outrem, direta ou indiretamente, ainda que fora da função ou antes de assumi-la, mas em razão dela, vantagem indevida, ou aceitar promessa de tal vantagem"), corrupção ativa ("oferecer ou prometer vantagem indevida a funcionário público, para determiná-lo a praticar, omitir ou retardar ato de ofício"), corrupção ativa em transação comercial internacional ("prometer, oferecer ou dar, direta ou indiretamente, vantagem indevida a funcionário público estrangeiro, ou a terceira pessoa, para determiná-lo a praticar, omitir ou retardar ato de ofício relacionado à transação comercial internacional) e corrupção eleitoral ("dar, oferecer, prometer, solicitar ou receber, para si ou para outrem, dinheiro, dádiva, ou qualquer outra vantagem, para obter ou dar voto e para conseguir ou prometer abstenção, ainda que a oferta não seja aceita).[434] Além disso, embora com terminologia diversa, outros delitos que têm como vítima direta a Administração Pública podem ser relacionados à noção de corrupção. Vale destacar, a título exemplificativo: estelionato praticado em detrimento de entidade pública ("obter, para si ou para outrem, vantagem ilícita, em prejuízo alheio, induzindo ou mantendo alguém em erro, mediante artifício, ardil, ou qualquer outro meio fraudulento"), peculato ("apropriar-se o funcionário público de dinheiro, valor ou qualquer outro bem móvel, público ou particular, de que tem a posse em razão do cargo, ou desviá-lo, em proveito próprio ou alheio"), inserção de dados falsos em sistema de informações ("inserir ou facilitar, o funcionário autorizado, a inserção de dados falsos, alterar ou excluir indevidamente dados corretos nos sistemas informatizados ou bancos de dados da Administração Pública com o fim de obter vantagem indevida para si ou para outrem ou para causar dano"), concussão ("exigir, para si ou para outrem, direta ou indiretamente, ainda que fora da função ou antes de assumi-la, mas em razão dela, vantagem indevida") e crimes relacionados a licitações.[435] No âmbito da legislação especial, merece referência o Decreto-Lei nº 201/1967, que prevê crimes específicos relacionados a prefeitos.

Ocorre que, mesmo considerando a corrupção um gênero que abrange um vasto rol de espécies de crimes, a prática jurídico-criminal

---

[434] Tais crimes estão previstos nos artigos 317, 333 e 337-B do Código Penal e no artigo 299 do Código Eleitoral.

[435] Tais crimes estão previstos nos artigos 312, 313-A, 316 e 337-E a 337-O do Código Penal.

brasileira tem transposto os limites semânticos desses tipos penais, conferindo à corrupção um significado que acaba por se confundir com o sentido que lhe atribui o senso comum. Como observa Teixeira, "atividades que deveriam, a rigor, ser consideradas desvios de caráter regulatório, punidos por normas específicas de natureza político-eleitoral, passaram a ser vistos como 'corrupção' no sentido penal comum, segundo a previsão geral contida entre os 'crimes contra a administração pública' do Código Penal". Dito de outro modo, a corrupção simbólico-alegórica virou corrupção jurídico-normativa.[436]

É natural – e, mais do que isso, desejável – que a sociedade repudie toda forma de irregularidade envolvendo recursos e servidores públicos. Porém, a criminalização geral e irrestrita de tais irregularidades – as quais, por vezes, bem analisadas as coisas, sequer são irregularidades – e a manipulação, por agentes da persecução penal, do legítimo sentimento popular de repúdio à corrupção[437] acabam minando a confiança nas instituições políticas e levando à busca de alternativas que estão fora da democracia constitucional. Convém mais uma vez citar Teixeira: "Uma vez suprimida a política, sabemos, resta o que há fora dela. E fora dela, dizia Thomas Hobbes, há o terror".[438]

Na experiência jurídico-penal brasileira, um exemplo importante inserido nesse contexto consiste na tentativa de transmutar o financiamento não contabilizado de campanhas eleitorais em crime de corrupção. O financiamento não contabilizado de campanhas, conhecido como caixa-dois, é prática imemorial disseminada por muitos países e por todo o espectro ideológico. Em ação que questionava o modelo brasileiro de financiamento empresarial de campanhas eleitorais, alguns ministros do Supremo Tribunal Federal bem lembraram que mesmo líderes aclamados como Helmut Kohl, herói da reunificação alemã, e François Miterrand, ex-presidente da França, tiveram em algum momento seus nomes associados à prática de caixa-dois.[439]

---

436 TEIXEIRA, Fernando. Criminalização indevida da política só traz terror. *Revista Consultor Jurídico*, São Paulo, 22 ago. 2020. Disponível em: https://www.conjur.com.br/2020-ago-22/corrupcao-politica-vs-corrupcao-administrativa/

437 SOUZA NETO, Cláudio Pereira de. *Democracia em crise no Brasil*. Rio de Janeiro: Eduerj; São Paulo: Contracorrente, 2020. p. 159.

438 TEIXEIRA, Fernando. Criminalização indevida da política só traz terror. *Revista Consultor Jurídico*, São Paulo, 22 de agosto de 2020. Disponível em: https://www.conjur.com.br/2020-ago-22/corrupcao-politica-vs-corrupcao-administrativa/

439 BRASIL. Supremo Tribunal Federal. *Ação Direta de Inconstitucionalidade nº 4.650*. Relator: Ministro Luiz Fux. 17 de setembro de 2015.

Obviamente, o fato de se tratar de costume arraigado e generalizado não afasta sua reprovabilidade. Num certo sentido, na medida em que desequilibra o jogo democrático, a prática de caixa-dois pode até ser considerada mais grave do que a corrupção. No entanto, é importante destacar, caixa-dois e corrupção são coisas distintas.

O financiamento não contabilizado de campanhas eleitorais subsume-se ao tipo do artigo 350 do Código Eleitoral ("omitir, em documento público ou particular, declaração que dele devia constar, ou nele inserir ou fazer inserir declaração falsa ou diversa da que devia ser escrita, para fins eleitorais"), ao qual é cominada pena de um a cinco anos de reclusão. Além disso, a Lei nº 13.488/2017 inseriu no Código Eleitoral o tipo do artigo 354-A, que consiste em "apropriar-se o candidato, o administrador financeiro da campanha, ou quem de fato exerça essa função, de bens, recursos ou valores destinados ao financiamento eleitoral, em proveito próprio ou alheio", com pena de dois a seis anos de reclusão.[440] Trata-se de crimes diferentes dos delitos abrangidos pelo gênero corrupção, inclusive no que diz respeito ao bem jurídico tutelado. Enquanto os crimes de corrupção tutelam o regular funcionamento das funções públicas,[441] o tipo do artigo 350 do Código Eleitoral tutela a fé pública eleitoral.[442]

440 Acerca do tema, pontua o ministro Ricardo Lewandowski: "Ora, como se sabe, o denominado 'Caixa 2' sempre foi tratado como crime eleitoral, mesmo quando sequer existia essa tipificação legal. Não se olvide, ademais, que, recentemente, a Lei 13.488/2017 incluiu o art. 354-A no Código Eleitoral para punir com reclusão de dois a seis anos, mais multa, a seguinte conduta: 'Apropriar-se o candidato, o administrador financeiro da campanha, ou quem de fato exerça essa função, de bens, recursos ou valores destinados ao financiamento eleitoral, em proveito próprio ou alheio'". BRASIL. Supremo Tribunal Federal. *Embargos de declaração na petição 6.820*. Redator do acórdão: Ministro Ricardo Lewandowski. 06 de fevereiro de 2018. Na mesma linha, afirma o ministro Gilmar Mendes: "O suposto recebimento de valores não declarados, relativos a contratos públicos, para financiamento de campanhas eleitorais, mediante a utilização do instrumento denominado 'caixa dois', configura, em tese, o crime de falsidade ideológica eleitoral estabelecido no art. 350 do Código Eleitoral, atraindo a competência da Justiça Eleitoral para julgamento deste crime e dos conexos, nos termos do art. 35, II, do Código Eleitoral e art. 78, IV, do Código de Processo Penal (CPP). Precedentes desta Corte (PET nº 6.820-AgR/DF, Segunda Turma, Rel. para o acórdão Min. Ricardo Lewandowski, julgado em 06.02.2018; PET nº 5.700/DF, Rel. Min. Celso de Mello, julgado em 22 de setembro de 2015; CC nº 7.033/SP, Rel. Min. Sydney Sanches, Tribunal Pleno, julgado em 02.10.1996)". BRASIL. Supremo Tribunal Federal. *Questão de ordem no Inquérito nº 4.428*. Relator: Ministro Gilmar Mendes. 28 de agosto de 2018.

441 SOUZA, Luciano Anderson de. *Crimes contra a Administração Pública*. São Paulo: Thompson Reuters Brasil, 2024. p. 91.

442 GOMES, José Jairo. *Crimes eleitorais e processo penal eleitoral*. Barueri: Atlas, 2024. p. 211.

Nesse quadro, a confusão entre caixa-dois e corrupção valida certa narrativa, disseminada entre o senso comum, de que "todo político é ladrão", estimulando a descredibilização da política e de suas instituições. O que emerge disso é a antipolítica, essencialmente violenta e hostil à democracia.

PARTE III

UM CAMINHO PARA A SUPERAÇÃO DA CRIMINALIZAÇÃO DA POLÍTICA: A TUTELA PENAL DA DEMOCRACIA

5

FUNÇÃO DO DIREITO PENAL, BEM JURÍDICO E OFENSIVIDADE

5.1 (Dis)funções do Direito Penal

A esta altura do trabalho, estamos em condições, finalmente, de apresentar algumas especulações mais precisas sobre o que deve e o que não deve ser função do Direito Penal numa democracia.

Nesse sentido, podemos começar constatando que, ao contrário do que apregoa a tradição autoritária brasileira de confiar no uso da força como forma de solução de problemas sociais e políticos,[443] o Direito Penal não tem essa vocação.

Não é função do Direito Penal promover a efetivação de direitos sociais, transformações políticas ou correções éticas e morais. Isso é papel de políticas públicas ou então do debate eleitoral, acadêmico, religioso e cultural, mas não do processo penal. É possível e desejável, claro, que o Direito Penal incida sobre situações que – segundo acordos sociais amplamente compartilhados, chancelados pelo processo legislativo e em conformidade com a Constituição – configuram também graves transgressões éticas ou morais. Mas isso se dá porque há um bem jurídico-penal violado. A tutela da ética ou da moral exercida pelo Direito Penal, portanto, é apenas mediata.

Leite e Greco lembram que, até os anos 1960, o debate alemão (o qual nos interessa por várias razões já expostas) era "dominado por

[443] CASARA, Rubens. *Processo penal do espetáculo e outros ensaios*. Florianópolis: Tirant Lo Blanch, 2018. p. 21.

aqueles que atribuíam ao Direito Penal uma função moralizadora e justificavam a pena como uma exigência de retribuição". Um grupo de jovens professores, entre eles Claus Roxin, redige então um projeto alternativo de Código Penal, em que se sustenta que "o Direito Penal tem por finalidade a proteção de bens jurídicos, e não a proteção da moral".[444] Essa é uma das premissas e conclusões fundamentais deste trabalho.

Nessa medida, como defende Gloeckner, o Direito Penal precisa ser tratado como fim em si mesmo, como garantia, e não em termos de utilidade ou como meio a serviço de finalidades sociais, econômicas e metafísicas (a exemplo das ideias de justiça e equidade).[445] No momento em que o processo penal passa a ser pensado a partir de finalidades sociais, distintas da proteção de bens jurídico-penais, suas categorias são desorganizadas, e impera o arbítrio.

Com isso não se quer dizer que punir é desnecessário. Mais do que necessário, punir é civilizador. Como já afirmamos, onde não existe Direito Penal, existe a barbárie da vingança privada. É papel do Direito Penal, portanto, regular o processo punitivo de modo a evitar esse estado de barbárie. Nas palavras de Roxin, "o Direito Penal deve assegurar, como *ultima ratio* e respeitando todos os direitos fundamentais, a convivência livre e pacífica dos cidadãos".[446]

Outra não é a posição de Fiandaca, importante expoente do pensamento penal italiano contemporâneo, para quem "o sistema dos delitos e das penas não tem por escopo a realização de um ideal de justiça ultraterreno ou abstrato, mas persegue um objetivo prático e socialmente útil: proteger aqueles bens ou interesses de cuja tutela depende a garantia de uma convivência pacífica".[447]

Perceba-se que essas posições estão diretamente ligadas à tradição contratualista[448] que engendra a civilização ocidental contemporânea.

---

444 GRECO, Luís; LEITE, Alaor. Claus Roxin, 80 anos. *In*: ROXIN, Claus. *Novos estudos de Direito Penal*. Organizador: Alaor Leite. Tradução de Luís Greco. São Paulo: Marcial Pons, 2014. p. 22-23.

445 GLOECKNER, Ricardo Jacobsen. *Autoritarismo e processo penal*: uma genealogia das ideias autoritárias no processo penal brasileiro. Florianópolis: Tirant Lo Blanch, 2018. p. 165-168.

446 ROXIN, Claus. *Novos estudos de Direito Penal*. Organizador: Alaor Leite. Tradução de Luís Greco. São Paulo: Marcial Pons, 2014. p. 46-47.

447 FIANDACA, Giovanni; MUSCO, Enzo. *Diritto penale*: parte generale. Bologna: Zanichelli Editore, 2023. p. 06.

448 De acordo com Nicola Matteucci, o contratualismo, em sentido amplo, compreende todas as teorias políticas que identificam a origem da sociedade e o fundamento do poder político num contrato, isto é, num "acordo tácito ou expresso entre a maioria dos indivíduos", o qual

Afinal, a renúncia ao direito à autoproteção exercida pelo próprio indivíduo somente se justifica na medida em que ele transfere a prerrogativa de protegê-lo ao Estado,[449] o qual tem o poder-dever de recorrer ao Direito Penal, se necessário.

Noutro giro, avançando um pouco mais, é oportuno observar que, embora o Direito Penal não seja vocacionado para a solução de problemas sociais, a sua simples abolição pode ser indesejável e mesmo conservadora em algumas situações. Seria o caso, como observa Rodriguez, de afastar o Direito Penal da regulação da violência contra as mulheres, devolvendo a questão completamente à esfera privada.[450] A reflexão vale também, *mutatis mutandi*, para o tema da corrupção. Descriminalizá-la – como às vezes se parece desejar – geraria um perverso efeito de subordinar relações corruptas, praticadas em especial pela elite econômica, totalmente à esfera privada.[451]

Por tudo isso, não se tem dúvida de que o Direito Penal é um instituto civilizador do qual não se pode abrir mão.

A esse papel civilizador está necessariamente ligado um aspecto contramajoritário. Explícita ou implicitamente, mesmo o anacrônico Direito positivo brasileiro acolhe essa ideia. Perceba-se que inclusive no tribunal do júri, onde a jurisdição togada cede lugar ao veredito

---

assinala "o fim do estado natural e o início do estado social e político". Em sentido mais restrito, contratualismo refere-se a uma escola específica que surgiu na Europa a partir do século XVII e que tem em Hobbes, Spinoza, Locke, Rousseau e Kant alguns de seus principais expoentes. O contratualismo, portanto, comporta diferentes teorias e níveis explicativos. Uma linha sustenta que a passagem do estado de natureza ao estado de sociedade é um *fato histórico realmente ocorrido* que marca a origem do homem civilizado. Outra vertente usa o estado de natureza como mera *hipótese lógica* que justifica a ideia racional ou jurídica de Estado e fundamenta a autoridade política num acordo entre indivíduos. Por fim, afastando-se totalmente do problema antropológico da origem do homem civilizado e do problema filosófico e jurídico da origem do Estado, uma terceira hipótese trata o contrato social apenas como *instrumento de ação política* capaz de impor limites a quem detém o poder. A obra de John Rawls vem sendo apontada como uma versão atualizada e mais sofisticada de contratualismo. MATTEUCCI, Nicola. Contratualismo. *In*: BOBBIO, Norberto; MATTEUCCI, Nicola; PASQUINO, Gianfranco (org.). *Dicionário de Política*. Tradução de Carmen Varriale. Brasília: Editora Universidade de Brasília, 2004. p. 272; KLANOVICZ, Jorge Mauricio. *Cláusulas pétreas institucionais*: uma proposta teórica sobre poder de reforma constitucional, direitos fundamentais e instituições. Salvador: JusPodivm, 2022. p. 81-100.

449 ALEXY, Robert. *Teoria dos direitos fundamentais*. Tradução de Virgílio Afonso da Silva. São Paulo: Malheiros, 2008. p. 455.

450 RODRIGUEZ, José Rodrigo. *Direito das lutas*: democracia, diversidade, multinormatividade. São Paulo: LiberArs, 2019. p. 271-272 e 279-280.

451 Um outro exemplo similar, embora não diga respeito ao Direito Penal materialmente considerado, consiste nas críticas frequentemente lançadas contra o Ministério Público. Sem apresentar caminhos melhores, muitas vezes elas acabam derivando para o apoio a alternativas institucionais paradoxalmente mais inquisitórias, punitivistas e policialescas.

emitido diretamente por cidadãos, a persecução criminal não é deflagrada por um popular, mas por membro do Ministério Público, que não responde a critérios majoritários.

O Direito Penal, portanto, não responde ao clamor popular, da imprensa, da opinião pública ou da comunidade do povo. O Direito Penal, como sugere Vincenzo Roppo,[452] deve ser frio e racional – e se necessário impopular.

Para tanto, não existe outro caminho senão sua firme vinculação à noção de bem jurídico-penal.

Por si só, ela não é suficiente. Tanto que há diversos exemplos – como o *Codice Rocco* na Itália, a Escola de Marburgo e mesmo Roland Freisler – que continuaram trabalhando com o conceito de bem jurídico e não por isso deixaram de ser radicalmente autoritários. Ainda assim, o conceito de bem jurídico – no sentido de um requisito preciso limitador do poder punitivo – é uma condição necessária.[453]

Não é demais reafirmar que o fenômeno da criminalização da política, explorado criticamente nas partes anteriores deste trabalho, somente se viabilizou mediante uma perversão das funções do Direito Penal, o qual, ao pretender promover correções morais e políticas, se divorciou completamente da ideia de bem jurídico.

A reabilitação desse conceito, portanto, com contornos precisos, é o antídoto dogmático principal para bloquear fenômenos arbitrários como a criminalização da política.

Por outro lado, sem perder de vista que compete ao Direito Penal sempre e tão somente a proteção de bens jurídico-penais, não podemos deixar de constatar que fora da democracia constitucional não existe espaço para bens jurídicos legítimos merecedores de proteção. É dizer, se o Direito Penal busca proteger bens jurídicos, é inevitável que ele busque também, em alguma medida, proteger o único ambiente em que eles podem sobreviver – a democracia.

---

[452] A afirmação foi feita pelo professor Vincenzo Roppo em *lectio magistralis* proferida na *Università degli Studi di Firenze*: ROPPO, Vincenzo. *Lectio magistralis Il garantismo*. Firenze: Università degli Studi di Firenze: Campus Novoli, 13 mar. 2023. Disponível em: https://discrimen.it/videos/prof-avv-vincenzo-roppo-lectio-magistralis-sul-tema-il-garantismo/. O tema é melhor desenvolvido em: ROPPO, Vincenzo. *Garantismo*: i nemici, i falsi amici, le avventure. Milão: Baldini e Castoldi, 2022.

[453] ZAFFARONI, Eugenio Raul. *Doutrina penal nazista*: a dogmática penal alemã entre 1933 e 1945. Tradução de Rodrigo Murad do Prado. Florianópolis: Tirant Lo Blanch, 2019. p. 181-182.

Como melhor veremos, a democracia constitucional não é um pacto suicida. Em nome da sua própria sobrevivência, é imprescindível que ela possa recorrer a medidas drásticas – como o Direito Penal ou, em situações muito extremas, os chamados estados de emergência – para se proteger de atos que a ameacem.

Convém aqui perceber, a propósito da criminalização da política, que se trata de um fenômeno estreitamente ligado a concepções e práticas que ofendem a democracia. O evento golpista de 8 de janeiro de 2023, por exemplo, é muito claramente mobilizado pela compreensão de que a política e suas instituições não prestam e são intrinsecamente corruptas. Ou seja, como já registramos anteriormente, "a imbricação entre bolsonarismo e lavajatismo não é acidental, mas essencial: o populismo autoritário de Bolsonaro é a continuidade do populismo penal da Lava Jato".[454] Ainda mais do que isso, trata-se de movimentos que, apesar de diferenças e nuances, compartilham um certo núcleo programático comum: "ambos propugnam pelo exercício do poder sem observar os direitos e as garantias individuais, criminalizam a atividade política e deslegitimam a democracia representativa".[455]

Disso tudo emerge, então, uma tensão e um tênue equilíbrio a ser buscado. Afinal, a democracia que reclama que o Direito Penal atue para sua proteção é a mesma democracia que deve conter o poder punitivo e impor limitações ao Direito Penal. Dito de outra forma, "como principal ameaça à liberdade individual, o Estado é intimado simultaneamente a desenvolver um sistema de proteções jurídicas para garantir o exercício de direitos e apagar-se precisamente pelas mesmas razões".[456]

Na verdade, mais até do que com uma tensão, há aí uma espécie de armadilha, uma vez que a ideia de democracia pode ser muitas vezes imprecisa. Dessa imprecisão, então, há sempre o risco de derivar um Direito Penal vago, desvinculado de bens jurídicos e autoritário.

Segundo o que pensamos, a única solução – lógica e jurídica – para vencer essa armadilha é considerar também a democracia um bem jurídico – um bem jurídico *sui generis*, capaz de projetar múltiplos e diversos

---

454 SOUZA NETO, Cláudio Pereira de. *Democracia em crise no Brasil*. Rio de Janeiro: Eduerj; São Paulo: Contracorrente, 2020. p. 143.

455 SOUZA NETO, Cláudio Pereira de. *Democracia em crise no Brasil*. Rio de Janeiro: Eduerj; São Paulo: Contracorrente, 2020. p. 16.

456 RODRIGUES, Anabela Miranda. Criminalidade organizada: que política criminal? *In*: CORREIO, Eduardo. *Direito Penal Económico e Europeu*: textos doutrinários. Coimbra: Coimbra Editora, 2009. v. 3, p. 147.

efeitos sobre a ciência e a prática penal. Mas precisamos desenvolver e refinar isso, propondo definições, critérios e diretrizes. Do contrário, a democracia – assim como a moralidade, a segurança nacional[457] e tantos outros exemplos trágicos – será paradoxalmente mero pretexto lacônico para um Direito Penal na verdade discricionário e arbitrário.

5.2 Bem jurídico-penal, Constituição e direitos fundamentais

5.2.1 Trajetória: do pecado à Constituição

Previamente ao desenvolvimento da ideia da democracia como bem jurídico-penal, convém melhor compreendermos essa categoria e seu papel.

Embora dominante no âmbito teórico, a compreensão do crime como ofensa a bens jurídico-penais tem encontrado no mundo contemporâneo um ambiente hostil. A crescente complexidade das relações sociais, o advento de inéditas tecnologias e formas de se comunicar, o surgimento e a multiplicação de riscos desconhecidos, tudo isso traz novos e relevantes desafios ao Direito Penal, o qual se vê muitas vezes pressionado a abandonar categorias tradicionais (a exemplo da teoria do bem jurídico-penal), supostamente anacrônicas e incapazes de resolver problemas da atualidade. Em acréscimo, o avanço global de projetos de viés populista e autoritário traz consigo uma pauta de recrudescimento e expansão do Direito Penal, o qual se afasta de noções elementares como ofensividade e subsidiariedade e passa a assumir pretensões moralizantes e de transformação social, estranhas a um Direito Penal genuinamente democrático.

Esse quadro, ao mesmo tempo em que revela uma crise da ideia de bem jurídico-penal, exige, mais do que nunca, a sua reabilitação – não necessariamente com suas feições originais, mas de uma forma revisitada, de modo que a categoria cumpra seu tradicional papel crítico e, também, contemple as idiossincrasias da contemporaneidade.[458]

---

457 A trajetória e o (mau) uso do conceito de segurança nacional na história jurídico-política brasileira são explorados no capítulo seguinte.

458 Nesse sentido, afirma D'Avila, seguramente um dos mais importantes autores brasileiros a explorar o tema do bem jurídico-penal e suas diversas problemáticas: "A compreensão do crime como ofensa a bens jurídico-penais, como dano ou perigo a bens dotados de dignidade penal, embora possa soar, para muitos, como trivialidade, evidência, nomeadamente no espaço de discursividade jurídico-penal brasileiro, é, em verdade, um horizonte

No Ocidente, o conceito de bem jurídico não possui nenhum papel relevante na França, nos Estados Unidos e no Reino Unido. Particularmente no mundo anglo-saxônico, desenvolveu-se uma categoria distinta, designada como *harm principle*, a qual, ao limitar as sanções penais a comportamentos que causam danos a terceiros, acaba, de certa forma, suprindo o papel da ideia de bem jurídico-penal. Por outro lado, a noção de bem jurídico ocupa um lugar decisivo em países como Argentina, Espanha, Grécia, Alemanha, Itália, Portugal e, por consequência, também Brasil, cuja dogmática penal é em grande medida tributária da tradição desses últimos três países.[459]

Na verdade, a origem do modelo de crime enquanto ofensa a bens jurídicos está ligada à própria gênese do Direito Penal moderno, cujo marco fundamental é a distinção entre crime e pecado. Como observa D'Avila, "no período pré-iluminista, o ilícito penal movimentava-se em uma dimensão acentuadamente teológica. Crime e pecado confundiam-se. Eram nada mais que violação da vontade de Deus".[460]

No entanto, a separação entre Igreja e Estado resultou numa separação também de suas funções e âmbitos de atuação.[461] Enquanto

---

compreensivo que, para além de historicamente posto em questão, encontra no Direito Penal contemporâneo um ambiente hostil de difícil afirmação e continuidade, muito embora, em um aparente paradoxo, também um dos períodos em que mais tem a oferecer. A ampliação do Direito Penal secundário, com surgimento de novos espaços, cada vez mais complexos, de intervenção jurídico-penal, tem levado a um progressivo distanciamento do ilícito penal em relações aos vínculos objetivos que implicam o reconhecimento da ofensividade como elemento de garantia. Mas não só. Tem conduzido a um esfumaçamento dos valores tutelados, a uma perda de densidade tal que o bem jurídico passa a movimentar-se num espaço de total indiferença em relação a meros interesses de política criminal, incapaz de atender a uma qualquer pretensão de concretização. O bem jurídico perde seu caráter crítico e a ofensividade, o lugar primeiro na constituição do ilícito. A flexibilidade de teorias subjetivísticas do ilícito, de concepções puramente normativistas ou, ainda, de leituras meramente formais do ilícito penal, hoje tão em voga, torna-se acintosamente sedutora, mas, em contrapartida, cobra um preço alto em termos de legitimidade, nomeadamente a supressão de elementos subjetivos capazes de propiciar substrato material crítico à construção de ilícito-típico. Daí que a insistência em uma compreensão do crime como ofensa a bens jurídicos, naturalmente revisitada, tenha, há tempo, deixado de ser lugar comum e assuma hoje um espaço central na discussão sobre a legitimidade do Direito Penal contemporâneo". D'AVILA, Fabio Roberto. *Ofensividade em Direito Penal*: escritos sobre a teoria do crime como ofensa a bens jurídicos. Porto Alegre: Livraria do Advogado, 2009. p. 57-58.

459 D'AVILA, Fabio Roberto. *Ofensividade em Direito Penal*: escritos sobre a teoria do crime como ofensa a bens jurídicos. Porto Alegre: Livraria do Advogado, 2009. p. 58-59; ROXIN, Claus. *Novos estudos de Direito Penal*. Organizador: Alaor Leite. Tradução de Luís Greco. São Paulo: Marcial Pons, 2014. p. 71.

460 D'AVILA, Fabio Roberto. *Ofensividade em Direito Penal*: escritos sobre a teoria do crime como ofensa a bens jurídicos. Porto Alegre: Livraria do Advogado, 2009. p. 59-60.

461 A propósito da ideia de bem jurídico e da separação entre crime e pecado, é curioso observar como elas se refletem também na evolução das codificações criminais. Afirmam Zaffaroni

à Igreja competiria tratar de questões eminentemente internas do ser humano ("o pecado, a maldade, os vícios"), ao Estado caberiam as intervenções do homem no mundo, ou, mais propriamente, as ações humanas externas causadoras de um dano à Nação. O conteúdo de vontade expresso em uma ação externa e concretizado em um dano à Nação era, pois, o fenômeno criminoso em sua emergente compreensão laica", fenômeno esse que, embora resultante de ato volitivo (traduzido nas formas de dolo ou culpa), "encontrava na objetividade do dano a pedra angular do seu conteúdo de desvalor".[462]

Os precursores de tal concepção são autores como Tiberius Decianus, Christian Thomasius e, principalmente, Cesare Beccaria. Embora tenha, segundo D'Avila, resguardado um papel ao dolo e à culpa na formação do crime, Beccaria consagrou, em sua obra seminal, que a verdadeira medida de um crime é o dano que ele causa à nação, e não a intenção de quem o pratica.[463] Passa-se então a entender como ilegítima a criminalização de condutas que não causam prejuízos à sociedade, e a figura do dano assume um papel crítico e de contenção do poder punitivo do Estado.[464]

Seja como for, nesse momento histórico, ainda não se falava propriamente em bem jurídico-penal, mas em direito subjetivo, conceito

---

e Pierangeli: "Tanto a doutrina como os códigos classificam os tipos de acordo com os bens jurídicos afetados, ou, melhor dito, de acordo com os objetos da relação em que consiste o bem jurídico. O primeiro critério de classificação foi dado pelo Decálogo. Posteriormente, a primazia dos delitos contra a religião foi substituída pelos delitos contra o Estado, como ocorria no Código Napoleão. Finalmente, em uma sistemática que corresponde a um Direito Penal personalista – que considera que o direito existe para o homem – passaram a ocupar o primeiro plano os delitos contra as pessoas, a partir do CP da Baviera de 1813, cujo critérios sistemático é seguido pelo nosso CP". ZAFFARONI, Eugenio Raul; PIERANGELI, José Henrique. *Manual de Direito Penal brasileiro*: parte geral. São Paulo: Thompson Reuters, 2023. p. 404.

462 D'AVILA, Fabio Roberto. *Ofensividade em Direito Penal*: escritos sobre a teoria do crime como ofensa a bens jurídicos. Porto Alegre: Livraria do Advogado, 2009. p. 59-60.

463 Afirmava Beccaria: "A única e verdadeira medida dos delitos é o dano causado à nação, e por isso erraram aqueles que acreditaram como verdadeira medida dos delitos a intenção de quem os comete. Esta depende da impressão actual dos objectos e da precedente disposição de espírito: e elas variam em todos e cada um dos homens com a velocíssima sucessão das ideias, das paixões e das circunstâncias. Seria, pois, necessário criar não só um código particular para cada cidadão, mas uma nova lei para cada delito. Por vezes os homens, com as melhores intenções, causam o maior mal à sociedade; e algumas outras vezes, com a pior das vontades, fazem o maior bem". BECCARIA, Cesare. *Dos delitos e das penas*. Tradução de José de Faria Costa. Lisboa: Fundação Calouste Gulbenkian, 2017. p. 75-76.

464 D'AVILA, Fabio Roberto. *Ofensividade em Direito Penal*: escritos sobre a teoria do crime como ofensa a bens jurídicos. Porto Alegre: Livraria do Advogado, 2009. p. 60-61.

central do contratualismo emergente. D'Avila explica: "A consideração do direito subjetivo de cada um diante do direito dos demais permite traçar simultaneamente os limites de liberdade garantidos pela ordem jurídica e o início do seu exercício arbitrário, violador de direitos alheios, o que, considerado em conjunto, confere a cada indivíduo um determinado *Lebenskreis* (âmbito de vida), demarcador da fronteira entre o lícito e o ilícito, entre a violação e não violação de direitos subjetivos alheios". É na violação desse *Lebenskreis* – isto é, de um direito subjetivo – que residiria, portanto, a essência do crime.[465]

Essa forma de compreender o crime encontrou em Anselm von Feurbach seu primeiro grande expoente, no início do século XIX. Influenciado pelo pensamento kantiano, Feurbach, segundo observa D'Avila, entende que a pena somente se justifica pela "necessidade de conservação de direitos alheios" e "nega legitimidade à utilização do Direito Penal como instrumento de persecução de finalidades transcendentes, quer de fundo religioso, quer estabelecidas no bem comum. A existência e finalidade do Estado justificam-se na proteção das liberdades, na prevenção da violação de direitos subjetivos".[466]

Tal posição, embora tenha representado um importante avanço para a afirmação de um conceito material de crime crítico ao Direito Penal vigente (especialmente no que diz respeito a delitos com fortes traços morais e religiosos), tinha também suas limitações. Quando alguém, por exemplo, lesiona a integridade física de outra pessoa ou subtrai um bem alheio, não se ofende o direito subjetivo da pessoa, mas apenas o seu objeto: "É o próprio objeto do direito, isto é, a vida, a honra, a integridade física, o patrimônio, e não o direito em si, que sofre a ação criminosa".[467]

É a partir dessas condições que emerge, então, em meados do século XIX, a teoria do bem jurídico.

Em escritos datados de 1834, Birnbaum "afirmava que o conteúdo do crime deveria ser buscado, não na violação de direitos subjetivos, mas na ofensa a valores assim reconhecidos pela sociedade, isto é, na ofensa a bens protegidos pela norma". Também a ele pode ser atribuído

---

465 D'AVILA, Fabio Roberto. *Ofensividade em Direito Penal*: escritos sobre a teoria do crime como ofensa a bens jurídicos. Porto Alegre: Livraria do Advogado, 2009. p. 61-62.

466 D'AVILA, Fabio Roberto. *Ofensividade em Direito Penal*: escritos sobre a teoria do crime como ofensa a bens jurídicos. Porto Alegre: Livraria do Advogado, 2009. p. 62.

467 D'AVILA, Fabio Roberto. *Ofensividade em Direito Penal*: escritos sobre a teoria do crime como ofensa a bens jurídicos. Porto Alegre: Livraria do Advogado, 2009. p. 63-64.

o desenvolvimento da ofensividade em suas duas formas fundamentais (dano e perigo). Seja como for, apenas em 1871, com Binding, o termo *bem jurídico* – tradução da expressão alemã *Rechtsgut* – é pela primeira vez utilizado.[468]

Já no fim do século XIX, Liszt assume a tarefa de melhor desenvolver o conceito. Lizst propõe uma noção de bem jurídico baseada sobre interesses preexistentes à valoração do legislador, que a eles deve se subordinar. O conteúdo de um ilícito penal, para Lizst, é independente da apreciação feita pelo legislador: "a norma jurídica o encontra, não o cria". Embora tenha méritos, a posição lisztiana, segundo avaliação de Fiandaca, peca pela falta de critérios precisos aptos a selecionar os dados prejurídicos que materializariam o conceito de bem jurídico.[469]

No âmbito da doutrina italiana, merece destaque a posição de Arturo Rocco.[470] Em escritos de 1913, Rocco apresenta uma concepção de bem jurídico que não precede as valorações feitas pelo legislador, mas, ao contrário, se baseia nessas valorações. Trata-se de um entendimento sintomático do processo de formalização a que a teoria do bem jurídico foi submetida num contexto de hegemonia positivista e tecnicista. A posição acaba suprimindo a função crítica do conceito de bem jurídico, o qual deixa de impor limites à atividade legislativa.[471]

Uma versão mais aprofundada dessa posição, conhecida como concepção metodológica, desenvolve-se nos anos 1930 na Alemanha. Para essa corrente, o conceito de bem jurídico corresponde a uma fórmula abreviada do conceito mais amplo de escopo da norma penal. O bem jurídico não é, portanto, uma realidade preexistente à norma, mas resultado de uma atividade interpretativa de seu escopo. Tal posição acaba por identificar o bem jurídico com a *ratio legis*, amputando completamente a função crítica da categoria, que acaba servindo apenas para avalizar as escolhas do legislador, sejam elas quais forem.[472]

---

468 D'AVILA, Fabio Roberto. *Ofensividade em Direito Penal*: escritos sobre a teoria do crime como ofensa a bens jurídicos. Porto Alegre: Livraria do Advogado, 2009. p. 64-65.

469 FIANDACA, Giovanni; MUSCO, Enzo. *Diritto penale*: parte generale. Bologna: Zanichelli Editore, 2023. p. 08.

470 Cabe registrar que Arturo Rocco não se confunde com Alfredo Rocco, seu irmão, conhecido como um dos juristas mais importantes do fascismo italiano.

471 FIANDACA, Giovanni; MUSCO, Enzo. *Diritto penale*: parte generale. Bologna: Zanichelli Editore, 2023. p. 08-09.

472 FIANDACA, Giovanni; MUSCO, Enzo. *Diritto penale*: parte generale. Bologna: Zanichelli Editore, 2023. p. 09-10.

Enfim, ao longo da sua evolução e conformação, diversos foram os momentos de crise ou demasiada abertura da ideia de bem jurídico.[473]

Mas foi com o nazismo que o conceito experimentou, mais do que uma crise, sua total erosão.

Embora parte dos juristas nazistas – como Kohlrausch, Mezger, Schwinge, Zimmerl e mesmo Freisler – tenha continuado a sustentar um Direito Penal atrelado a alguma ideia de bem jurídico, a concepção absolutamente hegemônica, oriunda sobretudo da chamada Escola de Kiel, descartou por completo a categoria. O crime, em vez de ofensa a um bem jurídico, passa a ser entendido como violação de um dever ético de fidelidade à vontade popular.[474]

De qualquer modo, uma vez derrotada a barbárie nazista, a teoria do bem jurídico retorna à cena – nos anos 1960 na Alemanha e nos anos 1970 na Itália. Seu retorno ocorre na forma de um resgate da concepção lizstiana, a qual atribui ao bem jurídico um conteúdo liberal preexistente às escolhas do legislador.[475]

---

[473] D'Avila assim ilustra esse quadro: "Até alcançar a conformação crítica e transistemática de base constitucional que tem hoje o bem jurídico, muitos foram os momentos em que teve enfraquecida e até mesmo suprimida a sua capacidade de legitimação (crítica) da intervenção jurídico-penal incriminadora. Já em sua primeira elaboração, como vimos, Birnbaum permite uma abertura através da qual eram resgatados valores transcendentais de base puramente moral ou religiosa. Binding, em acentuado positivismo, supervaloriza o processo legislativo na formulação do bem jurídico, restringindo-o a uma relação de total e inquestionável conformidade com a norma. O bem jurídico, limitado unicamente à lógica e às considerações próprias do direito, encontra na norma o seu referencial de validade, o seu próprio fundamento, suprimindo desta relação qualquer possível foco de tensão. Honig, ainda em uma compreensão intra-sistemática, com o seu conceito metodológico, esvazia o conteúdo liberal de garantia do bem jurídico, relegando-lhe apenas uma modesta função de orientação na interpretação do tipo. E, para ficarmos em apenas alguns exemplos, já agora em uma outra perspectiva, a própria experiência jurídico-penal da Alemanha Nacional Socialista, na qual o ilícito penal como expressão extrema de autoritarismo assume a forma de uma mera violação de dever (*Pflichtverlezung*), uma simples desobediência aos deveres impostos pelo Estado, não excluiu, de pronto, a noção de bem jurídico. Embora estranha ao pensamento da Escola de Kiel (Schaffstein e Dahm), para a qual o bem jurídico era a representação forte de um indesejado legado liberal-individualista, Schwinge e Zimmerl propugnavam uma concepção de bem jurídico supraindividual, representativa dos valores da Alemanha nazista, que, por este exato motivo, em nada prejudicava o eticismo despótico característico da compreensão nacional-socialista de crime". D'AVILA, Fabio Roberto. *Ofensividade em Direito Penal*: escritos sobre a teoria do crime como ofensa a bens jurídicos. Porto Alegre: Livraria do Advogado, 2009. p. 66-67.

[474] ZAFFARONI, Eugenio Raul. *Doutrina penal nazista*: a dogmática penal alemã entre 1933 e 1945. Tradução de Rodrigo Murad do Prado. Florianópolis: Tirant Lo Blanch, 2019. p. 153, 168-172 e 180.

[475] FIANDACA, Giovanni; MUSCO, Enzo. *Diritto penale*: parte generale. Bologna: Zanichelli Editore, 2023. p. 11-12.

É inevitável a associação desse movimento com uma reação mais ampla da teoria jurídica aos horrores do nazismo, reação essa marcada inicialmente pela reabilitação do jusnaturalismo, que encontra sua expressão mais emblemática em Gustav Radbruch e sua célebre fórmula: "a injustiça extrema não é Direito".

Essa reação jusnaturalista, porém, não passa de um movimento fugaz. Primeiro porque o nazismo não foi um fenômeno positivista, mas radicalmente jusnaturalista,[476] que desprezou postulados caros ao positivismo – como a legalidade – em nome da promoção de interesses supostamente supralegais do *Reich*.

Além disso, observam Sarmento e Souza Neto, "como o direito natural só podia se basear em fundamentação metafísica, ele não mais se sustentava em sociedades plurais, nas quais vigoram múltiplas concepções acerca do bem, inúmeras identidades particulares, diversos projetos de vida".[477]

Nesse quadro, o resgate da noção de bem jurídico nos termos anteriores à ruptura promovida pelo nacional-socialismo também demonstra limitações. Em síntese, a concepção é demasiado genérica e carente de idoneidade seletiva quanto aos bens merecedores de tutela penal.[478]

Não por outra razão, Roxin considera que "a verdadeira história dogmática do conceito de bem jurídico crítico à legislação" começa apenas após a Segunda Guerra.[479] Da constatação da insuficiência do conceito hegemônico, num contexto de progressiva constitucionalização do Direito, passa a emergir, então, uma nova noção de bem jurídico, agora vinculado à Constituição.

---

[476] Sobre o tema, diz Arendt: "A afirmação monstruosa e, no entanto, aparentemente irrespondível do governo totalitário é que, longe de ser 'ilegal', recorre à fonte de autoridade da qual as leis positivas recebem a sua legitimidade final; que, longe de ser arbitrário, é mais obediente a essas forças sobre-humanas que qualquer governo jamais o foi; e que, longe de exercer o seu poder no interesse de um só homem, está perfeitamente disposto a sacrificar os interesses vitais e imediatos de todos à execução do que supõe ser a lei da História ou a lei da Natureza. O seu desafio às leis positivas pretende ser uma forma superior de legitimidade que, por inspirar-se nas próprias fontes, pode dispensar legalidades menores". ARENDT, Hannah. *Origens do totalitarismo*. Tradução de Roberto Raposo. São Paulo: Companhia das Letras, 2012. p. 613.

[477] SARMENTO, Daniel; SOUZA NETO, Cláudio Pereira de. *Direito Constitucional*: teoria, história e métodos de trabalho. Belo Horizonte: Fórum, 2013. p. 201.

[478] FIANDACA, Giovanni; MUSCO, Enzo. *Diritto penale*: parte generale. Bologna: Zanichelli Editore, 2023. p. 12.

[479] ROXIN, Claus. *Novos estudos de Direito Penal*. Organizador: Alaor Leite. Tradução de Luís Greco. São Paulo: Marcial Pons, 2014. p. 45.

Releva notar que a centralidade da Constituição na vida política e jurídica dos países – o que hoje soa como uma constatação banal – é um dado na verdade bastante recente.

Até meados do século XX, na imensa maioria dos países, a Constituição era tratada como uma proclamação política, que deveria inspirar o Poder Legislativo, mas não como uma norma jurídica, capaz de vinculá-lo. A regulação da vida social era atribuída às leis, aos códigos, e não às Constituições.[480]

A grande virada ocorre justamente após a Segunda Guerra. Entre 1946 e 1949, dezesseis países fora das Américas editaram novas Constituições. Na América, houve novos textos ou mudanças substanciais em doze. Somados, esses países representavam um terço das nações do mundo.[481] Daí a eloquente afirmação de Bonavides: "Ontem, os Códigos. Hoje, as Constituições".[482]

É nesse ambiente, enfim, que um novo conceito de bem jurídico-penal – permeável aos influxos do constitucionalismo – passa a ser talhado.

Uma questão que se coloca, então, a partir de uma leitura constitucionalmente orientada do bem jurídico-penal, é quais bens, direitos, interesses e valores devem receber proteção penal. A propósito disso, Fiandaca destaca o caráter não estático, e sim dinâmico, dos objetos da tutela penal. Os bens jurídicos não são entidades intangíveis, coisas ou interesses dotados de valor em si mesmos, mas "existem apenas se e na medida em que estão em operação, produzindo efeitos úteis na vida social". São bens jurídico-penais, portanto, "apenas aqueles interesses idôneos a realizar um determinado objetivo útil" ao processo de interação social. Seja como for, a "determinação conteudística" desses interesses não pode prescindir de uma ligação com os valores constitucionais.[483]

Em sentido similar, tratando do tema no contexto da Alemanha, Roxin observa que "o conceito de bem jurídico aqui propagado não flutua por sobre os tempos e culturas", mas "reúne as condições de

---

480 SARMENTO, Daniel; SOUZA NETO, Cláudio Pereira de. *Direito Constitucional*: teoria, história e métodos de trabalho. Belo Horizonte: Fórum, 2013. p. 84.

481 SARMENTO, Daniel; SOUZA NETO, Cláudio Pereira de. *Direito Constitucional*: teoria, história e métodos de trabalho. Belo Horizonte: Fórum, 2013. p. 130.

482 A célebre frase foi pronunciada por Paulo Bonavides, um dos maiores constitucionalistas brasileiros, ao receber a medalha Teixeira de Freitas, no Instituto dos Advogados Brasileiros, em 1998.

483 FIANDACA, Giovanni; MUSCO, Enzo. *Diritto penale*: parte generale. Bologna: Zanichelli Editore, 2023. p. 05-06.

existência e de desenvolvimento dos seres humanos que vivam sob o domínio da Lei Fundamental, nas condições reais e sociais da atualidade do nosso país".[484]

Em outro momento, é ainda mais categórico: "É evidente que não é possível estabelecer limites vinculantes ao legislador por meio de opiniões de professores, mas apenas por meio da Constituição".[485]

Nessa perspectiva,[486] Roxin associa o bem jurídico à finalidade do Direito Penal no "moderno Estado constitucional europeu: o Direito Penal deve assegurar, como *ultima ratio* e respeitando todos os direitos fundamentais, a convivência livre e pacífica dos cidadãos. Se se parte dessa finalidade, deve-se entender por 'bem jurídico' tudo o que for indispensável para cumpri-la." Finalmente, conclui dizendo que bens jurídicos são "dados ou finalidades necessários para o livre desenvolvimento do indivíduo, para a realização de seus direitos fundamentais ou para o funcionamento de um sistema estatal baseado nessas finalidades".[487]

Tais contributos teóricos não resolvem todos os nossos problemas, notadamente os relativos aos graus de identidade e de vinculação entre, de um lado, a Constituição e, de outro, a atividade do legislador (e também a do intérprete e a do operador do Direito).[488] De todo modo,

---

484 ROXIN, Claus. *Novos estudos de Direito Penal*. Organizador: Alaor Leite. Tradução de Luís Greco. São Paulo: Marcial Pons, 2014. p. 53.

485 ROXIN, Claus. *Novos estudos de Direito Penal*. Organizador: Alaor Leite. Tradução de Luís Greco. São Paulo: Marcial Pons, 2014. p. 92.

486 Fiandaca registra que, na Itália, em 1997, chegou a haver uma proposta de inserção expressa na Constituição de norma dispondo que "as normas penais tutelam bens de relevância constitucional". A proposta foi aprovada na comissão bicameral, mas ainda não definitivamente. De todo modo, ela declara o que hoje é entendimento hegemônico. FIANDACA, Giovanni; MUSCO, Enzo. *Diritto penale*: parte generale. Bologna: Zanichelli Editore, 2023. p. 13.

487 ROXIN, Claus. *Novos estudos de Direito Penal*. Organizador: Alaor Leite. Tradução de Luís Greco. São Paulo: Marcial Pons, 2014. p. 46-47.

488 Machado assim resume a diversidade teórica sobre o tema: "Destaque-se que podemos, ainda, diferenciar entre as chamadas teorias constitucionais do bem jurídico as seguintes correntes: a) teoria constitucional estrita; b) teoria constitucional ampla (genérica); c) teoria constitucional mista ou eclética. Nesse sentido, Souza refere que a teoria constitucional estrita caracteriza-se por uma estreita conexão entre os bens jurídico-penais e os valores garantidos expressa ou implicitamente no texto constitucional. Com isso, a Constituição vem assumida como um catálogo de bens suscetíveis de tutela penal e, ao mesmo tempo, uma fonte soberana dos objetos passíveis de tutela penal (...). Diante disso, temos claro que a ordem de bens jurídicos penalmente protegidos e passíveis de proteção resta totalmente subsumida e identificada com os valores constitucionalmente relevantes. Por sua vez, a teoria constitucional ampla destaca que não há necessidade de uma coincidência perfeita entre o bem jurídico-penal e a Constituição. Deve, pelo contrário, permear e prevalecer uma adaptação interpretativa genérica entre os dois ordenamentos. Ou seja, a ordem de

ao amarrarem o bem jurídico à Constituição – e, por conseguinte, aos direitos fundamentais, que são o centro axiológico do constitucionalismo – eles nos apresentam um caminho promissor, qual seja, o de buscar identificar os bens jurídico-penais a partir da fundamentalidade dos direitos (e bens) a serem protegidos.

Antes, contudo, de avançarmos mais sobre isso, são importantes algumas palavras acerca da ideia de ofensividade.

5.2.2 Ofensividade

O modelo de crime baseado na proteção de bens jurídico-penais somente encontra sentido na companhia da noção de ofensividade.[489] Em apertada síntese, trata-se de categoria que submete o ilícito criminal a um juízo de legitimidade centrado no desvalor do seu resultado, de modo que somente são legítimas proibições criminais ligadas a efetivas ofensas a bens jurídicos.

Como observa D'Avila, ao se conferir primazia ao desvalor do resultado, não se excluem outros juízos, como o do desvalor da ação (e da intenção, traduzida em dolo ou culpa). Busca-se apenas enfatizar que é o desvalor do resultado "a pedra angular do ilícito e, se assim é, somente na sua presença é que falaremos em desvalor da ação, ou seja, uma coexistência necessária, mas que só se torna possível diante da preexistência do primeiro".[490]

O funcionamento da ofensividade envolve dois níveis. Num primeiro nível, verifica-se se a norma penal tem como objeto um bem jurídico-penal legítimo, ou seja, que guarde uma relação de analogia material com a Constituição e necessite de proteção penal. Já num

---

bens jurídicos penalmente relevantes guarda apenas uma relativa (in)dependência com a ordem axiológica constitucional (...). Por fim, com relação à teoria constitucional mista ou eclética, podemos referir que a relação entre as teorias constitucionais de proteção ao bem jurídico-penal não podem ser concebidas como relações antagônicas. Pelo contrário, devem ser compreendidas numa relação de necessária complementariedade, onde o conceito de bem jurídico-penal deve ser político-criminalmente orientado ao sistema jurídico-constitucional (...). 'Relação que não será de identidade, ou mesmo só de recíproca cobertura, mas de analogia material, fundada numa essencial correspondência de sentido e – do ponto de vista da tutela – de fins' (FIGUEIREDO DIAS, Jorge de. *Direito Penal parte geral*. Coimbra: Coimbra Editora, 2004. t. 1: Questões fundamentais a doutrina geral do crime, p. 114)". MACHADO, Tomás Grings. Harm principle *e Direito Penal*: em busca da identificação de limites ao crime de lavagem de dinheiro. São Paulo: Tirant Lo Blanch, 2021. p. 107-108.

489 MACHADO, Tomás Grings. Harm principle *e Direito Penal*: em busca da identificação de limites ao crime de lavagem de dinheiro. São Paulo: Tirant Lo Blanch, 2021. p. 134.

490 D'AVILA, Fabio Roberto. *Ofensividade em Direito Penal*: escritos sobre a teoria do crime como ofensa a bens jurídicos. Porto Alegre: Livraria do Advogado, 2009. p. 77.

segundo nível, verifica-se se concretamente houve ofensa ao bem tutelado, ofensa essa que pode se dar na forma de dano ou perigo de dano.[491]

Nessa medida, a ofensividade opera tanto no plano legislativo quanto no plano judicial. No primeiro plano, ela atua como um filtro racionalizador do trabalho do legislador, ao qual é vedada a criminalização de atos inofensivos. Já no plano judicial, ela funciona como um cânone hermenêutico que orienta o aplicador a um juízo em cujo centro deve estar a identificação de uma efetiva ofensa ao bem tutelado pela norma.[492]

Especula-se sobre a possibilidade de derrogação da ofensividade em casos excepcionais, "nos quais as exigências de garantia e de limitação do poder punitivo deveriam ceder espaço aos interesses e às necessidades (...) de cunho preventivo-geral".[493] Entendemos que posição desse tipo desfiguraria a teoria do bem jurídico-penal e abriria demasiado espaço para o arbítrio. Isso não significa, porém, negar legitimidade a qualquer crime que não se enquadre na categoria de crimes de dano. Existem muitas formas de ofensa,[494] e o resultado jurídico – cujo juízo

---

[491] D'AVILA, Fabio Roberto. *Ofensividade em Direito Penal*: escritos sobre a teoria do crime como ofensa a bens jurídicos. Porto Alegre: Livraria do Advogado, 2009. p. 54.

[492] D'AVILA, Fabio Roberto. *Ofensividade em Direito Penal*: escritos sobre a teoria do crime como ofensa a bens jurídicos. Porto Alegre: Livraria do Advogado, 2009. p. 74-75; MACHADO, Tomás Grings. Harm principle *e Direito Penal*: em busca da identificação de limites ao crime de lavagem de dinheiro. São Paulo: Tirant Lo Blanch, 2021. p. 142 e 148.

[493] Essa posição, como observa Machado, é defendida por Ferrando Mantovani. MACHADO, Tomás Grings. Harm principle *e Direito Penal*: em busca da identificação de limites ao crime de lavagem de dinheiro. São Paulo: Tirant Lo Blanch, 2021. p. 155.

[494] Nesse sentido, observa D'Avila: "Ao falarmos em uma necessária restrição do ilícito penal às hipóteses de efetiva ofensa a bens jurídicos, não estamos propondo uma limitação do Direito Penal aos crimes de dano e aos crimes de perigo concreto. Em verdade, há muitas formas de ofensa que podem, entretanto, ser reunidas, no seguimento de Faria Costa, nas categorias de *dano/violação*, presente nos crimes de dano, e *perigo/violação*, subdividido na ofensa de *concreto pôr-em-perigo* e na ofensa de *cuidado-de-perigo*, presentes respectivamente, nos crime de perigo concreto e nos crimes de perigo abstrato. Devemos observar, por conseguinte, que os crimes de perigo abstrato são, também eles, suscetíveis de recuperação hermenêutica, não constituindo uma categoria necessariamente desprovida de ofensividade. Restringir a riqueza e complexidade da noção jurídico-penal de perigo às situações tradicionalmente denominadas de perigo concreto, relegando aos crimes de perigo abstrato uma exangue presunção absoluta de perigo, é, sem dúvida, desnecessário e equivocado. A literatura especializada há muito vem tentando resgatar os crimes de perigo abstrato do rol dos ilícitos meramente formais e já conta hoje com inúmeras elaborações significativas. Da proposta de (re)leitura dos crimes de perigo abstrato como presunção relativa de perigo (Schröder), ao perigo abstrato como perigosidade (*Gefärlichkeit*) (Gallas, Giusino, Meyer, Hirsch, Zieschang e Mendoza Buergo), passando pela tomada do perigo abstrato como probabilidade de perigo concreto (Cramer), como negligência sem resultado (Horn, Brehm, Schünemann e Roxin), ou como risco de lesão ao bem jurídico (Wolter e Martin), sem ter sequer de mencionar, por certo, a nossa própria proposta desenvolvida por ocasião da

de desvalor é o centro da teoria do bem jurídico-penal – não se limita, evidentemente, a resultados naturalísticos.

Por fim, é imperioso registrar que, em complemento à ofensividade, a teoria do bem jurídico-penal também necessita, para sua adequada operação, da noção de subsidiariedade. É dizer, "a ameaça de uma pena criminal, como a mais grave das sanções, apenas entra em cena quando regulações menos gravosas não se mostrem suficientes". A tarefa do Direito Penal, nessa perspectiva, consiste na "proteção subsidiária de bens jurídicos".[495]

Dito isso, podemos agora voltar a explorar mais detidamente a relação entre bem jurídico-penal, Constituição e direitos fundamentais.

5.2.3 Bem jurídico-penal e direitos fundamentais

Ao se buscar um conceito de bem jurídico-penal que guarde correspondência com os direitos fundamentais, a primeira indagação que se apresenta é o que são e quais são precisamente tais direitos fundamentais.

Trata-se de tema tormentoso que, mais do que mera curiosidade teórica, tem grande relevância prática nos campos político e jurídico. No Brasil, por força do artigo 60, §4º, IV, da Constituição,[496] o reconhecimento da fundamentalidade de um direito implica a impossibilidade de sua eliminação pelo poder constituinte derivado. Já na esfera penal, essa fundamentalidade significa o reconhecimento de um bem potencialmente merecedor de tutela.

É claro que do reconhecimento da fundamentalidade de um direito não decorre automaticamente uma obrigação de criminalização de condutas que o lesionem. Uma sanção penal implica restrições à liberdade e à dignidade do réu, as quais são direitos fundamentais dotados de elevada carga axiológica, cujo sacrifício apenas se justifica em

---

nossa tese doutoral, em que a ofensa de cuidado-de-perigo, correspondente aos crimes de perigo abstrato, surge como uma interferência jurídico-penalmente desvaliosa na esfera de manifestação do bem jurídico, a ciência jurídico-penal permite hoje afirmar, sem qualquer tipo de receio, a total superação das tradicionais compreensões formal-positivistas dos crimes de perigo abstrato". D'AVILA, Fabio Roberto. *Ofensividade em Direito Penal*: escritos sobre a teoria do crime como ofensa a bens jurídicos. Porto Alegre: Livraria do Advogado, 2009. p. 76-77.

495 ROXIN, Claus. *Novos estudos de Direito Penal*. Organizador: Alaor Leite. Tradução de Luís Greco. São Paulo: Marcial Pons, 2014. p. 84.

496 "§4º Não será objeto de deliberação a proposta de emenda tendente a abolir: (...) IV - os direitos e garantias individuais".

situações extremas de ofensa a valores também muito relevantes.[497] Seja como for, a identificação desses valores somente é possível, primeiro, pela definição em geral do que são e quais são os direitos fundamentais.

O ponto decisivo, para tanto, consiste em decifrar o que exatamente atribui fundamentalidade a um direito.[498] Ninguém nega que o direito à vida é fundamental. Mais difícil, todavia, é saber se, por exemplo, a anterioridade tributária é um direito fundamental.

A discussão em torno da fundamentalidade do direito (*rectius* garantia) à anterioridade tributária não é uma hipótese fictícia, já tendo sido travada no Supremo Tribunal Federal, o qual entendeu que se trata, sim, de direito fundamental, imune, portanto, à abolição pelo constituinte derivado.[499] O mais interessante da decisão, contudo, não foi a posição vencedora (que, a nosso ver, embora esteja correta em admitir a possibilidade de existência de direitos fundamentais fora do catálogo do artigo 5º da Constituição, exagerou ao atribuir fundamentalidade à anterioridade tributária em qualquer caso). O ponto mais importante, para nós, reside na argumentação dos votos dissidentes, em especial do ministro Sepúlveda Pertence, o qual, para definir a fundamentalidade de um direito, sugere um exercício axiológico.[500]

---

497 Afirma D'Avila: "Toda previsão legislativa de um tipo penal incriminador, se bem a vemos, é o resultado da ponderação de valores na qual o direito fundamental à liberdade é restringido em benefício da conservação de outros valores de fundamental relevo em sociedade (liberdade versus patrimônio, versus integridade física, versus honra, etc.), mesmo que se trate de uma liberdade meramente potencial, como ocorre na restrição da liberdade em prol da tutela da vida, nos crimes contra a vida. E, se isso é correto, mostra-se inaceitável a restrição do direito fundamental à liberdade em benefício da obtenção de meros interesses político-criminais de organização e regulamentação social. Para a sua restrição, é preciso atender não só a uma exigência formal de hierarquia normativa que limita a ponderação a bens com dignidade constitucional – referência mesmo que indireta na Constituição – como a uma necessária compatibilidade axiológica que justifique a restrição, para além, é certo, de um juízo de necessidade de tutela". D'AVILA, Fabio Roberto. *Ofensividade em Direito Penal*: escritos sobre a teoria do crime como ofensa a bens jurídicos. Porto Alegre: Livraria do Advogado, 2009. p. 70-71.

498 A análise aqui empreendida sobre a essência da fundamentalidade de um direito toma como base, em parte, estudo realizado em: KLANOVICZ, Jorge Mauricio. *Cláusulas pétreas institucionais*: uma proposta teórica sobre poder de reforma constitucional, direitos fundamentais e instituições. Salvador: JusPodivm, 2022. p. 129-131.

499 BRASIL. Supremo Tribunal Federal. *Ação Direta de Inconstitucionalidade nº 939*. Relator: Ministro Sydney Sanches. 15 de dezembro de 1993.

500 Transcreve-se trecho de voto do ministro Pertence, extraído de obra de Oscar Vilhena Vieira: "Creio que na demarcação de qual seja a extensão da limitação ao poder de reforma constitucional, que proíbe a deliberação sobre propostas tendentes a abolir direitos e garantias individuais, o intérprete não pode fugir a uma carga axiológica a atribuir, no contexto da Constituição, a eventuais direitos e garantias nela inseridos. E não consigo, por mais que me esforce, ver, na regra da anterioridade, recortada de exceções no próprio

A questão é saber quais são os valores e critérios que devem presidir esse exercício axiológico, o que nos leva de volta ao ponto de partida.

Em apertada síntese, entendemos que a melhor solução é orientar tal exercício pela ideia de dignidade da pessoa humana, posição também defendida, em sede doutrinária, por Barroso: "é a partir do núcleo essencial do princípio da dignidade da pessoa humana que se irradiam todos os direitos materialmente fundamentais, que devem receber proteção máxima, independentemente de sua posição formal, da geração a que pertencem e do tipo de prestação a que dão ensejo".[501]

Ocorre que a dignidade da pessoa humana, por si só, é ideia vaga, que tem se prestado a fundamentar todo tipo de posição nos mais variados temas.

Tal vagueza foi enfrentada por Sarmento, que deu valiosa contribuição à teoria jurídica ao buscar definir um conteúdo e uma metodologia de aplicação da dignidade. Em termos muito esquemáticos, a posição do autor é que o conteúdo da dignidade se compõe dos seguintes elementos: (i) valor intrínseco da pessoa, que veda a sua instrumentalização em favor de terceiros ou metas coletivas; (ii) autonomia, que se expressa tanto como autodeterminação quanto como direito de participar da deliberação pública; (iii) mínimo existencial, que supõe condições materiais mínimas de vida; (iv) reconhecimento, que consiste no respeito à identidade das pessoas nos diversos âmbitos de suas relações, e, finalmente, v) igualdade, a qual impõe a rejeição de hierarquias sociais e culturais.[502] Considerando a identificação de direitos fundamentais como uma função da dignidade,[503] podemos utilizar esses cinco elementos, pois, como filtros identificadores: se um direito estiver contemplado por eles, é fundamental; se, ao contrário, não tiver com eles nenhuma relação, não é fundamental. Desse raciocínio resulta a possibilidade de que, por exemplo, os direitos dos índios sobre suas

---

texto de 1988, a grandeza de cláusula perene, que se lhe quer atribuir, de modo a impedir ao órgão de reforma constitucional a instituição de um imposto provisório que a ela não se submeta". VIEIRA, Oscar Vilhena. *A constituição e sua reserva de justiça*: um ensaio sobre os limites materiais ao poder de reforma. São Paulo: Malheiros, 1999. p. 167.

501 BARROSO, Luís Roberto. *Curso de Direito Constitucional contemporâneo*: os conceitos fundamentais e a construção do novo modelo. São Paulo: Saraiva, 2015. p. 213-214.

502 SARMENTO, Daniel. *Dignidade da pessoa humana*: conteúdo, trajetórias e metodologia. Belo Horizonte: Fórum, 2016. p. 92.

503 SARMENTO, Daniel. *Dignidade da pessoa humana*: conteúdo, trajetórias e metodologia. Belo Horizonte: Fórum, 2016. p. 84-85.

terras, conquanto não constem no catálogo do artigo 5º, sejam considerados fundamentais (e, assim, sejam potencialmente merecedores de tutela penal). Por outro lado, embora integre o rol do artigo 5º, não tem natureza de direito fundamental (e, portanto, não pode ser objeto de tutela penal) a norma que, por exemplo, determina qual é a lei aplicável à sucessão de bens de estrangeiros situados no país.[504]

Releva ainda acrescentar que os direitos fundamentais, além de não se restringirem ao rol do artigo 5º, tampouco se limitam ao texto constitucional, cujo próprio artigo 5º, §2º, prevê expressamente uma cláusula de abertura:[505] "Os direitos e garantias expressos nesta Constituição não excluem outros decorrentes do regime e dos princípios por ela adotados, ou dos tratados internacionais em que a República Federativa do Brasil seja parte".

Outro aspecto a ser enfatizado é a indivisibilidade e interdependência dos direitos fundamentais.

A comunidade internacional reconheceu essa condição nas duas conferências mundiais de direitos humanos, realizadas em Teerã, em 1968, e em Viena, 1993.[506] Nessa última, declarou que "todos os direitos humanos são universais, indivisíveis, interdependentes e inter-relacionados" e devem ser tratados "em pé de igualdade e com a mesma ênfase". Dito de outro modo, não é possível hierarquizar aprioristicamente direitos fundamentais e conceder-lhes proteção diferenciada apenas em razão da dimensão[507] a que pertencem.

Dito isso, não causa surpresa que, ao tratar do tema do bem jurídico-penal, Ferrajoli enfatize que os bens contemplam "todos os direitos fundamentais: não somente os clássicos direitos individuais e liberais, mas também coletivos ou sociais, como os direitos ao meio ambiente, à saúde e similares".[508]

---

504 SARMENTO, Daniel; SOUZA NETO, Cláudio Pereira de. *Direito Constitucional*: teoria, história e métodos de trabalho. Belo Horizonte: Fórum, 2013. p. 310.

505 SARLET, Ingo Wolfgang. Comentários ao art. 5º, § 2º. *In*: CANOTILHO, José Joaquim Gomes *et al*. (coord.). *Comentários à Constituição do Brasil*. São Paulo: Saraiva Educação, 2018. p. 551.

506 RAMOS, André de Carvalho. *Teoria geral dos direitos humanos na ordem internacional*. São Paulo: Saraiva, 2013. p. 178.

507 A classificação dos direitos fundamentais em dimensões (ou, originalmente, em gerações) remonta a 1979, quando Karel Vasak, jurista tcheco-francês, os dividiu, para fins didáticos, em três tipos, relacionando-os ao lema revolucionário francês de 1789: liberdade, igualdade e fraternidade. VASAK, Karel. For the third generation of human rights: the rights of solidarity. *In*: VASAK, Karel. *The international dimension of human rights*. Paris: Unesco, 1982.

508 FERRAJOLI, Luigi. *Il paradigma garantista*: filosofia e critica del diritto penale. Napoli: Editoriale Scientifica, 2016. p. 97-98.

Roxin, igualmente, responde afirmativamente à possibilidade de existência de "bens jurídicos da comunidade": "Uma justiça que funciona, uma estrutura de funcionários públicos isenta de corrupção, uma moeda intacta, um sistema de tributos justo e um meio ambiente não destruído têm importância essencial para as possibilidades de desenvolvimento do indivíduo na sociedade, de modo que eles de maneira alguma contradizem o conceito pessoal de bem jurídico".[509]

De todo modo, ressalva o professor alemão, "os bens jurídicos da coletividade só devem ser reconhecidos se, em última análise, eles servirem às condições de vida dos indivíduos".[510]

Finalmente, em harmonia com a abertura dos direitos fundamentais, Fiandaca bem observa que "a tutela penal é legitimamente extensível também a bens que encontram na Constituição um reconhecimento apenas *implícito*".[511]

Isso pode ocorrer, entre outras situações, a partir de um "nexo funcional de tutela", caso em que um "bem desprovido de relevância constitucional explícita destina-se a salvaguardar um bem expressamente contemplado na Constituição". Por exemplo, a "proteção de um bem tradicional como a 'fé pública' (desprovido de dignidade constitucional explícita) pode ser concebida como instrumental em relação à tutela de outros bens (explicitamente) constitucionais como o patrimônio, a economia, a administração da justiça".[512]

Outro aspecto destacado por Fiandaca digno de nota, também em conformidade com a ideia de abertura dos direitos fundamentais, consiste na adaptabilidade dos bens de relevância constitucional à contínua evolução da realidade social. Assim, sustenta corretamente o autor italiano, bens ou formas de agressão inexistentes à época do processo constituinte não podem, apenas pela razão de não constarem expressamente no catálogo constitucional, ser ignorados.[513] É o caso, por exemplo, de atos perpetrados no ambiente das redes sociais (muitas

---

509 ROXIN, Claus. *Novos estudos de Direito Penal*. Organizador: Alaor Leite. Tradução de Luís Greco. São Paulo: Marcial Pons, 2014. p. 57.

510 ROXIN, Claus. *Novos estudos de Direito Penal*. Organizador: Alaor Leite. Tradução de Luís Greco. São Paulo: Marcial Pons, 2014. p. 48.

511 FIANDACA, Giovanni; MUSCO, Enzo. *Diritto penale*: parte generale. Bologna: Zanichelli Editore, 2023. p. 14.

512 FIANDACA, Giovanni; MUSCO, Enzo. *Diritto penale*: parte generale. Bologna: Zanichelli Editore, 2023. p. 14.

513 FIANDACA, Giovanni; MUSCO, Enzo. *Diritto penale*: parte generale. Bologna: Zanichelli Editore, 2023. p. 15.

vezes gravíssimos, com potencial de desestabilizar o próprio regime democrático, mas ainda sem tratamento constitucional expresso).

Por último e em harmonia com tudo o que foi dito, não podemos deixar de referir que, já há algum tempo, a teoria constitucional tem reconhecido que os direitos fundamentais, muito além de direitos subjetivos, ostentam uma dimensão objetiva, a qual faz com que irradiem efeitos sobre todo o ordenamento jurídico e funcionem como diretrizes hermenêuticas na aplicação do Direito e seus institutos (aí incluída, claro, a teoria do bem jurídico-penal).

5.2.4 Bem jurídico-penal e direitos a prestações

Ao acolhermos uma ideia de bem jurídico-penal permeável à Constituição, à teoria constitucional e dos direitos fundamentais, é impossível desconsiderar a obra de Robert Alexy, seguramente o mais influente autor contemporâneo nesse campo.[514]

O propósito da obra de Alexy é dar respostas racionalmente fundamentadas às diversas questões que os direitos fundamentais suscitam em suas relações. São pontos centrais da teoria a conceituação dos direitos fundamentais e o estabelecimento de um critério apto a diferenciar normas de direitos fundamentais de normas que não o são.

Alexy, em apertada síntese, sustenta que "direitos fundamentais são posições que são tão importantes que a decisão sobre garanti-las ou não garanti-las não pode ser simplesmente deixada para a maioria parlamentar simples".[515] Por sua vez, "normas de direitos fundamentais são todas as normas para as quais existe a possibilidade de uma correta fundamentação referida a direitos fundamentais".[516] O conceito, como se vê, é largo e abrange não apenas normas expressas num rol constitucional específico, mas também normas atribuídas – a partir de relações de refinamento e fundamentação – àquelas normas estabelecidas diretamente pelo texto da Constituição.[517]

---

[514] O exame que aqui se faz da obra de Alexy toma como base, em grande parte, análise realizada em: KLANOVICZ, Jorge Mauricio. *Cláusulas pétreas institucionais*: uma proposta teórica sobre poder de reforma constitucional, direitos fundamentais e instituições. Salvador: JusPodivm, 2022. p. 132-140.

[515] ALEXY, Robert. *Teoria dos direitos fundamentais*. Tradução de Virgílio Afonso da Silva. São Paulo: Malheiros, 2008. p. 446.

[516] ALEXY, Robert. *Teoria dos direitos fundamentais*. Tradução de Virgílio Afonso da Silva. São Paulo: Malheiros, 2008. p. 76.

[517] ALEXY, Robert. *Teoria dos direitos fundamentais*. Tradução de Virgílio Afonso da Silva. São Paulo: Malheiros, 2008. p. 72-73.

Parte relevante da teoria de Alexy tem como objeto os chamados direitos a prestações, investigando "se e em que medida se deve atribuir aos direitos fundamentais normas que garantam direitos a prestações em sentido amplo". A Constituição alemã – objeto do estudo do autor – é bastante cautelosa ao formular direitos a prestações. No texto constitucional, é possível encontrar somente um direito subjetivo à prestação formulado explicitamente, qual seja, o direito da mãe à proteção e à assistência da comunidade. Dessa forma, uma interpretação dos direitos fundamentais que pretenda fundamentar direitos a prestações no nível constitucional está obrigada a atribuí-los a "pontos de apoio formulados de forma objetiva" ou a outras normas que não asseguram diretamente direitos a prestações.[518]

Direitos a prestações usualmente se materializam por meio de prestações fáticas. Mas alguns direitos estão associados a um feixe de posições que impõem também prestações normativas. Do direito fundamental ao meio ambiente, por exemplo, podem ser inferidos os direitos a que o Estado proteja o titular contra intervenções de terceiros lesivas ao meio ambiente (direito a proteção), a que o Estado inclua o titular em procedimentos relevantes para o meio ambiente (direito a procedimentos) e a que o Estado tome medidas benéficas ao meio ambiente (direito a prestações fáticas).[519]

Alexy visualiza, em suma, três tipos de direitos a prestações (em sentido amplo): (i) direitos a proteção, (ii) direitos a organização e procedimento e (iii) direitos a prestações em sentido estrito. Para os propósitos deste trabalho, interessam-nos sobretudo os primeiros.

Os direitos a proteção podem se expressar de diversas formas (normas de responsabilidade civil, de Direito Administrativo, processuais e, notadamente, de Direito Penal) e ter diversos objetos (vida, liberdade, dignidade, entre outros). O que há em comum em meio a essa diversidade é que os direitos a proteção são direitos fundamentais a ações positivas – principalmente normativas, mas também fáticas – em face do Estado.

Como já observamos, num modelo contratualista, a ampla renúncia ao direito à autoproteção pelo indivíduo somente se justifica

---

518 ALEXY, Robert. *Teoria dos direitos fundamentais*. Tradução de Virgílio Afonso da Silva. São Paulo: Malheiros, 2008. p. 433-435.

519 ALEXY, Robert. *Teoria dos direitos fundamentais*. Tradução de Virgílio Afonso da Silva. São Paulo: Malheiros, 2008. p. 442-443.

se ele receber, com essa renúncia, um direito à proteção estatal.[520] Os direitos a proteção, assim, encontram sua origem no próprio marco contratualista, que supõe que os particulares abdiquem, em regra, do exercício da autodefesa. O desempenho dessa defesa passa a ser atribuição monopolizada pelo Estado.

Além disso, os direitos a proteção estão associados a certa evolução dogmática experimentada pelos direitos fundamentais, que passam a ser vistos de forma multifuncional, e não mais apenas numa perspectiva negativa, ligada a um paradigma liberal-individualista de aplicação do Direito. Essa multifuncionalidade impõe ao Estado não somente respeitar os direitos fundamentais (perspectiva negativa), mas também protegê-los (perspectiva positiva) contra ataques. Passa-se a atribuir aos direitos fundamentais a função de imperativos de tutela, os quais se manifestam por meio de deveres de proteção.[521]

Todavia, "um dever de proteção não se verifica incondicionalmente, diante de qualquer obstáculo ao exercício de um direito fundamental".[522] A partir do magistério de Canaris, Feldens aponta critérios de reconhecimento de um dever de proteção.

(i) Primeiro, é preciso verificar se a suposta barreira ao direito fundamental realmente o atinge. Por exemplo, a mera crítica não implica ofensa à liberdade artística. Não é possível invocar o dever estatal de proteção da liberdade artística para coibir a simples crítica. Diferente seria a situação se a crítica se convertesse em violência, caso que demandaria a devida proteção.[523]

(ii) Segundo, é necessário checar se o obstáculo ao exercício do direito fundamental é ilícito e se há uma assimetria entre as partes envolvidas. Obviamente, não se cogita reclamar a atuação do Estado diante de um ato lícito. Ademais, é imperioso demonstrar que a parte cujo direito fundamental foi violado se encontra numa posição vulnerável, dependente da proteção estatal.[524]

---

520 ALEXY, Robert. *Teoria dos direitos fundamentais*. Tradução de Virgílio Afonso da Silva. São Paulo: Malheiros, 2008. p. 450-455.

521 FELDENS, Luciano. *Direitos fundamentais e Direito Penal*. Porto Alegre: Livraria do Advogado, 2008. p. 58-63.

522 FELDENS, Luciano. *Direitos fundamentais e Direito Penal*. Porto Alegre: Livraria do Advogado, 2008. p. 77.

523 FELDENS, Luciano. *Direitos fundamentais e Direito Penal*. Porto Alegre: Livraria do Advogado, 2008. p. 77-78.

524 FELDENS, Luciano. *Direitos fundamentais e Direito Penal*. Porto Alegre: Livraria do Advogado, 2008. p. 78.

(iii) Terceiro, deve-se analisar a hierarquia do bem protegido e a intensidade da ameaça contra ele. Aqui, realiza-se uma atividade ponderativa. Por exemplo, o direito à vida ocupa uma posição superior em relação à liberdade de circulação. No entanto, uma ameaça à vida, quando apenas remota, pode ceder à liberdade de circulação, tal como ocorre na permissão de trânsito de veículos. Não há dever de proteção nessa hipótese.[525]

Acrescente-se que existem margens diversas de concretização do dever de proteção, "as quais não necessariamente exigem a adoção de medidas legislativas, menos ainda de caráter jurídico-penal. A remoção de uma eventual barreira ao direito fundamental por vezes se resolverá mediante o acionamento da administração ou da jurisdição".[526]

Noutro giro, na análise da suficiência das prestações (normativas e fáticas) adotadas para efetivar um direito a proteção, joga um papel importante o postulado da proporcionalidade. Desviaria os propósitos deste trabalho o aprofundamento da análise desse postulado. Cabe apenas registrar que, além da tradicional face de proibição de excesso, tem se atribuído à proporcionalidade a face de proibição de proteção deficiente. Assim, uma vez reconhecido que o Estado tem o dever de proteger certo direito fundamental, a segunda face da proporcionalidade proíbe que se desça abaixo de um mínimo de proteção.[527]

Essa avaliação da suficiência das medidas de proteção adotadas é intrincada. Enquanto no plano da proibição de excesso se analisa uma ação específica (precisamente aquela ação adotada), no nível da proibição de proteção deficiente há uma gama de possíveis ações protetivas a serem analisadas (penais, mas também constitucionais, legais, civis, administrativas).[528]

Tais ações protetivas não são facilmente distinguíveis entre efetivas e não efetivas. Há meios de proteção mais ou menos efetivos. Isso desperta "problemas empíricos de efetividade", que dizem respeito aos efeitos futuros de medidas presentes, ou seja, a prognósticos. Além disso, deveres de proteção têm natureza de princípio e podem colidir

---

[525] FELDENS, Luciano. *Direitos fundamentais e Direito Penal*. Porto Alegre: Livraria do Advogado, 2008. p. 79.

[526] FELDENS, Luciano. *Direitos fundamentais e Direito Penal*. Porto Alegre: Livraria do Advogado, 2008. p. 77.

[527] FELDENS, Luciano. *Direitos fundamentais e Direito Penal*. Porto Alegre: Livraria do Advogado, 2008. p. 82-92.

[528] FELDENS, Luciano. *Direitos fundamentais e Direito Penal*. Porto Alegre: Livraria do Advogado, 2008. p. 90-91.

com outros princípios. Essa possibilidade de colisões enseja "problemas normativos de sopesamento".[529]

Enfim, a solução da problemática é complexa. Por mais que a busca por rigor metodológico e o desenvolvimento dogmático de instrumentos ponderativos como a proporcionalidade reduzam a discricionariedade na escolha entre as medidas protetivas, é inviável eliminar por completo alguma discricionariedade e estabelecer que a Constituição predeterminou uma ação específica de proteção, quando ela não o fez claramente.

Em conclusão, em geral, é inviável estabelecer com precisão a superioridade de uma medida específica de proteção (mais ainda de uma medida de natureza penal) e a consequente ilegitimidade de todas as outras. A análise da legitimidade ou não de uma medida é eminentemente casuística. O que se preconiza é uma proteção eficiente (não insuficiente e não excessiva), conceito que comporta boa margem de conformação pelo legislador. Por outro lado, não há dúvida de que a existência de um dever de proteção autoriza "o afastamento, por invalidez, de normas que, por retirarem a proteção legal conferida a um determinado direito fundamental, introduzam, nesse determinado ordenamento 'posto', uma situação de manifesta infraproteção".[530]

Dito isso, ao buscarmos construir uma noção de bem jurídico-penal vinculada aos direitos fundamentais, deve restar claro que, uma vez identificado na Constituição, um bem jurídico-penal pode, excepcionalmente, para além de seu tradicional papel de impor limites ao legislador, funcionar também como uma exigência de uma prestação de natureza penal.

Não por outra razão, em julgado histórico, o Supremo Tribunal Federal reconheceu a omissão do legislador brasileiro em criminalizar condutas homofóbicas e transfóbicas.[531] A decisão, a nosso juízo, equivocou-se profundamente ao acabar criando, por ordem judicial, um tipo penal. Por outro lado, ela é irreparável ao reconhecer a situação

---

529 FELDENS, Luciano. *Direitos fundamentais e Direito Penal*. Porto Alegre: Livraria do Advogado, 2008. p. 463-465.

530 FELDENS, Luciano. *Direitos fundamentais e Direito Penal*. Porto Alegre: Livraria do Advogado, 2008. p. 82-92.

531 A decisão foi tomada em julgamento conjunto da Ação Direta de Inconstitucionalidade por Omissão nº 26 e do Mandado de Injunção nº 4.733. BRASIL. Supremo Tribunal Federal. *Ação Direta de Inconstitucionalidade por Omissão nº 26*. Relator: Ministro Celso de Mello. 13 de junho de 2019; BRASIL. Supremo Tribunal Federal. *Mandado de Injunção nº 4.733*. Relator: Ministro Edson Fachin. 13 de junho de 2019.

de insuficiência protetiva a que submetidos os direitos fundamentais – notadamente a dignidade e a igualdade, os quais são bens jurídicos-penais merecedores de tutela – de pessoas que são vítimas de condutas discriminatórias.[532]

---

[532] Em artigo sobre o tema, sustentou-se: "1. A escolha por uma postura de mais ou menos ativismo judicial deve decorrer, fundamentalmente, do desenho institucional feito pela soberania popular. No Brasil, assim como no mundo pós-guerra em geral, esse desenho fortaleceu o Poder Judiciário e atribuiu-lhe funções contramajoritárias e de proteção de direitos fundamentais, as quais, no entanto, devem ser exercidas sem usurpar funções de outros poderes e em consonância com valores democráticos e com a ideia de governo da maioria. 2. Esse quadro impõe que o ativismo, inevitável e reclamado pela própria Constituição, seja exercido observando vários parâmetros limitadores. Sem pretensão exauriente, é possível afirmar que o Poder Judiciário, ao calibrar seu ativismo, deve: atuar em uma área de *neutralidade política*, conduzido pela ideia de *razão pública*; atuar com extremo *rigor metodológico*; considerar as *capacidades institucionais* do agente que editou o ato impugnado ou se omitiu em editá-lo; observar a *carga axiológica* do direito cuja tutela é buscada em juízo e preservar o *núcleo essencial* dos direitos fundamentais envolvidos na discussão. 3. Na decisão em que definiu que, até que sobrevenha legislação específica sobre o tema, se apliquem a condutas homofóbicas e transfóbicas os tipos penais previstos na Lei 7.716/1989, o Supremo Tribunal Federal observou três desses parâmetros: *neutralidade política* e *razão pública, capacidades institucionais* e *carga axiológica* do direito tutelado. 4. No entanto, dois parâmetros foram transgredidos: *rigor metodológico* e preservação do *núcleo essencial* dos direitos fundamentais. 5. A falta de *rigor metodológico* pode ser desdobrada em três faces. Primeiro, a decisão contém uma contradição lógica, uma vez que, se condutas homofóbicas a transfóbicas já se encontram abrangidas por tipos penais existentes no Direito positivo, não há omissão ou mora do Congresso Nacional em legislar sobre o tema. Segundo, ao inserir atos de homofobia e transfobia na noção de racismo, o julgado extrapolou o significado mínimo das palavras e realizou, ainda que por via oblíqua, uma operação analógica, absolutamente vedada *in malam partem* em matéria penal. Terceiro, ao negar que tenha praticado uma operação analógica, o Supremo Tribunal Federal não enfrentou o pesado ônus de explicar como superou a *garantia da legalidade*, que, enquanto regra, e não princípio, apenas pode ser excepcionalmente superada por meio de um juízo de razoabilidade. A proporcionalidade, invocada em alguns votos, não é um instrumento metodológico apropriado para isso. 6. A decisão implicou violação ao *núcleo essencial* da garantia da legalidade na medida em que sua relativização, em qualquer caso e mesmo que orientada pelo propósito de promover outros direitos fundamentais de elevada carga axiológica, importa, por si só, destruição de sua mínima eficácia e de sua função sistemática de prover o Direito Penal de certeza e previsibilidade. 7. A decisão do Supremo Tribunal Federal aproxima-se de posição conhecida como esquerda punitiva, a qual, ao pretender que os mecanismos repressores do Direito Penal sejam democratizados e dirigidos ao 'enfrentamento da criminalidade dourada', aceita a supressão de direitos e garantias, sem perceber que isso repercute de maneira muito mais intensa sobre as 'classes subalternizadas'. É um erro dos setores progressistas pretender a utilização de um mecanismo provocador de um problema como solução para o mesmo problema. No entanto, foi o que ocorreu na decisão do Supremo Tribunal Federal. A mesma lógica que a decisão inaugurou no Direito brasileiro ao amesquinhar a garantia da legalidade, hoje para criminalizar atos de homofobia e transfobia como racismo, pode amanhã ser utilizada para, por exemplo, enquadrar a atuação de movimentos sociais no tipo penal de terrorismo. Por último, é oportuno registrar que o voto do ministro Fachin bem consignou que, desde o julgamento dos mandados de injunção referentes ao exercício do direito de greve por servidores públicos, o Supremo Tribunal Federal superou sua antiga jurisprudência para reconhecer a possibilidade de atuar colmatando diretamente omissões legislativas. No entanto, também registrou que essa 'atuação dá-se em caso de permanência da mora, quando o risco de omissão puder se

5.2.5 Funções do bem jurídico-penal

A título de conclusão deste capítulo, devemos apontar quais são as funções da categoria do bem jurídico-penal. No nosso entendimento, que se pretende permeável a aportes da teoria constitucional e dos direitos fundamentais, a categoria tem, em síntese, três funções principais.

A primeira função, que remonta às formulações mais remotas da ideia de bem jurídico-penal, é de imposição de limites ao legislador. A categoria opera, nesse caso, na delimitação do espaço de possível intervenção penal pelo legislativo, o qual somente pode criar tipos incriminadores que protejam bens legítimos, isto é, compatíveis com a Constituição e que realmente necessitem de tutela penal.[533]

A segunda função, por sua vez, é de diretriz hermenêutica. Assim como os direitos fundamentais ostentam uma dimensão objetiva, os bens jurídico-penais, mais do que limites oponíveis pelo indivíduo ao poder criminalizante do Estado-legislador, projetam efeitos nos planos da interpretação e aplicação das normas penais em geral, seja contendo o arbítrio do intérprete, seja indicando elementos que merecem especial proteção.

Finalmente, a terceira função – mais controversa e imbricada à segunda – consiste na exigência de prestações protetivas. Numa leitura do bem jurídico-penal que pretenda levar a sério a teoria constitucional, como já salientado acima, não é possível ignorar que se encontra superada a concepção que concebia os direitos fundamentais apenas numa perspectiva negativa, voltada a assegurar aos indivíduos um espaço imune à intrusão dos poderes públicos. Hoje se compreende que os direitos fundamentais, muitas vezes, reclamam do Estado prestações positivas (inclusive prestações protetivas e, em casos extremos, de natureza penal). Assim, uma vez identificado na Constituição um

---

transmudar em omissão jurisdicional'. Nessa medida, poderia o Supremo Tribunal Federal ter se limitado, por ora, a reconhecer a omissão legislativa em criminalizar a homofobia e a transfobia, notificando o Congresso. Em caso de permanência da mora, seria possível, então, com rigor metodológico e às claras, cogitar a drástica e excepcional medida de superação da garantia da legalidade, com base num juízo de razoabilidade". KLANOVICZ, Jorge Mauricio Porto; CORDEIRO, Nefi. Criminalização judicial da homofobia: virtudes e problemas de uma decisão ativista. *Revista Eletrônica do Curso de Direito da UFSM*, Santa Maria, v. 18, n, 2, p. e53325, 2023.

533 D'AVILA, Fabio Roberto. *Ofensividade em Direito Penal*: escritos sobre a teoria do crime como ofensa a bens jurídicos. Porto Alegre: Livraria do Advogado, 2009. p. 52 e 97; MACHADO, Tomás Grings. Harm principle *e Direito Penal*: em busca da identificação de limites ao crime de lavagem de dinheiro. São Paulo: Tirant Lo Blanch, 2021. p. 127.

direito fundamental e, ligado a ele, um bem jurídico-penal, é possível, a depender da relevância do bem e de um juízo de necessidade de proteção penal que conclua que outras formas de tutela são insuficientes, exigir que o legislador atue para a criminalização de condutas que ofendam o bem em questão.

No Brasil, o próprio constituinte inseriu expressamente alguns mandados de criminalização no texto constitucional.[534] Entre tais mandados – que, naturalmente, não esgotam o rol de bens que exigem tutela penal, a exemplo da vida, da dignidade e da liberdade – destacamos a proscrição da "ação de grupos armados, civis ou militares, contra a ordem constitucional e o Estado Democrático", o que traduz a centralidade da democracia enquanto bem jurídico-penal no nosso ordenamento.

[534] Por exemplo, dispõe o artigo 5º, XLII, XLIII e XLIV: "XLII - a prática do racismo constitui crime inafiançável e imprescritível, sujeito à pena de reclusão, nos termos da lei; XLIII - a lei considerará crimes inafiançáveis e insuscetíveis de graça ou anistia a prática da tortura, o tráfico ilícito de entorpecentes e drogas afins, o terrorismo e os definidos como crimes hediondos, por eles respondendo os mandantes, os executores e os que, podendo evitá-los, se omitirem; XLIV - constitui crime inafiançável e imprescritível a ação de grupos armados, civis ou militares, contra a ordem constitucional e o Estado Democrático". Por sua vez, dispõe o artigo 7º, X: "Art. 7º São direitos dos trabalhadores urbanos e rurais, além de outros que visem à melhoria de sua condição social: (...) X - proteção do salário na forma da lei, constituindo crime sua retenção dolosa". Já o art. 225, §3º, estabelece: "§3º As condutas e atividades consideradas lesivas ao meio ambiente sujeitarão os infratores, pessoas físicas ou jurídicas, a sanções penais e administrativas, independentemente da obrigação de reparar os danos causados". Ainda, prevê o artigo 227, §4º: "§4º A lei punirá severamente o abuso, a violência e a exploração sexual da criança e do adolescente".

6

A DEMOCRACIA, SUAS FRAGILIDADES E SUA DEFESA

6.1 Democracia

Democracia, Estado Democrático, instituições democráticas e ideias correlatas são noções destacadas e espraiadas por todo o texto constitucional brasileiro.[535]

[535] Veja-se, por exemplo: "PREÂMBULO Nós, representantes do povo brasileiro, reunidos em Assembleia Nacional Constituinte para instituir um Estado Democrático (...)"; "Art. 1º A República Federativa do Brasil, formada pela união indissolúvel dos Estados e Municípios e do Distrito Federal, constitui-se em Estado Democrático de Direito (...). Parágrafo único. Todo o poder emana do povo, que o exerce por meio de representantes eleitos ou diretamente, nos termos desta Constituição"; "Art. 5º, XLIV - constitui crime inafiançável e imprescritível a ação de grupos armados, civis ou militares, contra a ordem constitucional e o Estado Democrático"; "Art. 12, §4º Será declarada a perda da nacionalidade do brasileiro que: I - tiver cancelada sua naturalização, por sentença judicial, em virtude de fraude relacionada ao processo de naturalização ou de atentado contra a ordem constitucional e o Estado Democrático"; "Art. 14. A soberania popular será exercida pelo sufrágio universal e pelo voto direto e secreto, com valor igual para todos, e, nos termos da lei, mediante: I - plebiscito; II - referendo; III - iniciativa popular"; "Art. 17. É livre a criação, fusão, incorporação e extinção de partidos políticos, resguardados a soberania nacional, o regime democrático (...)"; "Art. 23. É competência comum da União, dos Estados, do Distrito Federal e dos Municípios: I - zelar pela guarda da Constituição, das leis e das instituições democráticas e conservar o patrimônio público"; "Art. 34. A União não intervirá nos Estados nem no Distrito Federal, exceto para: (...) VII - assegurar a observância dos seguintes princípios constitucionais: a) forma republicana, sistema representativo e regime democrático"; "Art. 90. Compete ao Conselho da República pronunciar-se sobre: (...) II - as questões relevantes para a estabilidade das instituições democráticas"; "Art. 91, §1º Compete ao Conselho de Defesa Nacional: (...) IV - estudar, propor e acompanhar o desenvolvimento de iniciativas necessárias a garantir a independência nacional e a defesa do Estado democrático"; "Art. 127. O Ministério Público é instituição permanente, essencial à função jurisdicional do Estado, incumbindo-lhe a defesa da ordem jurídica, do regime democrático e dos interesses sociais e individuais indisponíveis"; "Art. 134. A Defensoria Pública é instituição permanente, essencial

A centralidade e a onipresença desses conceitos não são casuais. Afinal, a Constituição de 1988 é resultado de um árduo processo de lutas contra a ditadura militar que se instalou no Brasil em 1964 e deixou traumas indeléveis em nossa história. A defesa reiterada e eloquente da democracia no texto constitucional, portanto, antes de um arroubo lírico do constituinte, é uma medida de superação e um antídoto preventivo a quaisquer aventuras que ousem flertar com o autoritarismo.

Ocorre que a democracia jamais foi um conceito unívoco e singelo, imune a diferentes leituras e mesmo a truques semânticos. O próprio regime militar, ao editar o Ato Institucional nº 5, em 13 de dezembro de 1968, mergulhando de vez o país numa ditadura total, invocou em seus considerandos o pretexto de assegurar uma "autêntica ordem democrática".[536]

A propósito, como observou o professor Carlos Nelson Coutinho, em texto clássico publicado em 1979, tampouco entre as forças progressistas havia acordo, naquela quadra histórica, sobre o significado e o papel da democracia: "há correntes e personalidades que revelam ter da democracia uma visão estreita, instrumental, puramente tática".[537] Tal texto de Coutinho marca um importante ponto de virada no pensamento de esquerda brasileiro, que, de modo francamente majoritário, passa a incorporar ao seu programa a ideia de "democracia como valor universal".[538]

à função jurisdicional do Estado, incumbindo-lhe, como expressão e instrumento do regime democrático, fundamentalmente, a orientação jurídica, a promoção dos direitos humanos e a defesa, em todos os graus, judicial e extrajudicial, dos direitos individuais e coletivos, de forma integral e gratuita, aos necessitados (...)". Além disso, há título específico (título V), abrangendo os arts. 136 a 144, denominado "Da defesa do Estado e das instituições democráticas".

536 Diz o Ato Institucional nº 5 no ponto: "CONSIDERANDO que a Revolução Brasileira de 31 de março de 1964 teve, conforme decorre dos Atos com os quais se institucionalizou, fundamentos e propósitos que visavam a dar ao País um regime que, atendendo às exigências de um sistema jurídico e político, assegurasse autêntica ordem democrática, baseada na liberdade, no respeito à dignidade da pessoa humana, no combate à subversão e às ideologias contrárias às tradições de nosso povo, na luta contra a corrupção, buscando, deste modo, 'os meios indispensáveis à obra de reconstrução econômica, financeira, política e moral do Brasil, de maneira a poder enfrentar, de modo direito e imediato, os graves e urgentes problemas de que depende a restauração da ordem interna e do prestígio internacional da nossa pátria' (Preâmbulo do Ato Institucional nº 1, de 9 de abril de 1964)".

537 COUTINHO, Carlos Nelson. A democracia como valor universal. *In*: SILVEIRA, Ênio (org.). *Encontros com a civilização brasileira*. Rio de Janeiro: Civilização Brasileira, 1979. v. 9, p. 34.

538 O título do texto de Coutinho (*A democracia como valor universal*) inspira-se em corajoso discurso proferido pelo dirigente comunista italiano Enrico Berlinguer em 1977, por ocasião da celebração, em Moscou, dos sessenta anos da Revolução Russa. Na contramão da ortodoxia soviética, Berlinguer afirmou que "a democracia é hoje não apenas o terreno

De qualquer modo, a ampla aceitação, chancelada no processo constituinte, da centralidade e da universalidade da democracia não resolve nossos problemas, na medida em que não nos informa, por si só, um significado preciso desse conceito.

Bobbio registra que na teoria da democracia confluem basicamente três grandes tradições (clássica, medieval e moderna), cada uma delas apreendendo a democracia com uma diferente acepção. Contemporaneamente, a democracia foi se consolidando como um "método ou conjunto de regras de procedimento" para a formação de um governo e para a tomada de decisões políticas. Assim, consideram-se democráticos Estados e sociedades que cumprem um elenco mais ou menos amplo de requisitos, tais como: a função legislativa deve ser exercida por membros eleitos pelo povo; a chefia da administração ou do Estado deve ser exercida por membro eleito pelo povo; todos os cidadãos que tenham atingido a maioridade devem ser eleitores; todos os eleitores devem ter voto com igual valor; todos os eleitores devem ser livres para votar segundo suas próprias convicções; as eleições devem contemplar alternativas reais, e não se limitar a partido único; nenhuma decisão tomada pela maioria pode criar restrições excessivas aos direitos da minoria. Bobbio observa que "certamente nenhum regime histórico jamais observou inteiramente o ditado de todas estas regras". A democracia, assim, seria um conceito não binário, podendo se "falar de regimes mais ou menos democráticos".[539]

---

no qual o adversário de classe é forçado a retroceder, mas é também o valor universal sobre o qual se deve fundar uma original sociedade socialista". Em seguida, defendeu uma nova sociedade que "garanta todas as liberdades pessoais e coletivas, civis e religiosas, o caráter não ideológico do Estado, a possibilidade de existência de diversos partidos, o pluralismo na vida social, cultural e ideal". A proposta, aqui desenvolvida teoricamente por Coutinho, despertou resistência dentro da esquerda, resistência essa vocalizada, por exemplo, por Adelmo Genro Filho, em artigo intitulado *A democracia como valor operário e popular (resposta a Carlos Nelson Coutinho)*. Contudo, a história da própria organização que Adelmo Genro Filho integrava, o Partido Revolucionário Comunista, ilustra o triunfo da posição de Coutinho: no final dos anos 1980, diante do declínio da experiência soviética e da redemocratização do Brasil, a organização declarou sua autodissolução, e a maioria de seus membros abandonou a orientação marxista-leninista e fundou uma nova corrente, chamada Nova Esquerda, integrante do Partido dos Trabalhadores. BERLINGUER, Enrico. *Democracia, valor universal*. Tradução e notas de Marco Mondaini. Rio de Janeiro: Contraponto, 2009. p. 116; GENRO FILHO, Adelmo. A democracia como valor operário e popular (resposta a Carlos Nelson Coutinho). *In*: SILVEIRA, Ênio (org.). *Encontros com a civilização brasileira*. Rio de Janeiro: Civilização Brasileira, 1979. v. 17, p. 195-202; BARROS, Celso Rocha de. *PT, uma história*. São Paulo: Companhia das Letras, 2022. p. 173-175.

539 BOBBIO, Norberto. Democracia. *In*: BOBBIO, Norberto; MATTEUCCI, Nicola; PASQUINO, Gianfranco (org.). *Dicionário de Política*. Tradução de Carmen Varriale. Brasília, DF: Editora Universidade de Brasília, 2004. p. 319-320 e 326-327.

De fato, mesmo países como Estados Unidos e Brasil, em geral tratados como exemplos de grandes democracias ocidentais, não cumprem rigorosamente todos esses requisitos. Nos Estados Unidos, por exemplo, o modelo de escolha do presidente da República – no qual cada estado elege um número de delegados que formam um colégio eleitoral – permite que o vitorioso não seja necessariamente aquele que conquistou mais votos populares.[540] No Brasil, a norma constitucional que prevê que cada estado deve ter no mínimo oito e no máximo setenta deputados federais[541] faz com que, na prática, o voto de um eleitor de um estado muito pequeno valha mais do que o voto de um eleitor de um estado muito grande.[542] Nem por isso os Estados Unidos e o Brasil deixam, entretanto, de ser países democráticos.

Dito isso, uma vez reconhecido que a Constituição brasileira é fruto de genuína manifestação da soberania popular, pensamos que é sobretudo nela que devemos buscar o significado da democracia.

Nessa medida, convém lembrar que nossa Constituição, a exemplo de outras Constituições democráticas, tem na dignidade da pessoa humana e nos direitos fundamentais seu centro axiológico. É aos direitos fundamentais, portanto, que a democracia serve, ao mesmo tempo que é servida por eles, numa relação interdependente de mão dupla: de um lado, os direitos fundamentais básicos (notadamente a liberdade, a igualdade formal e material) são pressupostos ao regular funcionamento da democracia; de outro lado, somente na democracia os direitos fundamentais se realizam.

---

540 Em 2000, embora tenha recebido mais votos populares, o democrata Al Gore perdeu a eleição para o republicano George W. Bush, que conquistou maior número de delegados no colégio eleitoral. Isso também ocorreu em 2016, por ocasião da vitória do republicano Donald Trump sobre a democrata Hillary Clinton. No século XIX, o fenômeno ocorreu três vezes. MANZANO, Fabio. Eleições nos EUA: conheça os candidatos que tiveram mais votos, mas não viraram presidente. *G1*, São Paulo, 30 out. 2020. Disponível em: https://g1.globo.com/mundo/eleicoes-nos-eua/2020/noticia/2020/10/30/eleicoes-nos-eua-conheca-os-candidatos-que-tiveram-mais-votos-mas-nao-viraram-presidente.ghtml.

541 Trata-se do artigo 45, §1º, da Constituição, que dispõe: "§1º O número total de Deputados, bem como a representação por Estado e pelo Distrito Federal, será estabelecido por lei complementar, proporcionalmente à população, procedendo-se aos ajustes necessários, no ano anterior às eleições, para que nenhuma daquelas unidades da Federação tenha menos de oito ou mais de setenta Deputados".

542 O tema chegou a ser levado ao Supremo Tribunal Federal, que, entretanto, reconheceu a validade da norma, sob o fundamento (a nosso ver, correto) de que é inviável o controle de constitucionalidade de normas constitucionais originárias. BRASIL. Supremo Tribunal Federal. *Ação Direta de Inconstitucionalidade nº 815*. Relator: Ministro Moreira Alves. 28 de março de 1996.

Podemos afirmar, nesse quadro, que a Constituição brasileira incorpora um conceito substantivo de democracia, que protege, além de regras procedimentais, um conjunto de instituições e direitos (inclusive sociais) sem os quais uma sociedade não é capaz de sobreviver ou conviver de modo minimamente saudável. Não por acaso, o constituinte originário, por meio das chamadas cláusulas pétreas,[543] colocou alguns desses institutos e direitos a salvo do poder reformador do constituinte derivado. Tais cláusulas acabam sendo também uma chave para a definição do que é o regime democrático.[544]

---

543 As cláusulas pétreas são instituto cuja disseminação global ocorre após a Segunda Guerra. Na Europa do século XIX, exceto a Constituição norueguesa de 1814 e a Constituição francesa de 1875, nenhuma constituição estabeleceu limites à sua própria alteração. Na América, a Constituição mexicana de 1824 vedou reformas sobre liberdades, independência da nação, religião, forma de governo e divisão de poderes. Em países de orientação marxista-leninista, notadamente aqueles que viveram sob influência soviética, não há registros de adoção de cláusulas pétreas. De fato, a Constituição alemã – na verdade criada sob a forma de Lei Fundamental (*Grundgesetz*), pois a Alemanha estava dividida e esperava-se aprovar uma Constituição após a reunificação – foi a experiência precursora da nova tendência. Com o fim da guerra, a Alemanha encontrava-se ocupada. Em julho de 1948, os comandantes das forças de ocupação autorizaram os estados a convocar uma assembleia constituinte, impondo duas condições: "uma estrutura governamental do tipo federal" e "garantias de direitos e liberdades individuais". As condições impostas foram aceitas e, em agosto, um projeto foi elaborado por um grupo de juristas reunido em palácio às margens do Lago Chiemsee, na Baviera. Aprovada pelo conselho parlamentar e ratificada pelos estados, a Lei Fundamental foi promulgada em 23 de maio de 1949, em Bonn, capital da Alemanha Ocidental. A partir, então, do exemplo da Alemanha, que vedou qualquer emenda que afetar o sistema federal e os direitos fundamentais, diversos países passaram a adotar cláusulas pétreas. Por exemplo, a forma republicana de governo foi considerada intangível pelas Constituições da França (1946 e 1958), Itália (1947), Tunísia (1959), Turquia (1961), Gabão (1961) e Burundi (1974). A separação entre Estado e Igreja ou a laicidade foram consideradas imutáveis em Guiné-Bissau (1984), São Tomé e Príncipe (2003) e Angola (2010). Já os direitos fundamentais ou expressões das quais eles possam ser inferidos foram previstos como cláusulas pétreas, entre outros países, nas Constituições da Grécia (1975), Portugal (1976), Turquia (1982), Guiné-Bissau (1984), Namíbia (1990), Romênia (1991), Bulgária (1991), República Checa (1992), Ucrânia (1996), São Tomé e Príncipe (2003) e Angola (2010). No Brasil, as Constituições adotaram diversos padrões de rigidez. A flexibilidade constitucional, naturalmente, foi preferida pelos regimes autoritários. De todo modo, exceto as Constituições de 1824 e de 1937, todas as demais Constituições brasileiras (1891, 1934, 1946, 1967 e 1988) tiveram cláusulas pétreas. A Constituição de 1988, a exemplo da Lei Fundamental de Bonn e da Constituição portuguesa de 1976, estabeleceu um amplo rol de cláusulas pétreas em seu artigo 60, §4º: "Não será objeto de deliberação a proposta de emenda tendente a abolir: I - a forma federativa de Estado; II - o voto direto, secreto, universal e periódico; III - a separação dos Poderes; IV - os direitos e garantias individuais". KLANOVICZ, Jorge Mauricio. *Cláusulas pétreas institucionais*: uma proposta teórica sobre poder de reforma constitucional, direitos fundamentais e instituições. Salvador: JusPodivm, 2022. p. 58-61; MIRANDA, Jorge. *Teoria do Estado e da Constituição*. Rio de Janeiro: Forense, 2019. p. 360-362; SARMENTO, Daniel; SOUZA NETO, Cláudio Pereira de. *Direito Constitucional*: teoria, história e métodos de trabalho. Belo Horizonte: Fórum, 2013. p. 24-25.

544 PONTES, João Gabriel Madeira. *Democracia militante em tempos de crise*. Rio de Janeiro: Lumen Juris, 2020. p. 132-135.

A democracia, enfim, contempla uma série de regras e institutos concretos, os quais, no caso brasileiro, são por exemplo (mas não só): voto direto, secreto, universal e periódico; liberdades de pensamento, expressão e associação; igualdade formal e material; pluripartidarismo; poderes independentes e sujeitos a controles recíprocos; Forças Armadas subordinadas ao poder civil; instituições independentes, como o Ministério Público, com poder efetivo de escrutínio.

Desse modo, quando se fala em democracia como bem jurídico-penal – apta, portanto, a ensejar uma prestação penal – não estamos nos referindo a uma abstração, mas a regras e institutos concretos, que encontram fundamentos claros e expressos no texto constitucional.

É certo que essas regras e institutos jamais estarão completamente imunes a controvérsias semânticas – e, portanto, à possibilidade de arbítrio. Trata-se, no entanto, de um problema ínsito à aplicação do Direito em geral e, no particular, da teoria do bem jurídico-penal, a qual sempre inevitavelmente vai lidar com noções com algum grau de imprecisão. Mesmo a vida, por exemplo, conceito aparentemente singelo e de tutela penal imprescindível, pode ser uma noção controversa em seus âmbitos fronteiriços (quando exatamente a vida começa e passa a receber tutela penal? Quando precisamente a vida termina e deixa de ser tutelada pelo Direito Penal?).[545]

6.2 Democracia militante

6.2.1 De Weimar à atualidade

Uma vez definido que a democracia enquanto bem jurídico-penal consiste numa série de regras e institutos concretos previstos na Constituição, não podemos deixar de tecer algumas considerações sobre uma engenhosa ideia que tem sido mobilizada para a defesa da democracia, especialmente em momentos de crise. Trata-se do conceito de democracia militante.

Costuma-se afirmar que as principais ameaças à democracia na atualidade não são quarteladas e golpes convencionais, mas a sua corrosão progressiva por movimentos autoritários paradoxalmente respaldados pelo voto popular.

---

545 SOUZA, Artur de Brito Gueiros; JAPIASSÚ, Carlos Eduardo Adriano. *Curso de Direito Penal*. Rio de Janeiro: Elsevier, 2012. p. 187.

O fenômeno, embora fortalecido no último período, não é exatamente uma novidade. Seu exemplo paradigmático é a derrocada da República de Weimar e a ascensão do nazismo na Alemanha nas décadas de 1920 e 1930.

A assim chamada República de Weimar[546] é consequência direta da Primeira Guerra Mundial. Em 1914, o apoio à guerra e ao regime monárquico de Guilherme II eram quase unanimidade. Insucessos militares e a crise social, no entanto, não tardaram a provocar mudanças. Em outubro de 1918, a Constituição de 1871 foi alterada, ampliando os poderes do parlamento. No mês seguinte, paralelamente à assinatura de um armistício, a monarquia cairia de vez. "A Alemanha estava no limiar de uma nova era", em que se amontoavam milhares de esfomeados, revoltados e quase dois milhões de mortos na guerra.[547]

Coube ao novo governo social-democrata a convocação de eleição para uma assembleia constituinte. A eleição ocorreu em 19 de janeiro de 1919, com comparecimento de quase noventa porcento do eleitorado. Esses números representaram uma derrota dos setores situados mais à esquerda do espectro político, que haviam se posicionado pela abstenção. Por outro lado, tampouco foram vitoriosos os movimentos de direita, que não chegaram a oito porcento dos votos. Triunfaram os partidos democratas de centro, com pautas de oposição à guerra e à monarquia. Juntos, os chamados majoritários (centristas), o *Zentrum* (conservador moderado) e os democratas (fusão entre progressistas e nacional-liberais) somaram 75% dos votos. Era sobre essa aliança que a nova Constituição teria de ser construída.[548]

O lugar escolhido para a assembleia constituinte foi Weimar, uma cidade interiorana de seis mil habitantes, distante da agitação de Berlim. Logo de início a assembleia teve de lidar com um problema espinhoso: o tratado de paz com os vencedores da guerra. Um esboço elaborado em Paris, sem nenhuma discussão com os alemães, foi muito mal recebido pela opinião pública. O tratado impunha à Alemanha a perda de cerca de um oitavo de seu território, limitações ao seu contingente militar e

---

546 A breve reconstrução da história da República de Weimar aqui empreendida toma como base análise feita em: KLANOVICZ, Jorge Mauricio. *Cláusulas pétreas institucionais*: uma proposta teórica sobre poder de reforma constitucional, direitos fundamentais e instituições. Salvador: JusPodivm, 2022. p. 40-51.

547 RICHARD, Lionel. *A República de Weimar*. São Paulo: Companhia das Letras, 1988. p. 09, 18, 23, 28-31, 39 e 44.

548 RICHARD, Lionel. *A República de Weimar*. São Paulo: Companhia das Letras, 1988. p. 47 e 50-51.

proibição ao serviço militar obrigatório. Após meses de sobressaltos, em junho, a assembleia aprovou os termos do tratado, assinado em Versalhes. Já a discussão sobre o projeto de Constituição, elaborado por Hugo Preuss, um professor da Universidade de Berlim de origem judaica, estendeu-se um pouco mais. A nova Constituição foi promulgada em 11 de agosto de 1919.[549]

Uma acentuada preocupação com a democratização das instituições norteara os debates. "Os especialistas em direito constitucional haviam procurado introduzir em benefício da República de Weimar o máximo de disposições democráticas", anota Richard.[550] Direitos sociais foram estabelecidos. Foi previsto o sufrágio universal para eleição do parlamento e do presidente da República. O Legislativo teve seus poderes ampliados.

Por outro lado, a Constituição de Weimar inseria-se na tradição então vigente na Europa em que Constituições eram flexíveis e não estabeleciam limites materiais à sua própria modificação. Em seu artigo 76, ela admitia sua reforma pela via legislativa ordinária, exigindo apenas uma maioria qualificada nas duas casas do Congresso.[551]

Nesse quadro, a verdade é que a Constituição de Weimar nunca fui hegemônica. Menos pelo conteúdo da Constituição do que pela aceitação de um tratado de paz considerado humilhante, Weimar, onde estava sepultado Goethe e até então um símbolo da herança cultural clássica, passara a evocar sentimentos de capitulação e fraqueza. O fato de o projeto de Constituição ser de autoria de um jurista de origem judaica também seria explorado pela propaganda antissemita: "os nacionalistas, depois os nazistas, logo aprenderiam a tirar dali a incitação à desforra e, de novo, à guerra".[552]

Essa problemática era agravada pela crise social e econômica que se abateu sobre a Alemanha. Em 1924, apenas dez porcento dos alemães tinham um mínimo vital. O desemprego e a miséria vicejavam. A inflação ameaçava tornar a impressão de uma cédula mais cara do que seu próprio valor. Paralelamente, o país tornara-se um paraíso

---

549 RICHARD, Lionel. *A República de Weimar*. São Paulo: Companhia das Letras, 1988. p. 52-53.

550 RICHARD, Lionel. *A República de Weimar*. São Paulo: Companhia das Letras, 1988. p. 150.

551 VIEIRA, Oscar Vilhena. *A constituição e sua reserva de justiça*: um ensaio sobre os limites materiais ao poder de reforma. São Paulo: Malheiros, 1999. p. 87-90 e 94.

552 RICHARD, Lionel. *A República de Weimar*. São Paulo: Companhia das Letras, 1988. p. 55-56; VIEIRA, Oscar Vilhena. *A constituição e sua reserva de justiça*: um ensaio sobre os limites materiais ao poder de reforma. São Paulo: Malheiros, 1999. p. 98.

para turistas estrangeiros, o que estimulava sentimentos xenofóbicos. Finalmente, em 1929, com a crise econômica nos Estados Unidos da América, a Alemanha mergulhou no caos.[553]

Em suma, a República de Weimar, de 1919 a 1933, configura período em que, "com a colaboração da miséria, a angústia do presente e o medo do futuro se tornam então na Alemanha fenômenos coletivos". A República "não conhece um desenvolvimento progressivo contínuo, mas uma alternância entre situações extremas".[554]

Trata-se de contexto em tudo propício à radicalização política. Pela esquerda e pela direita, ações armadas e tentativas de golpe tornaram-se comuns. Foi nesse ambiente que, em 1923, um certo Adolf Hitler, membro do Partido Nacional-Socialista dos Trabalhadores Alemães, subiu numa mesa de uma cervejaria de Munique e declarou a destituição do governo. A rebelião foi debelada, e Hitler acabou preso. Mas, em meio à ruína social e econômica, numa atmosfera de antirrepublicanismo, antissemitismo e anticomunismo, seu partido, combinando forte propaganda nacionalista e o recrutamento de grupos paramilitares, passaria a crescer continuamente.[555]

Hitler chegaria ao governo em janeiro de 1933, rigorosamente de acordo com a Constituição e com amplo apoio popular. Ao longo dos anos 20, o discurso nazista, ainda que virulento, incorporou uma retórica de legalidade e de promessa de respeito à Constituição, o que foi importante para a adesão da alta burocracia estatal. "Como não dispunha de quadros para governar, Hitler necessitava da lealdade da burocracia e do Judiciário, e isto dificilmente seria conquistado sem o respeito, ainda que meramente formal, pelas regras do Direito", observa Vieira.[556]

É curioso observar que mesmo Carl Schmitt, que desde a década de 1920 tinha orientação abertamente simpática a um governo ditatorial, fazia concessões a essa retórica de legalidade. O apoio de Schmitt ao nazismo – diferentemente do caso de figuras como Martin Heidegger – não chegou a ser uma surpresa. Professor da Universidade de Colônia,

---

553 RICHARD, Lionel. *A República de Weimar*. São Paulo: Companhia das Letras, 1988. p. 94-95, 101-102, 108 e 112.

554 RICHARD, Lionel. *A República de Weimar*. São Paulo: Companhia das Letras, 1988. p. 10.

555 RICHARD, Lionel. *A República de Weimar*. São Paulo: Companhia das Letras, 1988. p. 59 e 125-128.

556 VIEIRA, Oscar Vilhena. *A constituição e sua reserva de justiça*: um ensaio sobre os limites materiais ao poder de reforma. São Paulo: Malheiros, 1999. p. 101.

Schmitt cultivava conhecidas opiniões antiliberais e críticas ao Tratado de Versalhes e à República de Weimar, posições essas que lhe valeriam o título informal de "jurista coroado do Terceiro Reich" e o tornariam uma das primeiras pessoas a serem presas pelas forças de ocupação em Berlim após o fim da guerra. No entanto, como observa Lilla, mesmo ele, até o final, agiu para "salvar a legitimidade democrática do legalismo do sistema de Weimar", recorrendo, por exemplo, ao artigo 48 da Constituição, que dispunha sobre poderes especiais do presidente do *Reich* em situações de emergência.[557]

Uma vez no poder, seguindo a linha de agir em conformidade formal com a legalidade, Hitler rapidamente obteve, em março de 1933, a aprovação de uma "lei para combater a crise nacional", o famigerado Ato de Habilitação. O preâmbulo do ato buscava destacar sua conformidade com os procedimentos constitucionais: "O *Reichstag* editou a seguinte lei, que, com o consentimento do *Rechstrat* e depois de determinação de que os requisitos para leis alterando a Constituição haviam sido cumpridos, é por meio deste promulgada". Os artigos 1º e 2º conferiam ao governo funções legislativas e o poder de emendar a Constituição, ressalvadas apenas mudanças que afetassem a posição do parlamento e da presidência da República.[558]

A consumação definitiva da conquista do poder pelos nazistas ocorreria em agosto de 1934, com a morte do presidente Paul von Hindenburg. O Ato de Habilitação, como visto, preservara a posição do presidente. Ainda no dia da morte de Hindenburg, porém, Hitler fez seus ministros assinarem ato determinando a unificação dos cargos de presidente e de chefe de governo, o qual ele já ocupava. Argumentou que o título de presidente do *Reich*, que Hindenburg detinha, estava ligado exclusivamente à grandeza pessoal do falecido e, portanto, não mais se justificava. Em 19 de agosto, a norma, o Ato de Sucessão, foi aprovada por quase noventa porcento dos eleitores em plebiscito. Hitler passava a concentrar funções legislativas, de chefia de governo, de Estado e de comando das Forças Armadas. Estavam, finalmente, criadas todas as condições normativas para o abandono de qualquer

---

557 LILLA, Mark. *A mente imprudente*: os intelectuais na atividade política. Tradução de Clóvis Marques. Rio de Janeiro: Record, 2017. p. 51-52 e 70.

558 VIEIRA, Oscar Vilhena. *A constituição e sua reserva de justiça*: um ensaio sobre os limites materiais ao poder de reforma. São Paulo: Malheiros, 1999. p. 103-104.

restrição ao comportamento desumano. Tudo isso rigorosamente de acordo com a Constituição.[559]

É nessa ambiência que, em 1937, Karl Loewenstein, pensador alemão radicado nos Estados Unidos, publica dois textos seminais que refletem criticamente sobre a fragilidade de muitas democracias, em geral já destruídas ou em vias de destruição pelo movimento fascista.

Nascido em Munique em 1891, Loewenstein estudou Direito e Ciência Política e, em 1931, tornou-se professor temporário (*lectureship*) da Faculdade de Direito da Universidade de Munique. Com a ascensão do nazismo, porém, sua origem judaica, formação liberal e fluência na língua inglesa o motivaram a emigrar para os Estados Unidos, lecionando, a partir de 1933, na Universidade de Yale.[560]

Como observa Pontes, num dos primeiros artigos publicados já em solo americano, em 1935, Loewenstein manifesta preocupação com os rumos da democracia na Europa. Segundo o pensador alemão, a democracia ainda era um acontecimento relativamente novo, carente de consolidação na mente e na cultura política da maioria das nações, o que a tornava vulnerável a ataques, sobretudo em contextos de crise. Essa vulnerabilidade era agravada pelo apego incondicional das democracias aos seus próprios princípios, viabilizando, assim, ela própria, a ascensão de seus inimigos.[561]

Nessa linha de reflexão, em 1937, Loewenstein cunha, então, o conceito de democracia militante. Em um primeiro artigo publicado nesse ano, o autor observava que o fascismo não era um incidente isolado, mas um movimento que, na Europa, já abrangia mais áreas e pessoas do que a democracia constitucional. Acrescentava que, além de ditaduras de partido único, os Estados autoritários podem ser também regimes pluripartidários, com instituições parlamentares de aparência, e não assumidamente fascistas.[562]

Segundo Loewenstein, "as modernas cruzadas para salvar a civilização ocidental do caos bolchevique", apesar de algumas diferenças

---

559 KERSHAW, Ian. *Hitler*. Tradução de Pedro Maia Soares. São Paulo: Companhia das Letras, 2015. p. 349-350.

560 ROSENFIELD, Luis. Karl Loewenstein no Brasil de Vargas: o olhar de um jurista judeu-alemão sobre o Estado Novo. *História do Direito*, v. 2, n. 3, p. 171-172, 2022.

561 PONTES, João Gabriel Madeira. *Democracia militante em tempos de crise*. Rio de Janeiro: Lumen Juris, 2020. p. 63-66; LOEWENSTEIN, Karl. Autocracy versus democracy in contemporary Europe, I. *The American Political Science Review*, [*S. l.*], v. 29, n. 3, 1935.

562 LOEWENSTEIN, Karl. Militant democracy and fundamental rights, I. *The American Political Science Review*, [*S. l.*], v. 31, n. 3, p. 417,1937.

entre si, tinham muitos pontos em comum. Cabe aqui destacar o discurso de limpeza geral, sob os *slogans* de regeneração e renovação, bem como as ideias de liderança, ordem e disciplina contra a corrupção e o caos.[563]

Podemos aqui perceber a atualidade do pensamento do autor. Uma das grandes angústias da ciência política contemporânea consiste na ascensão de regimes autoritários com aparência de legalidade. Além disso, tem grande apelo o discurso que, a pretexto de dissipar o caos, a corrupção e o perigo comunista, defende práticas que, apesar de algum verniz democrata, são inegavelmente autoritárias.

De acordo com Loewenstein, "o princípio maior da democracia é a legalidade", o qual, porém, foi anexado e instrumentalizado pelo fascismo. Acrescenta o autor: "Até muito recentemente, o fundamentalismo democrático e a cegueira legalista não estavam dispostos a perceber que o mecanismo da democracia é o cavalo de Tróia pelo qual o inimigo entra na cidade. Ao fascismo, disfarçado de um partido político legalmente reconhecido, foram concedidas todas as oportunidades das instituições democráticas". Para ele, enfim, a mentalidade jurídica alemã desenvolvera uma ideologia de *fair play* democrático que consistia num legalismo autodestrutivo, o que abriu caminho para Hitler rumo ao poder.[564]

Nesse quadro, Loewenstein sugere que a democracia, pela sua própria sobrevivência, se torne militante e lance mão de medidas (especialmente legislativas e administrativas) de combate aos seus inimigos.

No segundo texto publicado em 1937, o autor melhor desenvolve essas medidas militantes.

Uma delas consiste na proscrição de movimentos e partidos autoritário,[565] medida drástica que implica a relativização de liberdades básicas (notadamente de associação e de expressão) e, por isso, demanda cautela. Pontes observa que, em conformidade com essa proposta, após a Segunda Guerra, vinte países europeus – de uma amostra de 37 – baniram partidos considerados autoritários.[566]

---

563 LOEWENSTEIN, Karl. Militant democracy and fundamental rights, I. *The American Political Science Review*, [*S. l.*], v. 31, n. 3, p. 419, 421 e 423,1937.

564 LOEWENSTEIN, Karl. Militant democracy and fundamental rights, I. *The American Political Science Review*, [*S. l.*], v. 31, n. 3, p. 423-424 e 427, 1937.

565 LOEWENSTEIN, Karl. Militant democracy and fundamental rights, II. *The American Political Science Review*, [*S. l.*], v. 31, n. 4, p. 645-648, 1937.

566 PONTES, João Gabriel Madeira. *Democracia militante em tempos de crise*. Rio de Janeiro: Lumen Juris, 2020. p. 108-109.

A ideia foi ainda incorporada expressamente em textos constitucionais. A Lei Fundamental alemã, em seu artigo 21, §2º, dispõe que "são inconstitucionais os partidos que, pelos seus objetivos ou pelas atitudes dos seus adeptos, tentarem prejudicar ou eliminar a ordem fundamental livre e democrática ou pôr em perigo a existência da República Federal da Alemanha". Por sua vez, a Constituição brasileira, em seu artigo 17, estabelece: "É livre a criação, fusão, incorporação e extinção de partidos políticos, resguardados a soberania nacional, o regime democrático, o pluripartidarismo, os direitos fundamentais da pessoa humana (...). §4º É vedada a utilização pelos partidos políticos de organização paramilitar".

A adequada calibração da medida – de forma a não torná-la excessiva nem permissiva – não é simples. Na história brasileira, é muito controversa a decisão do Tribunal Superior Eleitoral, em 1947, que cancelou o registro do Partido Comunista do Brasil, sob o fundamento de que "a democracia adotada pela nossa Constituição é uma democracia vigilante e militante", incompatível, portanto, com um partido que supostamente funcionava como sucursal da União Soviética. Segundo o relator, o Partido Comunista do Brasil não seria propriamente um partido, mas "uma insurreição em marcha". A decisão foi tomada por maioria, formada pelos juízes José Antônio Nogueira, Rocha Lagôa e Cândido Lobo, vencidos os ministros Francisco Sá Filho e Ribeiro da Costa, os quais entenderam que o programa e a atividade do partido não ofendiam valores democráticos e os direitos fundamentais.[567] De fato, como registra Souza Neto, a partir de 1942, com a entrada do Brasil na Segunda Guerra, o Partido Comunista do Brasil "passou a adotar política de união nacional em torno do esforço de guerra e a apoiar a redemocratização do país". Não por acaso, a decisão de proscrevê-lo foi criticada inclusive pela conservadora União Democrática Nacional, adversária histórica dos comunistas.[568] Não é equivocado afirmar, portanto, que a decisão do Tribunal Superior Eleitoral foi excessiva.

Por outro lado, em países como a Alemanha – berço, por assim dizer, da ideia de democracia militante – há quem aponte alguma

---

[567] BRASIL. Tribunal Superior Eleitoral. *Resolução nº 1.841*. Relator designado para lavrar a resolução: Desembargador José Antônio Nogueira. 07 de maio de 1947; PONTES, João Gabriel Madeira. *Democracia militante em tempos de crise*. Rio de Janeiro: Lumen Juris, 2020. p. 156.

[568] SOUZA NETO, Cláudio Pereira de. *Democracia em crise no Brasil*. Rio de Janeiro: Eduerj; São Paulo: Contracorrente, 2020. p. 267-268.

permissividade quanto à existência de partidos autoritários. Em 1952, o Tribunal Constitucional Federal da Alemanha dissolveu um partido que albergava egressos do antigo partido nazista e tinha um programa similar ao daquela agremiação. Em 1956, a corte desconstituiu o Partido Comunista da Alemanha, sob o fundamento de que uma democracia militante é incompatível com partido que defende uma ditadura do proletariado. Desde então, nenhum outro partido foi dissolvido pela corte, que passou a adotar postura de extrema autocontenção. Em 2017, ao examinar impugnação contra o Partido Nacional-Democrático da Alemanha, agremiação de extrema-direita associada ao neonazismo, o tribunal entendeu que, "para proibir um partido político, não basta que seus objetivos sejam direcionados contra a ordem fundamental livre e democrática". A proibição somente é cabível diante de "indicações específicas e ponderadas que sugiram que é, pelo menos, possível que possam ser bem sucedidas as ações do partido político dirigidas contra a ordem fundamental livre e democrática (...)". Dito de outro modo, segundo a corte alemã, um partido político somente deve ser declarado ilegal se, além de hostil à democracia, for uma efetiva ameaça a ela. A questão é saber em qual ponto precisamente um partido extremista como o Partido Nacional-Democrático da Alemanha deixa de ser um mero devaneio e se torna uma efetiva ameaça. Quando a ameaça se tornar clara e efetiva, a democracia certamente terá imensas dificuldades para se defender.[569] Daí porque é possível sustentar que a jurisprudência da corte alemã se tornou um tanto permissiva no ponto.

Seja como for, embora o desdobramento prático da ideia de democracia militante esteja historicamente associado à proscrição de partidos e movimentos com projetos autoritários, as medidas militantes que aqui mais nos interessam são de outra natureza. Trata-se de medidas de caráter penal, também referidas expressamente e com destaque por Loewenstein.[570]

Com efeito, a democracia – conjunto de regras e institutos previstos na Constituição que são verdadeiros pressupostos de realização da dignidade e dos direitos fundamentais – necessita de proteção penal. Ameaças e violências contra a democracia não se resolvem apenas no plano do debate político ou mediante recurso a outros ramos do Direito.

---

569 SOUZA NETO, Cláudio Pereira de. *Democracia em crise no Brasil*. Rio de Janeiro: Eduerj; São Paulo: Contracorrente, 2020. p. 264-267.

570 LOEWENSTEIN, Karl. Militant democracy and fundamental rights, II. *The American Political Science Review*, [*S. l.*], v. 31, n. 4, 1937. p. 645.

Elas exigem a drástica e excepcional medida de acionamento do Direito Penal, operando aqui a ideia de democracia militante seja em face do legislador, seja em face do intérprete da lei penal.

6.2.2 Operacionalização

Compreendidos os contornos básicos da ideia de democracia militante e que ela se projeta também sobre o Direito Penal, é importante definirmos minimamente como ela opera nesse plano, haja vista o risco de se tornar um conceito demasiado aberto, sujeito à discricionariedade arbitrária do intérprete. Dito de outra forma, o remédio, em excesso ou mal subministrado, pode se tornar veneno, sendo necessária especial cautela no seu manuseio.

Citados por Pontes, Accetti e Zuckerman afirmam que "a arbitrariedade inerente à decisão sobre quem deve ser tratado como um 'inimigo' da democracia implica que a democracia militante sempre assumirá a forma de um exercício 'decisionista' e autoritário de poder, que contradiz a própria lógica do sistema que se quer proteger".[571]

Não podemos concordar com o simples descarte do conceito a pretexto dos riscos que seu uso envolve. Os riscos decorrentes do seu não uso – como a trágica experiência do nazismo revela – são piores do que os riscos associados ao seu manuseio equivocado ou excessivo. Seja como for, o alerta é importante para reforçar a necessidade de cuidado e moderação.

Nessa medida, um primeiro aspecto a ser destacado, pressuposto de uma empreitada bem sucedida de realização da ideia de democracia militante, diz respeito aos compromissos democráticos dos agentes envolvidos na construção e aplicação da lei penal. Na República de Weimar, por exemplo, além da crise social e da fragilidade da Constituição, a ascensão do autoritarismo contou com a condescendência – senão com o apoio entusiasmado mesmo – da maior parte do sistema de justiça. O rigor impiedoso dirigido a levantes populares promovidos pela esquerda contrastava com a tolerância a atos violentos perpetrados pela extrema-direita. Observa Richard: "Ao contrário, os atentados e as tentativas de tomada de poder pelas forças de direita mobilizam pouca energia do lado governamental. Quando julgados, são objeto

---

[571] PONTES, João Gabriel Madeira. *Democracia militante em tempos de crise*. Rio de Janeiro: Lumen Juris, 2020. p. 113; ACCETTI, Carlo Invernizzi; ZUCKERMAN, Ian. What's wrong with militant democracy? *Political Studies*, [S. l.], v. 65, n. 1S, p. 189, 2017.

de extraordinária clemência".[572] Em outro momento, acrescenta: "Se há um domínio onde nada mudou, é o da Justiça. Por seu artigo 102, a Constituição definira os juízes como totalmente independentes e apenas sujeitos à lei. Ora, esses juízes eram os mesmos da época imperial, e a única lei que eles reconheciam era a que, no passado, assegurara a salvaguarda do poder monárquico".[573]

Não por outro motivo, Loewenstein destacava que o êxito de medidas militantes depende, entre outros fatores, do "zelo e determinação das autoridades administrativas e judiciais" encarregadas de executá-las.[574]

O Brasil ainda tem muito a evoluir nesse particular. Embora o Poder Judiciário e o Ministério Público venham adotando medidas democratizantes como cotas em seus certames de ingresso, o corpo dessas instituições é pouco plural e hegemonicamente conservador, o que tem evidentes reflexos nas suas atuações em matéria penal. Além disso, seja em provas de concurso, seja em cursos de formação, conteúdos de feição mais humanística ainda ocupam um lugar periférico. Segue havendo uma primazia tecnocrata, estimulada, já no exercício do cargo, por metas e controles de produtividade que, se por um lado podem ser uma forma interessante de escrutínio do trabalho, muitas vezes burocratizam e desumanizam a atividade ministerial e judicante.

Tal perfil da magistratura brasileira não poderia ser diferente. Como observou Coutinho, "toda a evolução política, econômica e cultural do Brasil" é marcada por notas elitistas e autoritárias e conduzida por acordos feitos "pelo alto".[575] Nesse sentido, mesmo a extraordinariamente democrática Constituição de 1988, por exemplo, preservou a composição do Supremo Tribunal Federal, o qual por anos, já na democracia, permaneceu com ministros indicados pela ditadura militar. Também a Lei de Anistia – a qual, na contramão da experiência de outros países, anistiou não apenas opositores, mas também agentes da repressão do

---

572 RICHARD, Lionel. *A República de Weimar*. São Paulo: Companhia das Letras, 1988. p. 57.

573 RICHARD, Lionel. *A República de Weimar*. São Paulo: Companhia das Letras, 1988. p. 269.

574 LOEWENSTEIN, Karl. Militant democracy and fundamental rights, II. *The American Political Science Review*, [*S. l.*], v. 31, n. 4, p. 644, 1937.

575 COUTINHO, Carlos Nelson. A democracia como valor universal. *In*: SILVEIRA, Ênio (org.). *Encontros com a Civilização Brasileira*. Rio de Janeiro: Civilização Brasileira, 1979. v. 9, p. 41.

regime militar, até hoje impunes – é exemplo de conciliação costurada pelo alto que expressa o déficit democrático de que ainda padecemos.[576]

Em suma, um primeiro aspecto importante para a adequada mobilização da ideia de democracia militante diz respeito ao genuíno compromisso democrático dos seus operadores.

Um segundo dado a ser ressaltado, como bem observam Vieira e Borges, consiste em que "a democracia militante não é uma ferramenta a ser empregada nos embates naturais, ainda que contundentes, de uma democracia estável, para a qual os mecanismos de freios e contrapesos e reforçadas ferramentas contramajoritárias devem ser suficientes". Prosseguem eles: "as ferramentas da democracia militante devem ser empregadas quando a razão ou mesmo o interesse deixam de ocupar um papel central na ação política, sendo substituídos pela emoção. Ou seja, é um recurso da democracia contra seus inimigos que não estão mais dispostos a discutir e resolver os seus conflitos racionalmente e com base nas regras do jogo democrático".[577]

Dito de outro modo, a democracia militante não é um conceito banal, a ser empregado em situações corriqueiras que, mesmo que indesejáveis ou de mau gosto, não configuram ameaças minimamente sérias à democracia e suas instituições. A democracia militante exige permanente vigília, mas o acionamento efetivo de seu instrumental deve ser reservado a contextos graves e excepcionais. Nessa perspectiva, Rummens e Abts, citados por Pontes, sugerem uma diretriz de tolerância decrescente: "embora algum grau de tolerância com o extremismo na periferia do sistema democrático seja apropriado e até útil, nossa atitude em relação ao extremismo deve se tornar cada vez mais restritiva à medida que os atores políticos se aproximarem dos centros de tomada de decisão real".[578]

---

576 A recepção da Lei de Anistia (Lei nº 6.683/1979) pela Constituição de 1988 foi questionada por meio da Arguição de Descumprimento de Preceito Fundamental nº 153, proposta pela Ordem dos Advogados do Brasil. A ação, porém, foi julgada improcedente pelo Supremo Tribunal Federal, que considerou válida a anistia, na contramão da jurisprudência de cortes internacionais sobre o tema. BRASIL. Supremo Tribunal Federal. *Arguição de Descumprimento de Preceito Fundamental nº 153*. Relator: Ministro Eros Grau. 29 de abril de 2010.

577 VIEIRA, Oscar Vilhena; BORGES, Ademar. Democracia militante e a quadratura do círculo. *Jota*, São Paulo, 16 fev. 2023. Disponível em: https://www.jota.info/artigos/democracia-militante-e-a-quadratura-do-circulo-16022023.

578 PONTES, João Gabriel Madeira. *Democracia militante em tempos de crise*. Rio de Janeiro: Lumen Juris, 2020. p. 165; RUMMENS, Stefan; ABTS, Koen. Defending democracy: the concentric containment of political extremism. *Political Studies*, [*S. l.*], v. 58, n. 04, p. 635, 2010.

Finalmente, um terceiro ponto a se destacar consiste na necessidade de moderação e estrita observância ao ordenamento jurídico. É dizer, a democracia militante não autoriza a criação de uma pretensa "variante generosa de Direito Penal do inimigo" que, em nome de fins elevados, funcione ao arrepio da Constituição e da lei. Como melhor veremos, a democracia militante não admite letargia e omissões do legislador, cuja atuação, além de não ter lacunas, deve ser, diante de agressões ao regime democrático, mais rigorosa do que em relação a delitos que ofendem bens jurídicos de carga axiológica menor. Da mesma forma, os operadores penais – notadamente magistrados e membros do Ministério Público – podem e devem lançar mão de técnicas hermenêuticas e decisórias voltadas a maximizar e otimizar a tutela do bem jurídico em questão. Nesse sentido, Vieira e Borges bem observam que "o acionamento de ferramentas institucionais de autodefesa democrática – como a restrição da liberdade de expressão ou a criminalização de condutas que ameaçam ou atentam contra as instituições – pode constituir operação jurídica complexa que não se deixa captar pela ideia de subsunção simples e automática de regras cujo conteúdo esteja completamente pré-definido pela lei". Em seguida, complementam: "É justamente aí que a ideia de democracia militante demonstra grande parte de sua funcionalidade, ao parametrizar a interpretação e aplicação dos mecanismos de autodefesa democrática em ordem a maximizar o efeito paralisante das agressões autoritárias ao regime democrático.[579] Nada disso, porém, permite atuação à margem da lei, da Constituição e das garantias fundamentais nela consagradas.

O Supremo Tribunal Federal fez uso do conceito de democracia militante na Arguição de Descumprimento de Preceito Fundamental nº 572,[580] caso emblemático da sua história, em que decidiu pela legalidade

---

579 VIEIRA, Oscar Vilhena; BORGES, Ademar. Democracia militante e a quadratura do círculo. *Jota*, São Paulo, 16 fev. 2023. Disponível em: https://www.jota.info/artigos/democracia-militante-e-a-quadratura-do-circulo-16022023

580 A menção ao conceito de democracia militante foi feita por dois ministros. O ministro Edson Fachin, relator, escreveu: "Nenhuma disposição do texto Constitucional pode ser interpretada ou praticada no sentido de permitir a grupos ou pessoas suprimirem o gozo e o exercício dos direitos e garantias fundamentais. Nenhuma disposição pode ser interpretada ou praticada no sentido de excluir outros direitos e garantias que são inerentes ao ser humano ou que decorrem da forma democrática representativa de governo. Essa ordem de ideias ecoa o que Karl Loewestein chamava de democracia militante (*streitbare Demokratie*), mas, ao invés de simplesmente abolir grupo ou partidos, como às vezes é lida a tese do constitucionalista alemão, elas restringem sua aplicação aos atos que, abusando dos direitos e garantias protegidos pela Constituição, invocando-os a pretexto de ideologia política, visam abolir ou restringir direitos de determinadas pessoas ou grupos". Por sua

do inquérito policial nº 4.781. Tal inquérito foi instaurado de ofício, em 2019, pelo então presidente da corte, ministro Dias Toffolli, e distribuído à relatoria do ministro Alexandre de Moraes, buscando apurar, em síntese, a disseminação de notícias falsas e ameaças em face de membros do tribunal, num contexto de ameaça à própria independência do Poder Judiciário e do Estado Democrático de Direito. A portaria de instauração da investigação invocou o artigo 43 do Regimento Interno do Supremo Tribunal Federal, que estabelece: "Art. 43. Ocorrendo infração à lei penal na sede ou dependência do Tribunal, o Presidente instaurará inquérito, se envolver autoridade ou pessoa sujeita à sua jurisdição, ou delegará esta atribuição a outro Ministro. §1º Nos demais casos, o Presidente poderá proceder na forma deste artigo ou requisitar a instauração de inquérito à autoridade competente".

A nosso ver, tal inquérito padece de problemas. Ele transgride a literalidade da norma (a qual limita o poder investigatório do tribunal a fatos praticados em sua sede por pessoas sujeitas à sua jurisdição e, como exceção que é, não poderia ser interpretada ampliativamente) e choca-se com o modelo acusatório de processo penal desenhado na Constituição. De todo modo, escapa dos propósitos deste trabalho um exame detido do julgado – o qual, embora criticável, é válido. O mais importante, no que toca a esta parte do livro, reside no fato de que o próprio tribunal, em linha com as diretrizes de moderação e não banalização do uso do conceito de democracia militante, frisou a excepcionalidade da medida. O ministro Edson Fachin, relator, anotou: "A defesa institucional que pode legitimar o artigo 43 em pauta tem cabimento restrito às hipóteses de inércia ou omissão de atuação própria do Ministério Público ou mesmo da polícia judiciária, e se limita a bens jurídicos institucionais. É que não há (nem pode haver) defesa da Constituição contra a Constituição. A defesa institucional há de ser, sempre, nas balizas da legalidade constitucional". No mesmo sentido, o ministro Gilmar Mendes escreveu: "critério importante que deve

vez, o ministro Gilmar Mendes anotou: "A título de exemplo, a Alemanha é caracterizada, por muitos autores, como uma democracia militante. Nesse sentido, de acordo com Ronald Krotoszynski, 'qualquer discurso que tenha por objetivo a destruição do governo democrático não possui qualquer proteção de acordo com a Lei Fundamental'. Foi com base nessa ideia que o Tribunal Constitucional Federal alemão decretou, por exemplo, o banimento dos Partidos Socialista e Comunista alemães, que foram considerados como plataformas para a atuação do Partido Nazista e para a adoção de projetos políticos e ações contra a ordem constitucional estabelecida". BRASIL. Supremo Tribunal Federal. *Arguição de Descumprimento de Preceito Fundamental nº 572*. Relator: Ministro Edson Fachin. 18 de junho de 2020.

justificar a instauração desses inquéritos judiciais é a regra da subsidiariedade: quando a apuração de crimes cometidos contra a Corte for realizada pelos órgãos de investigação, entendo que não cabe ao Tribunal instaurar uma investigação paralela". A seguir, complementou: "Portanto, a instauração de inquéritos parece ser especialmente recomendada nos casos de reiterada omissão ou inércia dos demais órgãos de investigação na apuração de crimes contra a Corte".[581]

Do teor desses votos, conclui-se que, uma vez constatado que os órgãos de persecução penal – polícia e Ministério Público – tenham retomado as condições de apurar adequadamente os graves fatos que são objeto da investigação, não mais se justifica sua condução direta pelo Supremo Tribunal Federal. Nas palavras de Vieira e Borges, "à medida que as investidas autoritárias sejam arrefecidas, as cortes deverão desmobilizar progressivamente a caixa de ferramentas da democracia militante".[582]

---

[581] BRASIL. Supremo Tribunal Federal. *Arguição de Descumprimento de Preceito Fundamental nº 572*. Relator: Ministro Edson Fachin. 18 de junho de 2020.

[582] VIEIRA, Oscar Vilhena; BORGES, Ademar. Democracia militante e a quadratura do círculo. *Jota*, São Paulo, 16 fev. 2023. Disponível em: https://www.jota.info/artigos/democracia-militante-e-a-quadratura-do-circulo-16022023

7

A DEMOCRACIA COMO BEM JURÍDICO-PENAL

Como já vimos, a democracia, categorias e institutos a ele correlatos ocupam espaço de grande destaque no nosso texto constitucional.

Entre as menções à democracia num contexto diretamente relacionado ao Direito Penal, vale destacar o artigo 5º, XLIV, da Constituição, segundo o qual "constitui crime inafiançável e imprescritível a ação de grupos armados, civis ou militares, contra a ordem constitucional e o Estado Democrático".

Não pode passar despercebido também o fato de o constituinte ter atribuído expressamente a uma mesma instituição – o Ministério Público – as funções de defesa do regime democrático e de titular privativo da ação penal pública,[583] o que revela inequívoco entrelaçamento entre elas.

A propósito, na histórica denúncia apresentada pela Procuradoria-Geral da República em face de Jair Messias Bolsonaro e aliados pela prática de crimes contra as instituições democráticas, a Procuradoria-Geral da República bem anotou: "Todos os Poderes recebem do constituinte originário parcelas de responsabilidade para salvaguardar o regime de convivência jurídico-político-social escolhido em assembleia constituinte soberana. Ao Ministério Público essa responsabilidade sobe de ponto, uma vez que a Constituição faz dele o defensor do regime democrático (art. 127, *caput*)". Em seguida, complementa: "No domínio

[583] Dispõe o artigo 127 da Constituição: "Art. 127. O Ministério Público é instituição permanente, essencial à função jurisdicional do Estado, incumbindo-lhe a defesa da ordem jurídica, do regime democrático e dos interesses sociais e individuais indisponíveis". Por sua vez, estabelece o art. 129, I: "Art. 129. São funções institucionais do Ministério Público: I - promover, privativamente, a ação penal pública, na forma da lei".

das suas competências, atuar segundo os preceitos da ordem jurídica para a promoção e a preservação do modelo político é imperioso. Uma dessas fórmulas é a denúncia por crimes contra a ordem democrática".[584]

Na mesma peça, a Procuradoria ainda destacou a imprescindibilidade da tutela penal da democracia: "O vilipêndio aos princípios democráticos mais elementares, sobretudo com uso da força bruta ou com a sua ameaça, atinge bens essenciais à estrutura da comunidade política. Se o respeito à dignidade da pessoa é a causa final da sociedade arquitetada pela Constituição em vigor, o modelo democrático é a sua causa eficiente. Daí a sua proteção em grau máximo, sancionada penalmente".[585]

Dito isso, não há dúvida de que a democracia é um bem jurídico que merece proteção do Direito Penal e que, mais do que isso, em razão da sua dimensão objetiva, projeta efeitos sobre a interpretação e a aplicação do Direito Penal.

A seguir, buscamos melhor entender como isso se dá.

7.1 A democracia como bem jurídico-penal e o legislador

7.1.1 Da doutrina de segurança nacional à tutela do Estado Democrático de Direito

Embora paire certa controvérsia sobre a possibilidade de a identificação de um bem jurídico-penal na Constituição ensejar a obrigatoriedade da criminalização de condutas que o ofendam, uma rápida reflexão sobre bens como a vida, a dignidade e a liberdade sinaliza que, sim, essa obrigatoriedade pode existir. Mesmo que a Constituição não

---

[584] BRASIL. Ministério Público Federal. Denúncia. *Petição nº 12.100*. Procurador-Geral da República Paulo Gustavo Gonet Branco. Brasília. 18 de fevereiro de 2025.

[585] É oportuna a transcrição de trecho mais longo da denúncia nesse particular: "Na fórmula brasileira de 1988, a atuação harmônica e autônoma dos Poderes é indissociável da essência do regime democrático, e o Supremo Tribunal Federal já assim o proclamava ainda nos primeiros anos da década de 1990. Decerto que há graus nos arranhões que o quadro de nexos e barreiras entre os Poderes pode sofrer e respostas de impacto diferenciado. Não há ofensa institucionalmente mais grave à democracia, entretanto, do que a interrupção do processo mesmo de ajustes inerentes ao sistema, pelo impedimento da atuação de qualquer dos Poderes, sobretudo por meio da força, não autorizada constitucionalmente. A gravidade é tal que, diferentemente do que ocorre em outras hipóteses de dissonância constitucional, nesse caso, o legislador tipifica a conduta como crime. Como também o faz quando o atentado baseado em violência se faz contra o regime democrático em si". BRASIL. Ministério Público Federal. Denúncia. *Petição nº 12.100*. Procurador-Geral da República Paulo Gustavo Gonet Branco. Brasília. 18 de fevereiro de 2025.

tenha mandados de criminalização expressos contemplando esses bens, ninguém cogitaria franquear ao legislador a faculdade de descriminalizar, por exemplo, os tipos de homicídio e redução à condição análoga à escravidão, sob pena de submissão dos bens por eles tutelados (vida, liberdade e dignidade) a uma situação de manifesta infraproteção.

No caso da democracia, a necessidade de criminalização decorre da sua centralidade axiológica na Constituição e do fato de ela ser condição de realização dos mais básicos direitos fundamentais. Além disso, como já pudemos ver, a democracia é objeto de mandado de criminalização expresso, previsto no artigo 5º, XLIV, da Constituição.

Apenas muito recentemente, contudo, esse mandado recebeu tratamento legislativo adequado, por meio da Lei nº 14.197/2021, que acrescentou ao Código Penal um título relativo aos "crimes contra o Estado Democrático de Direito" e revogou a Lei nº 7.170/1983, gestada ainda no regime militar à luz da chamada doutrina de segurança nacional.

É oportuno reconstruir os antecedentes que nos trouxeram até aqui.

Como registram Batista e Borges, o primeiro tratamento da defesa do Estado no âmbito criminal remonta às Ordenações Filipinas, que regeu o Direito Penal brasileiro até 1830. Nesse diploma legislativo existia previsão do chamado crime de lesa-majestade, voltado à punição de condutas bastante diversas como tramar, trair ou tentar matar o rei, passar-se para o inimigo em guerra contra o reino, insurgir-se, arrebatar à justiça condenados, falsificar selos, moedas ou sinais reais.[586]

Com o Código Criminal do Império de 1830, estabeleceu-se, ainda que de modo sutil, uma distinção relevante entre segurança externa (relativa à soberania, à integridade territorial e ao Estado no contexto de suas relações internacionais) e interna (concernente à defesa da Constituição e ao exercício dos poderes políticos legítimos). No título I da parte II, encontram-se crimes contra a independência, a integridade e a dignidade da nação, crimes contra a Constituição e a forma de governo e crimes contra o chefe de governo (como a tentativa de desentronizar o imperador). No título II, há previsão de crimes contra o livre exercício dos poderes políticos. No título III, há crimes contra o livre exercício dos direitos políticos dos cidadãos (entre os quais alguns crimes eleitorais). Finalmente, no título IV, encontram-se

---

586 BATISTA, Nilo; BORGES, Rafael. *Crimes contra o Estado Democrático de Direito*. Rio de Janeiro: Revan, 2023. p. 15.

crimes contra a segurança interna, como conspiração, rebelião, sedição e insurreição (a reunião de vinte ou mais escravos para obter liberdade por meio da força).[587]

O Código de 1890, o primeiro da era republicana, acentuou e aperfeiçoou a distinção entre segurança externa e interna. Por outro lado, em coerência com prática que se tornaria marca da República Velha, suprimiu os crimes contra o exercício dos direitos políticos individuais.[588]

Decretos legislativos editados ao longo dos anos 1920 criaram figuras penais voltadas à repressão do anarquismo, num primeiro flerte da legislação penal brasileira com a ideia de segurança nacional.[589]

Mas é com a Constituição de 1934 que tal noção ganha alusão expressa e um título inteiro dedicado a ela. A partir de então, há uma proliferação de leis e decretos atravessados por tal ideia.[590]

Merece destaque a Lei nº 38/1935, a qual, segundo Batista e Borges, "pode ser considerada como verdadeira matriz da nossa tradição legislativa autoritária".[591] Conhecida como Lei Rao, por ter sido iniciativa do então ministro da Justiça Vicente Rao, simpatizante do regime fascista italiano, a lei tinha no anticomunismo o seu valor central. Além de recorrer a conceitos como ordem política e social, que até pouco tempo antes nominavam repartições policiais, a lei previa figuras típicas como a instigação do ódio e da violência "entre as classes sociais", a greve e a conspiração.[592]

A Lei nº 136/1935, editada no mês seguinte ao movimento que ficaria pejorativamente conhecido como Intentona Comunista,[593] ampliou

---

587 BATISTA, Nilo; BORGES, Rafael. *Crimes contra o Estado Democrático de Direito*. Rio de Janeiro: Revan, 2023. p. 16-17.

588 BATISTA, Nilo; BORGES, Rafael. *Crimes contra o Estado Democrático de Direito*. Rio de Janeiro: Revan, 2023. p. 18.

589 BATISTA, Nilo; BORGES, Rafael. *Crimes contra o Estado Democrático de Direito*. Rio de Janeiro: Revan, 2023. p. 18.

590 BATISTA, Nilo; BORGES, Rafael. *Crimes contra o Estado Democrático de Direito*. Rio de Janeiro: Revan, 2023. p. 18-19.

591 BATISTA, Nilo; BORGES, Rafael. *Crimes contra o Estado Democrático de Direito*. Rio de Janeiro: Revan, 2023. p. 19.

592 BATISTA, Nilo; BORGES, Rafael. *Crimes contra o Estado Democrático de Direito*. Rio de Janeiro: Revan, 2023. p. 20.

593 O movimento consistiu num levante político e militar, entre os dias 23 e 27 de novembro de 1935, nas cidades do Rio de Janeiro, Natal e Recife, com a pretensão de depor o governo de Getúlio Vargas. Sua liderança mais conhecida era Luís Carlos Prestes. A obra clássica sobre o episódio é: SILVA, Hélio. *1935*: a revolta vermelha. Rio de Janeiro: Civilização Brasileira, 1969.

o rol de crimes contra a ordem pública, agravou penas e fragilizou garantias processuais.[594]

Por sua vez, a Lei nº 244/1936 criou o Tribunal de Segurança Nacional, incumbido de processar e julgar pessoas acusadas de promover atividades contra a segurança externa do país e contra as instituições militares, políticas e sociais. Entre setembro de 1936 e dezembro de 1937, esse tribunal sentenciou 1.420 pessoas, muitas delas vinculadas à fracassada insurreição de novembro de 1935.[595]

A Constituição de 1937, já no Estado Novo, manteve um título destinado ao tema da segurança nacional e reforçou o tribunal, cujos processos, a partir do Decreto-Lei nº 428/1938, sofreram uma redução de prazos e de número de testemunhas de defesa.[596]

Finalmente, o ápice desse processo de recrudescimento deu-se com o Decreto-Lei nº 431/1938, caracterizado pela superposição de figuras penais e pelo intenso endurecimento das penas. Todos os chamados crimes contra a segurança passaram a ser inafiançáveis, não permitindo o livramento condicional, e a quase todos passou a ser cominada a pena de morte.[597]

Com o fim do Estado Novo, a Lei Complementar nº 14/1945 extinguiu o Tribunal de Segurança Nacional. No mesmo sentido, a Constituição de 1946 suprimiu o título que tratava da segurança nacional. Por sua vez, a Lei nº 1.802/1953, ainda que guardando vestígios da legislação autoritária prévia, promoveu um abrandamento geral do tratamento penal do tema. A exposição e a crítica de qualquer doutrina deixaram de ser consideradas propaganda subversiva. A jurisdição militar[598] passou a se restringir a crimes contra a segurança externa,

---

594 BATISTA, Nilo; BORGES, Rafael. *Crimes contra o Estado Democrático de Direito*. Rio de Janeiro: Revan, 2023. p. 21.

595 BATISTA, Nilo; BORGES, Rafael. *Crimes contra o Estado Democrático de Direito*. Rio de Janeiro: Revan, 2023. p. 21.

596 BATISTA, Nilo; BORGES, Rafael. *Crimes contra o Estado Democrático de Direito*. Rio de Janeiro: Revan, 2023. p. 22.

597 BATISTA, Nilo; BORGES, Rafael. *Crimes contra o Estado Democrático de Direito*. Rio de Janeiro: Revan, 2023. p. 22-23.

598 Mesmo após a Constituição de 1988, os contornos da competência da justiça militar brasileira persistem sendo questão não bem resolvida. Questiona-se, especialmente, a competência dessa justiça especializada para o julgamento de civis em tempos de paz. O tema foi levado ao Supremo Tribunal Federal pela Procuradoria-Geral da República por meio da Arguição de Descumprimento de Preceito Fundamental 289, proposta em 2013 mas ainda não apreciada. Em 2023, de todo modo, a corte formou maioria em recurso em *habeas corpus* no sentido de que a justiça castrense pode, sim, julgar civis em tempos de paz, uma vez que sua competência é firmada em razão do delito, e não da pessoa. Por sua vez,

ficando a cargo da jurisdição comum o processamento dos crimes contra a segurança interna. Por fim, fez-se constar na lei uma norma de natureza interpretativa, impedindo que qualquer dispositivo fosse interpretado em prejuízo do direito de greve.[599]

Após a instalação do regime militar em 1964, editou-se nova Constituição, em 1967. O novo texto constitucional permitia ao presidente da República a expedição de decretos com força de lei sobre temas de segurança nacional. A competência da jurisdição militar, em harmonia com o que estabelecera o Ato Institucional nº 2, de 1965, passou a abranger também crimes praticados por civis.[600]

Em seguida, o Decreto-Lei nº 314/1967, abusando de conceitos como "guerra revolucionária" e "guerra psicológica adversa", voltou a recrudescer o tratamento criminal de atos contra a segurança nacional, por ele definida como "garantia da consecução dos objetivos nacionais contra antagonismos, tanto internos como externos".[601]

Tal diploma legislativo configura um marco importante no desenvolvimento da chamada doutrina de segurança nacional, originalmente gestada na França. Batista e Borges explicam: "o comunismo interno e as lutas anticoloniais tardias, como a guerra pela libertação nacional da Argélia, eram os alvos prioritários dessa doutrina, também conhecida como *guerre révolutionnaire*".[602] De acordo com ela, no contexto da Guerra Fria, "as relações diplomáticas e a coexistência eram apenas uma etapa que disfarçava ou dissimulava uma forma moderna de guerra; e essa guerra alcançava, como uma expressão desse confronto internacional, as dissidências internas. Então o opositor político passou a ser um inimigo, o dissidente passou a merecer o tratamento jurídico que merece o soldado, o combatente".[603] Com a colaboração dos Estados Unidos, a

---

a Corte Interamericana de Direitos Humanos tem entendimento refratário à competência da justiça militar para julgamento de civis. BRASIL. Ministério Público Federal. *Arguição de Descumprimento de Preceito Fundamental nº 289*. Redator do acórdão: Ministro Dias Toffoli. 12 de dezembro de 2023; CORTE INTERAMERICANA DE DIREITOS HUMANOS. *Caso Palamara Iribarne vs. Chile*. 22 de novembro de 2005.

599 BATISTA, Nilo; BORGES, Rafael. *Crimes contra o Estado Democrático de Direito*. Rio de Janeiro: Revan, 2023. p. 24-25.

600 BATISTA, Nilo; BORGES, Rafael. *Crimes contra o Estado Democrático de Direito*. Rio de Janeiro: Revan, 2023. p. 25.

601 BATISTA, Nilo; BORGES, Rafael. *Crimes contra o Estado Democrático de Direito*. Rio de Janeiro: Revan, 2023. p. 26.

602 BATISTA, Nilo; BORGES, Rafael. *Crimes contra o Estado Democrático de Direito*. Rio de Janeiro: Revan, 2023. p. 26.

603 BATISTA, Nilo; BORGES, Rafael. *Crimes contra o Estado Democrático de Direito*. Rio de Janeiro: Revan, 2023. p. 26 e 33-34.

doutrina seria largamente difundida no continente americano, encontrando na Escola Superior de Guerra brasileira[604] uma importante aliada.

Em coerência com a progressiva radicalização da ditadura militar brasileira, cujo ponto alto foi a edição, em 13 de dezembro de 1968, do Ato Institucional nº 5, o Decreto-Lei nº 510/1969 agravou significativamente os termos do Decreto-Lei nº 314/1967, passando a punir, por exemplo, meros atos preparatórios.[605]

Mas, como observam Batista e Borges, o Decreto-Lei nº 898/1969 é que foi a "lei de segurança nacional por excelência da ditadura". Foi ele a "lei da tortura, dos assassinatos, dos desaparecimentos", praticados semiclandestinamente por um subsistema penal formado por agências repressivas como os Departamentos de Ordem Política e Social (DOPS) e os Destacamentos de Operações de Informações – Centros de Operações de Defesa Interna (DOI-CODI),[606] embora legitimados pela ideia de segurança nacional. Sobre esse conceito, Fragoso, penalista refinado, escreveu: "o conceito elaborado constitui mero esquema conceitual sem conteúdo, pois se caracteriza pela imprecisão e absoluta indeterminação. Permitiu, no entanto, que se criasse uma certa mística da segurança nacional, como algo relativo aos mais graves e transcendentais interesses do Estado, com a montagem de um aparato repressivo que se caracterizou pelo arbítrio e pela violência, com largo emprego da tortura".[607]

Uma das notas características do Decreto-Lei º 898/1969 foi a dureza das penas. Para muitos crimes foi cominada a pena de morte,

604 É interessante observar que, apesar de a Escola Superior de Guerra ter sido fundada apenas em 1949, a relação de colaboração – e, portanto, também de afinidade ideológica – entre França e Brasil nesse âmbito é bem mais antiga. Como relata Lira Neto, Castello Branco (presidente subscritor do referido Decreto-Lei nº 314/1967) viveu em Paris entre 1936 e 1938, onde estudou na Escola Superior de Guerra francesa, a título de prêmio por seu desempenho na Escola de Estado-Maior brasileira. NETO, Lira. *Castello*: a marcha para a ditadura. São Paulo: Companhia das Letras, 2019. p. 107-108.

605 BATISTA, Nilo; BORGES, Rafael. *Crimes contra o Estado Democrático de Direito*. Rio de Janeiro: Revan, 2023. p. 28.

606 As duas figuras mais conhecidas desse subsistema foram o delegado Sergio Paranhos Fleury, com atuação no DOPS de São Paulo, e o coronel Carlos Alberto Brilhante Ustra, vinculado ao DOI-CODI do II Exército, também em São Paulo. O jornalista Elio Gaspari oferece uma visão panorâmica do período de atuação mais intensa desse subsistema em: GASPARI, Elio. *A ditadura escancarada*. São Paulo: Companhia das Letras, 2002.

607 BATISTA, Nilo; BORGES, Rafael. *Crimes contra o Estado Democrático de Direito*. Rio de Janeiro: Revan, 2023. p. 28-29; FRAGOSO, Heleno Cláudio. Lei de segurança nacional. *Revista de Informação Legislativa*, Brasília, DF, ano 15, n. 59, 1978.

aplicada algumas vezes em decisões de primeira instância, mas nunca executada.[608]

Após quase dez anos de vigência, já no governo de Ernesto Geisel, o qual, diante do aniquilamento total da resistência armada à ditadura e da crise de popularidade do regime, iniciara o que chamou de "distensão lenta, gradual e segura", o Decreto-Lei nº 898/1969 foi revogado pela Lei nº 6.620/1978. A nova lei sistematizou num só diploma os chamados delitos políticos – que não se limitavam às figuras penais do Decreto-Lei nº 898/1969 e estavam espalhados também por outras normas. Isso implicou uma redução de tipos penais. Ademais, foram extintas as penas de morte e de prisão perpétua. Apesar disso, a nova lei seguiu explicitamente filiada à doutrina de segurança nacional e a suas "categorias exotéricas".[609]

A título de curiosidade, foi com base nessa lei que, em 19 de abril de 1980, o então líder sindical Luiz Inácio Lula da Silva foi preso, enquadrado em seu artigo 36, II, no contexto das grandes greves promovidas na região do ABC Paulista naquele ano.[610]

Um outro ponto interessante é a previsão, também presente na legislação que a antecedeu, de que "toda pessoa natural ou jurídica é responsável pela segurança nacional". Como observam Batista e Borges, esse dispositivo, aparentemente ingênuo, "relegitimou na verdade um Estado legal policial, criando um dever jurídico para o cidadão, que corresponde ao Estado".[611]

É impossível não associar essa proposta legal à posição de juristas hegelianos nazistas que equiparavam a legítima defesa à pena. Segundo essa perspectiva, como já vimos, "a fonte do direito era a comunidade popular, e não o Estado",[612] e a legítima defesa, mais do que uma permissão, era um dever dos indivíduos.[613] Era como se o Estado renunciasse à pretensão civilizatória de monopólio do uso da força e de aplicação

---

608 BATISTA, Nilo; BORGES, Rafael. *Crimes contra o Estado Democrático de Direito*. Rio de Janeiro: Revan, 2023. p. 31-32.

609 BATISTA, Nilo; BORGES, Rafael. *Crimes contra o Estado Democrático de Direito*. Rio de Janeiro: Revan, 2023. p. 32-34.

610 MORAIS, Fernando. *Lula*: biografia. São Paulo: Companhia das Letras, 2021. v. 1, p. 166-184 e 352-386.

611 BATISTA, Nilo; BORGES, Rafael. *Crimes contra o Estado Democrático de Direito*. Rio de Janeiro: Revan, 2023. p. 35.

612 ZAFFARONI, Eugenio Raul. *Doutrina penal nazista*: a dogmática penal alemã entre 1933 e 1945. Tradução de Rodrigo Murad do Prado. Florianópolis: Tirant Lo Blanch, 2019. p. 62-63.

613 ZAFFARONI, Eugenio Raul. *Doutrina penal nazista*: a dogmática penal alemã entre 1933 e 1945. Tradução de Rodrigo Murad do Prado. Florianópolis: Tirant Lo Blanch, 2019. p. 78.

do Direito Penal e conferisse essa aplicação diretamente à vontade das pessoas, todas elas convertidas em "policiais dos seus vizinhos".[614]

Em 1983, "na antessala da redemocratização", foi aprovada uma nova lei (nº 7.170/1983), a qual moderou a linguagem e manteve a rota de abrandamento penal iniciada no fim dos anos 1970. Ainda assim e apesar de algumas alusões alvissareiras à expressão "Estado de Direito", não há dúvida de que o diploma seguiu filiado à doutrina de segurança nacional. É sintomática a continuidade da referência à ideia de ordem política e social (conceito de tintas fascistas cuja origem remonta aos anos 1930), bem como a manutenção da competência da jurisdição militar para o julgamento dos crimes nele previstos.[615]

Tal diploma vigorou por quase 38 anos. Apenas em 2021, diante do já insuportável anacronismo da Lei nº 7.170/1983 e pressionado por um contexto de uso desse diploma para perseguição de opositores ao governo de então, o Congresso Nacional aprovou um novo regramento, a Lei nº 14.197/2021,[616] sobre a qual nos debruçamos em seguida.

7.1.2 A Lei nº 14.197/2021

Como Batista e Borges apontam, a Lei nº 14.197/2021, ao contrário das suas congêneres anteriores, não criou um diploma normativo novo,[617] mas sim acrescentou um novo título (XII) ao Código Penal, denominado "Dos Crimes Contra o Estado Democrático de Direito".

A lei não tem parte geral. Tem, porém, uma disposição comum, inscrita no artigo 359-T do Código Penal: "Não constitui crime previsto neste Título a manifestação crítica aos poderes constitucionais nem a atividade jornalística ou a reivindicação de direitos e garantias constitucionais por meio de passeatas, de reuniões, de greves, de aglomerações ou de qualquer outra forma de manifestação política com propósitos sociais". Trata-se de dispositivo relevante que salvaguarda a sociedade de manipulações arbitrárias que pervertam o sentido e os propósitos democratizantes da lei.

---

[614] BATISTA, Nilo; BORGES, Rafael. *Crimes contra o Estado Democrático de Direito*. Rio de Janeiro: Revan, 2023. p. 35.

[615] BATISTA, Nilo; BORGES, Rafael. *Crimes contra o Estado Democrático de Direito*. Rio de Janeiro: Revan, 2023. p. 38-39.

[616] BATISTA, Nilo; BORGES, Rafael. *Crimes contra o Estado Democrático de Direito*. Rio de Janeiro: Revan, 2023. p. 47.

[617] BATISTA, Nilo; BORGES, Rafael. *Crimes contra o Estado Democrático de Direito*. Rio de Janeiro: Revan, 2023. p. 51.

Os tipos penais da nova lei estão divididos em quatro capítulos: crimes contra a soberania nacional, crimes contra as instituições democráticas, crimes contra o funcionamento das instituições democráticas no processo eleitoral e crimes contra o funcionamento dos serviços essenciais. Além disso, a lei acresceu um parágrafo único ao artigo 286 do Código Penal, criando um tipo de incitação à animosidade envolvendo as Forças Armadas.[618]

Os crimes contra a soberania nacional, previstos no capítulo I, tutelam a segurança externa e a integridade territorial do país. Seu exame, portanto, não tem relevância no escopo deste trabalho.

Por sua vez, os crimes contra o funcionamento das instituições democráticas no processo eleitoral, previstos no capítulo III,[619] são importantes na medida em que tutelam o livre exercício dos direitos políticos pelos cidadãos, pressuposto essencial de um regime democrático. As figuras penais alinham-se a tipos existentes também em outras leis, como o Código Eleitoral (artigos 296, 297, 310, 312, 313 e 315) e a Lei nº 9.504/1997 (artigos 72 e 87), voltados à proteção da higidez do processo eleitoral. Acrescente-se, ainda, que especificamente o crime de violência política ("Art. 359-P. Restringir, impedir ou dificultar, com emprego de violência física, sexual ou psicológica, o exercício de direitos políticos a qualquer pessoa em razão de seu sexo, raça, cor, etnia, religião ou procedência nacional") não se limita à tutela dos direitos políticos no contexto eleitoral, mas a "todas as suas dimensões, abrangendo a capacidade de votar e ser votado, de ser nomeado para certos cargos públicos, de propor ação popular, de filiar-se a partidos políticos etc.".[620]

---

618 "Incitação ao crime Art. 286. Incitar, publicamente, a prática de crime: Pena – detenção, de três a seis meses, ou multa. Parágrafo único. Incorre na mesma pena quem incita, publicamente, animosidade entre as Forças Armadas, ou delas contra os poderes constitucionais, as instituições civis ou a sociedade".

619 "CAPÍTULO III DOS CRIMES CONTRA O FUNCIONAMENTO DAS INSTITUIÇÕES DEMOCRÁTICAS NO PROCESSO ELEITORAL Interrupção do processo eleitoral Art. 359-N. Impedir ou perturbar a eleição ou a aferição de seu resultado, mediante violação indevida de mecanismos de segurança do sistema eletrônico de votação estabelecido pela Justiça Eleitoral: Pena – reclusão, de 3 (três) a 6 (seis) anos, e multa. Art. 359-O. (VETADO). Violência política Art. 359-P. Restringir, impedir ou dificultar, com emprego de violência física, sexual ou psicológica, o exercício de direitos políticos a qualquer pessoa em razão de seu sexo, raça, cor, etnia, religião ou procedência nacional: Pena – reclusão, de 3 (três) a 6 (seis) anos, e multa, além da pena correspondente à violência. Art. 359-Q. (VETADO)".

620 BATISTA, Nilo; BORGES, Rafael. *Crimes contra o Estado Democrático de Direito*. Rio de Janeiro: Revan, 2023. p. 102 e 107.

De sua parte, os crimes contra o funcionamento dos serviços essenciais, previstos no capítulo IV,[621] contemplam na verdade um único tipo penal. Trata-se do tipo de sabotagem, que tem precedentes antigos no ordenamento brasileiro, mas ganhou em segurança jurídica ao renunciar à fórmula genérica "praticar sabotagem" e indicar com mais precisão as ações ("destruir" ou "inutilizar") que configuram o delito.[622]

Finalmente, merecem atenção mais detida os chamados crimes contra as instituições democráticas, previstos no capítulo II.[623] Como anotam Batista e Borges, os dois tipos penais desse capítulo (abolição violenta do Estado Democrático de Direito e golpe de Estado) rememoram o velho crime de insurreição, presente entre nós desde o Código de 1830. A partir dos anos 1930, além da figura básica da insurreição, empreendimentos legislativos passaram a trabalhar com tipos derivados, explorando conceitos como o de "ditadura de classe social", claramente voltados à repressão aos comunistas. A Lei nº 7.170/1983, contudo, editada já na fase derradeira do regime militar, aboliu quaisquer referências dessa natureza.[624]

Nas duas modalidades de insurreição previstas a partir da Lei nº 14.197/2021, exige-se a execução de "um ou mais atos idôneos", assim entendidos aqueles com "aptidão objetiva para a consecução da finalidade" que os anima. É imprescindível, portanto, uma "ação de vulto razoável", dificilmente viável por meio de ato individual isolado, podendo-se sustentar que, em regra, se trata de crimes plurissubjetivos.[625]

Noutro giro, ambos são crimes de atentado, tendo seu momento consumativo antecipado para a fase de tentativa. Logicamente, sob

---

[621] "CAPÍTULO IV DOS CRIMES CONTRA O FUNCIONAMENTO DOS SERVIÇOS ESSENCIAIS Sabotagem Art. 359-R. Destruir ou inutilizar meios de comunicação ao público, estabelecimentos, instalações ou serviços destinados à defesa nacional, com o fim de abolir o Estado Democrático de Direito: Pena – reclusão, de 2 (dois) a 8 (oito) anos".

[622] BATISTA, Nilo; BORGES, Rafael. *Crimes contra o Estado Democrático de Direito*. Rio de Janeiro: Revan, 2023. p. 110.

[623] "DOS CRIMES CONTRA AS INSTITUIÇÕES DEMOCRÁTICAS Abolição violenta do Estado Democrático de Direito Art. 359-L. Tentar, com emprego de violência ou grave ameaça, abolir o Estado Democrático de Direito, impedindo ou restringindo o exercício dos poderes constitucionais: Pena – reclusão, de 4 (quatro) a 8 (oito) anos, além da pena correspondente à violência. Golpe de Estado Art. 359-M. Tentar depor, por meio de violência ou grave ameaça, o governo legitimamente constituído: Pena – reclusão, de 4 (quatro) a 12 (doze) anos, além da pena correspondente à violência".

[624] BATISTA, Nilo; BORGES, Rafael. *Crimes contra o Estado Democrático de Direito*. Rio de Janeiro: Revan, 2023. p. 83-86.

[625] BATISTA, Nilo; BORGES, Rafael. *Crimes contra o Estado Democrático de Direito*. Rio de Janeiro: Revan, 2023. p. 87 e 93-94.

pena de inocuidade, não poderiam ser diferentes. Afinal, o êxito da insurreição leva ao poder o insurreto e torna inviável a sua punição.[626]

Perceba-se que essa opção legislativa não implica transgressão ao postulado da ofensividade. Isso porque a ofensividade deve ser aferida em termos normativos, e não naturalísticos. No caso de agressões à democracia, como visto, a incidência da lei penal somente é possível se prévia ao sucesso do empreendimento. Assim, a mera tentativa – desde que constituída de atos idôneos – perfaz integralmente o *iter criminis* e configura ofensa merecedora de sanção.

A nova lei certamente não é irreparável. Entre outras imperfeições, Batista e Borges bem observam que alguns de seus dispositivos (como os artigos 359-K, 359-L e 359-P) têm escalas penais muito estreitas, o que prejudica a individualização da pena. Além disso, não há motivo plausível para a cominação de penas máximas tão distintas aos crimes de abolição violenta do Estado Democrático de Direito (oito anos) e golpe de Estado (doze anos).[627]

Seja como for, com o advento da Lei nº 14.197/2021, hoje é seguro afirmar que temos um arcabouço legal em geral adequado de tutela penal da democracia. Cabe observar que também outros diplomas legislativos (como os já citados Código Eleitoral e a Lei nº 9.504/1997) cumprem papel nisso. Ademais, compreendida a democracia como um conceito substantivo (que contempla não apenas regras formais e procedimentais, mas também outros institutos e direitos fundamentais relevantes), uma norma como a Lei nº 7.716/1989 (que pune "crimes resultantes de discriminação ou preconceito de raça, cor, etnia, religião ou procedência nacional") igualmente contribui para a sua defesa.

7.2 A democracia como bem jurídico-penal e o intérprete

7.2.1 Possibilidade de reconhecimento de omissões legislativas

Embora, como recém dito, tenhamos um arcabouço legal em geral adequado para lidar com agressões à democracia, o dinamismo

---

626 BATISTA, Nilo; BORGES, Rafael. *Crimes contra o Estado Democrático de Direito*. Rio de Janeiro: Revan, 2023. p. 90 e 94.

627 BATISTA, Nilo; BORGES, Rafael. *Crimes contra o Estado Democrático de Direito*. Rio de Janeiro: Revan, 2023. p. 92, 97-98, 104 e 108.

do mundo contemporâneo possibilita que novas formas de ataque – ainda não tratadas pelo legislador – venham a ser concebidas.

Nessa hipótese, caso o legislador permaneça inerte, entendemos que é possível e recomendável que o Poder Judiciário, amparado na ideia de democracia militante, reconheça a omissão e concite o legislador a atuar.

No ano de 2019, em julgado tão paradigmático quanto controverso, já citado neste trabalho, o Supremo Tribunal Federal reconheceu a omissão do legislador brasileiro em criminalizar condutas homofóbicas e transfóbicas e, indo além, colmatou ele mesmo a omissão legislativa, determinando a aplicação da Lei nº 7.716/1989 (que versa sobre crimes de preconceito relacionados a raça, cor, etnia, religião ou procedência nacional) até que sobrevenha legislação específica sobre o tema.[628]

Como já registrado, a decisão, a nosso juízo, equivocou-se seriamente ao acabar criando, por ordem judicial, um tipo penal. Por outro lado, ela está correta ao reconhecer a omissão, possibilidade esta que deve se franquear ao Judiciário também na hipótese de identificação de novas formas de ofensa à democracia não tratadas pelo legislador.

Isso não significa, na nossa visão, que possa o Poder Judiciário, por via oblíqua, legislar. Mas, devido à gravidade do tema, que diz com a manutenção das próprias condições de existência da comunidade política, ele pode e deve exercer um rigoroso controle da eventual letargia da atividade legiferante do Congresso Nacional, concitando-o a atuar.

7.2.2 Interpretação contextual

Um aspecto importante sobre o tratamento da democracia no âmbito penal consiste na imprescindibilidade de uma análise contextual de atos potencialmente criminosos que a ofendam.

Nesse sentido, a propósito de decisões relacionadas ao tema que o Supremo Tribunal Federal passou a tomar sobretudo a partir do fim do ano de 2022, Vilhena Vieira e Borges bem anotam que seria difícil compreendê-las "fora do 'romance em cadeia', para usar a conhecida expressão de Dworkin, que tem sido escrito para dar conta das mais diversas formas de agressão à democracia brasileira nos últimos anos". Embora cada decisão isoladamente considerada deva ter fundamentação

---

[628] BRASIL. Supremo Tribunal Federal. *Ação Direta de Inconstitucionalidade por Omissão nº 26*. Relator: Ministro Celso de Mello. 13 de junho de 2019; BRASIL. Supremo Tribunal Federal. *Mandado de Injunção nº 4.733*. Relator: Ministro Edson Fachin. 13 de junho de 2019.

válida, "a legitimidade de cada uma delas também deve ser simultaneamente avaliada à luz de uma visão mais abrangente sobre o avanço do autoritarismo globalmente considerado – e, por consequência, do conjunto de decisões judiciais já proferidas a propósito do mesmo fenômeno".[629]

Esse quadro evoca categoria que os penalistas chamam de crimes de acumulação. Concebidos originalmente por Lothar Kuhlen, esses delitos, em síntese, contemplam situações que isoladamente têm baixa nocividade, mas que, na hipótese de sua acumulatividade, podem causar danos expressivos. Assim, mesmo um ato isolado e aparentemente insignificante pode exigir resposta penal.[630]

Embora critique o modelo concebido por Kuhlen, uma vez que identificar uma ofensa merecedora de reprimenda penal a partir de uma hipótese meramente teórica de repetição é incompatível com o postulado da ofensividade, D'Avila refina a categoria e, a partir de um novo conceito (designado como cuidado-de perigo), chama a atenção para a importância da consideração do contexto na avaliação de condutas potencialmente delitivas. Não se trata de um juízo de puro desvalor da ação, o que também encontraria obstáculo instransponível no postulado da ofensividade, "mas sim de uma realidade jurídico-penalmente desvaliosa que se projeta, a partir de uma relação de dependência absoluta com o contexto, para além da própria conduta". É "o contexto que, cotejado a partir da conduta típica, irá permitir a afirmação ou negação de uma possibilidade de dano".[631]

A incorporação dessa perspectiva contextual à apreciação de fatos potencialmente criminosos que ofendem a democracia é fundamental. Assim, num hipotético cenário em que reine a tranquilidade política e institucional, uma ação isolada e individual, mesmo que praticada com alguma violência e retórica antidemocrática, não é enquadrável entre as figuras penais da Lei nº 14.197/2021 (notadamente os tipos

---

629 VIEIRA, Oscar Vilhena; BORGES, Ademar. Democracia militante e a quadratura do círculo. *Jota*, São Paulo, 16 fev. 2023. Disponível em: https://www.jota.info/artigos/democracia-militante-e-a-quadratura-do-circulo-16022023.

630 D'AVILA, Fabio Roberto. *Ofensividade em Direito Penal*: escritos sobre a teoria do crime como ofensa a bens jurídicos. Porto Alegre: Livraria do Advogado, 2009. p. 119-120.

631 Observe-se que inclusive o instituto dos crimes de bagatela ou insignificantes, hoje ampla e corriqueiramente incorporado à prática forense, não é senão desdobramento da consideração do "impacto de uma determinada conduta em relação a um dado contexto". D'AVILA, Fabio Roberto. *Ofensividade em Direito Penal*: escritos sobre a teoria do crime como ofensa a bens jurídicos. Porto Alegre: Livraria do Advogado, 2009. p. 121 e 124.

de abolição violenta do Estado Democrático de Direito e de golpe de Estado) se não tiver vulto mínimo e qualquer chance de êxito. Ela pode e deve, claro, ser enquadrada em outros tipos penais (como o crime de dano ao patrimônio, por exemplo), mas não nas figuras da Lei nº 14.197/2021, reservadas a casos comprovadamente graves, avaliados segundo o seu contexto.

Um caso de ato que, embora individual, mereceu enquadramento na Lei nº 14.197/2021 foi o do ex-deputado federal Daniel Silveira. Em vídeos publicados nas suas redes sociais ao longo do ano de 2020, o então parlamentar fez declarações em que chegou a concitar seus seguidores a invadir o Congresso Nacional e o Supremo Tribunal Federal e a retirar seus membros na "base da porrada".[632]

---

[632] Consta na denúncia da Procuradoria-Geral da República: "6. Ao requerer as medidas cautelares, a Procuradoria Geral da República citou manifestações do acusado nas redes sociais, entre elas uma declaração em 'live' realizada no dia 19 de abril de 2020, na qual incita a população a fazer um cerco e uma invasão aos edifícios-sedes do Supremo Tribunal Federal e do Congresso Nacional, a fim de retirar os respectivos ocupantes 'na base da porrada.' Sem meias palavras, ele diz que seu 'trabalho' como deputado federal consiste em 'retirar esses [ministros e os parlamentares] do poder', coloca-se à disposição para esse efeito e chega ao ponto de conclamar, através de um tuíte, as Forças Armadas a unirem-se a esta causa, a despeito de ter dito não concordar com as ideias de 'intervenção militar' ou 'ruptura da ordem política social' quando prestou declarações à Polícia Federal sobre os Fatos. 7. Ocorre que desde que passou a ser alvo da apuração, o denunciado adorou como estratégia deliberada desferir agressões verbais e graves ameaças aos ministros que irão apreciar o inquérito nº 4.828 no Supremo em uma série de mídias inseridas nos canais que mantém nas redes sociais, visando coagi-los pela intimidação e, com isso, desestimular, em seu favor, a aplicação da lei penal, já que segundo o art. 256 do Código de Processo Penal, a suspeição não pode ser declarada nem reconhecida, quando a parte injuriar o juiz ou de propósito der motivo para criá-la, como vem ocorrendo. 8. Em vídeo intitulado 'Na ditadura você é livre, na democracia é preso!', publicado no YouTube, em 17 de novembro de 2020, o denunciado refere-se ao relator daquele expediente como 'advogado do PCC'. Escudando-se no que entende por liberdade de pensamento, instiga que 'o povo entre dentro do STF, agarre o Alexandre de Moraes pelo colarinho dele e sacuda a cabeça de ovo dele e o jogue dentro de uma lixeira'. Sustenta que o ministro Roberto Barroso 'fraudou' as eleições de 2020, que o Supremo Tribunal Federal é uma 'associação de merda', e que os respectivos ministros são 'cretinos'. [...] 9. Também veiculado no YouTube, o vídeo 'Convoquei as Forças Armadas para intervir no STF', de 6 de dezembro do ano passado, o denunciado alude ao ministro Barroso como 'boquinha de veludo' [00:00:46], aduz que 'o STF e a Justiça Eleitoral não vão mais existir porque nós não permitiremos' [00:03:31], xinga os ministros de 'cretinos' [00:06:10], 'marginais' [00:06:13], 'escória' [00:10:50], 'lixo do Poder Judiciário' [00:10:52] e 'cambada de imbecil' [00:17:50]. Desafia o Supremo a buscar 'meios' de prendê-lo [00:04:01] e sustenta, em tom de revide, que ele teria 'relatórios' a apresentar que supostamente comprometeriam os ministros do Tribunal. 10. Essa percepção advém lendo-se, a seguir, a totalidade da transcrição da gravação, com destaque para a passagem registrada no momento 00:11:23, na qual o denunciado instiga, mais uma vez, a prática do delito capitulado no art. 18 da Lei nº 7.170/1983, que diz respeito à tentativa de impedir, com emprego de violência ou grave ameaça, o livre exercício do Poder Judiciário". BRASIL. Ministério Público Federal. Denúncia. *Ação Penal nº 1.044*. Vice-Procurador-Geral da República Humberto Jacques de Medeiros. 17 de fevereiro de 2021.

Por maioria, assentando ter havido continuidade normativo-típica entre os artigos 18 e 23, IV, da Lei nº 7.170/1983 (imputados na denúncia) e o artigo 359-L do Código Penal (criado pela Lei nº 14.197/2021, posterior aos fatos), o Supremo Tribunal Federal entendeu configurado o crime de abolição violenta do Estado Democrático de Direito.[633]

A nosso ver, considerando sobretudo o contexto dos fatos, andou bem a Suprema Corte. Não é possível ignorar que, já à época da publicação dos vídeos, o país vivenciava um quadro de tensão político-institucional. Nesse contexto, a conduta do réu (pessoa de grande visibilidade que se aproveitou dessa condição para disseminar em larga escala a defesa de uma ruptura com o regime democrático) não pode ser considerada inexpressiva para fins penais.

Seja como for, o exemplo por excelência de consideração do contexto na análise de crimes contra as instituições democráticas consiste na já referida denúncia da Procuradoria-Geral da República contra Jair Messias Bolsonaro e aliados por tentativa de golpe de Estado e de abolição violenta do Estado Democrático de Direito. Como num "romance em cadeia",[634] a denúncia narra muitos fatos (a exemplo da disseminação de notícias falsas, arroubos retóricos contra adversários e integrantes do Poder Judiciário, atos públicos e virtuais voltados a desacreditar o sistema eleitoral) que, individualmente considerados, poderiam ser classificados como irregularidades eleitorais ou mesmo como infrações penais menores, mas não como delitos contra as instituições democráticas. É apenas a partir de uma avaliação contextual e do encadeamento cuidadoso desses atos – feito com irreparável engenhosidade na peça acusatória – que se pode concluir que, desde muito antes das eleições de 2022, já estava em curso a prática de crimes contra as instituições democráticas, os quais, após a disputa eleitoral, escalariam e assumiriam um perfil mais ostensivo e violento, com planos que, para além de intervenção militar, contemplavam inclusive a prisão e a morte de autoridades.

São vários os trechos da denúncia que evidenciam a imprescindibilidade de uma interpretação contextual.

---

[633] BRASIL. Supremo Tribunal Federal. *Ação Penal nº 1.044*. Relator: Ministro Alexandre de Moraes. 20 de abril de 2022.

[634] A célebre expressão de Ronald Dworkin ("romance em cadeia") foi usada por Lenio Luiz Streck para qualificar a denúncia proposta pela Procuradoria-Geral da República contra o ex-presidente Bolsonaro.

A propósito de uma reunião promovida pelo então presidente Bolsonaro com embaixadores de outros países com o objetivo de desacreditar o sistema eleitoral eletrônico brasileiro, a Procuradoria-Geral da República bem apontou: "O discurso promovido na ocasião, examinado em conjunto com as demais ações narradas nesta peça acusatória, encaixa-se na estratégia maior de enfraquecimento do Estado Democrático de Direito, no âmbito nacional e internacional".[635] É dizer, isoladamente considerado, o fato talvez configurasse mera transgressão a ser punida no âmbito da Justiça Eleitoral. O contexto geral em que o fato se insere, porém, revela que se tratou de algo muito mais grave.

De modo similar, acerca da deliberada omissão das autoridades de segurança pública do Distrito Federal por ocasião dos atos antidemocráticos de 8 de janeiro de 2023, em Brasília, a Procuradoria anotou: "a inatividade da SSP/DF deve ser vista dentro de contexto mais amplo – como forma de viabilizar a convulsão social que justificasse ato de exceção".[636]

É importante perceber que esse exame contextual de atos potencialmente atentatórios ao regime democrático é mandamento que decorre das próprias características que costumam marcar as grandes ameaças à democracia no mundo contemporâneo. Como já se disse, as agressões mais relevantes à democracia na atualidade não são, em geral, quarteladas e golpes convencionais, mas processos complexos e incrementais de dissolução das instituições democráticas. Não por outra razão, na denúncia contra o ex-presidente Bolsonaro, a Procuradoria, muito oportunamente, também registrou: "A ação coordenada foi a estratégia adotada pelo grupo para perpetrar crimes contra as instituições democráticas, os quais não seriam viáveis por meio de um único ato violento. A complexidade da ruptura institucional demandou um *iter criminis* mais distendido, em que se incorporavam narrativas contrárias às instituições democráticas, a promoção de instabilidade social e a instigação e cometimento de violência contra os poderes em vigor".[637]

Por último, releva notar que isso tudo impacta a própria forma de confecção de denúncias em casos de crimes contra as instituições

---

[635] BRASIL. Ministério Público Federal. Denúncia. *Petição nº 12.100*. Procurador-Geral da República Paulo Gustavo Gonet Branco. Brasília. 18 de fevereiro de 2025.

[636] BRASIL. Ministério Público Federal. Denúncia. *Petição nº 12.100*. Procurador-Geral da República Paulo Gustavo Gonet Branco. Brasília. 18 de fevereiro de 2025.

[637] BRASIL. Ministério Público Federal. Denúncia. *Petição nº 12.100*. Procurador-Geral da República Paulo Gustavo Gonet Branco. Brasília. 18 de fevereiro de 2025.

democráticas. A boa técnica jurídica recomenda que a peça inicial de uma ação penal seja extremamente objetiva e concisa.[638] Ao se tratar da tutela penal da democracia, entretanto, a natureza dos crimes impõe denúncias inevitavelmente mais detalhadas e extensas.

7.2.3 *In dubio pro* democracia

Ao discorrer sobre as relações entre os poderes e a postura do Judiciário em ambientes de crise que ameaçam a democracia, Souza Neto sugere um parâmetro que denomina *in dubio pro* democracia.[639]

Entendemos que esse parâmetro pode ser útil também na esfera penal. Com isso não se pretende sustentar a relativização de garantias processuais ou a inversão de ônus probatório, o que encontra obstáculo insuperável na Constituição. O que se busca defender é que a carga axiológica da democracia enquanto bem jurídico-penal, bem como o fato de ela ser condição de existência de outros bens e de não poder transigir com a possibilidade da própria destruição, projetam efeitos sobre a atuação do operador da lei na apreciação, por exemplo, de medidas cautelares (como a proibição de uso de redes sociais ou mesmo a prisão).

Nesse sentido, entende-se que agiu corretamente o Supremo Tribunal Federal ao adotar, por exemplo, a drástica medida de suspensão temporária da rede X, diante do reiterado descumprimento de ordens judiciais que determinavam a remoção de postagens e o bloqueio de perfis utilizados para a prática de infrações penais que ofendem o regime democrático.

Na ocasião, em síntese, a fim de persuadir a rede a cumprir suas decisões, a corte impôs multas. As multas não foram pagas. Mais do que isso, com o propósito indisfarçável de não se submeter às autoridades brasileiras, a rede desmobilizou seus escritórios no país e anunciou que não cumpriria as decisões do Supremo. A Procuradoria-Geral da República bem sintetizou a celeuma: "Não houve cumprimento; mais do que isso, anunciou-se a transgressão. Ordem judicial pode ser passível

---

638 Nesse sentido, diz Mendonça: "Devem ser excluídos da imputação dados que sejam irrelevantes, desnecessários ou supérfluos para sua compreensão. Detalhes desnecessários devem ser evitados. A denúncia deve ser 'enxuta' ao máximo, para que o fato imputado fique o mais claramente possível delimitado". GAVRONSKI, Alexandre Amaral; MENDONÇA, Andrey Borges de. *Manual do Procurador da República*: teoria e prática. Salvador: JusPodivm, 2017. p. 379

639 SOUZA NETO, Cláudio Pereira de. *Democracia em crise no Brasil*. Rio de Janeiro: Eduerj; São Paulo: Contracorrente, 2020. p. 18.

de recurso, mas não de desataviado desprezo. O acatamento de comandos do Judiciário é um requisito essencial de civilidade e condição de possibilidade de um Estado de Direito".[640]

Da ementa da decisão colegiada que referendou a determinação do relator, verifica-se que se associou expressamente o exame do *periculum in mora* à relevância da defesa da democracia: "*periculum in mora* – consistente na manutenção e ampliação da instrumentalização da X BRASIL, por meio da atuação de grupos extremistas e milícias digitais nas redes sociais, com massiva divulgação de discursos nazistas, racistas, fascistas, de ódio, antidemocráticos, inclusive no período que antecede as eleições municipais de 2024".[641] É dizer, a relevância do bem jurídico-penal protegido (a democracia) impôs uma medida extrema, possivelmente incabível se os bens tutelados fossem outros de menor envergadura.

7.2.4 Rigor contra o abuso de institutos

Ao discorrer sobre possíveis medidas militantes de defesa da democracia, Loewenstein refere expressamente o combate ao "abuso de instituições parlamentares pelo extremismo político".[642]

Podemos dizer que a ideia de abuso tem origem no Direito Privado e consiste, grosso modo, na transmutação de um ato originalmente lícito em antijurídico a partir do exercício de um direito de modo excessivo e em contrariedade aos seus fins.[643]

No que aqui interessa, o exemplo mais relevante de instituto suscetível a abusos e, como tal, merecedor de atenção é a imunidade parlamentar. Como explica Gonet, "a imunidade não é concebida para gerar um privilégio ao indivíduo que por acaso esteja no desempenho

---

[640] BRASIL. Ministério Público Federal. *Parecer na Petição nº 12.404*. Procurador-Geral da República Paulo Gustavo Gonet Branco. 30 de agosto de 2024.

[641] BRASIL. Supremo Tribunal Federal. *Petição nº 12.404*. Relator: Ministro Alexandre de Moraes. 04 de setembro de 2024.

[642] LOEWENSTEIN, Karl. Militant democracy and fundamental rights, II. *The American Political Science Review*, [*S. l.*], v. 31, n. 4, p. 650, 1937.

[643] MIRAGEM, Bruno; BADIA, Ana Lúcia Seifriz. Repensando o abuso de direito: limites e interpretação. *Revista Internacional Consinter de Direito*, Curitiba, v. 5, n. 8, p. 559-579, 2019.

do mandato popular; tem por escopo, sim, assegurar o livre desempenho do mandato e prevenir ameaças ao funcionamento normal do Legislativo".[644]

A imunidade parlamentar pode ser formal (constante nos parágrafos 1º a 5º do artigo 53 da Constituição) ou material (constante no *caput* do artigo 53). Essa última está assim prevista: "Art. 53 Os Deputados e Senadores são invioláveis, civil e penalmente, por quaisquer de suas opiniões, palavras e votos".

As origens do instituto da imunidade remontam à *Bill of Rights* inglesa de 1688. No Brasil, ele esteve previsto em todas as Constituições pretéritas[645] e compôs o pano de fundo de um episódio tão relevante quanto trágico da nossa história.

No início de setembro de 1968, diante de notícias de violência e tortura de que tomara conhecimento, o deputado Marcio Moreira Alves, em discurso na tribuna da Câmara, sugeriu um boicote às comemorações da Semana da Pátria. E foi além. Impressionado com uma peça de teatro de Aristófanes a que recém assistira, na qual a personagem Lisístrata propõe às mulheres uma greve de sexo, emendou: "Esse boicote pode passar também às moças, às namoradas, àquelas que dançam com os cadetes e frequentam os jovens oficiais".[646]

A caserna ofendeu-se. Pressionado, o presidente Costa e Silva pediu ao seu ministro da Justiça que estudasse uma forma de punir o parlamentar. A proposta de solução foi rápida: o governo deveria pedir à casa legislativa uma licença para processar o deputado.[647] Prevendo derrota e crise, o senador gaúcho Daniel Krieger, presidente da Aliança Renovadora Nacional, escreveu ao presidente: "O deputado é, nos termos do artigo 34 da Constituição, inviolável no exercício do mandato, por suas opiniões, palavras e votos. A inviolabilidade exclui o caráter delituoso da ação, desde que praticada na tribuna, pareceres e votos". Prosseguindo, alertou: "A tradição, o espírito de classe e a natureza secreta do voto nos levam à convicção da negação da licença. Criada

---

644 MENDES, Gilmar Ferreira; GONET BRANCO, Paulo. *Curso de Direito Constitucional*. São Paulo: Saraiva Educação, 2020. p. 1038.

645 STRECK, Lenio Luiz; OLIVEIRA, Marcelo Andrade Cattoni de; NUNES, Dierle. Comentários ao art. 53. *In*: CANOTILHO, José Joaquim Gomes *et al.* (coord.). *Comentários à Constituição do Brasil*. São Paulo: Saraiva Educação, 2018. p. 1146-1147.

646 GASPARI, Elio. *A ditadura envergonhada*. São Paulo: Companhia das Letras, 2002. p. 315-316.

647 GASPARI, Elio. *A ditadura envergonhada*. São Paulo: Companhia das Letras, 2002. p. 316-317.

essa situação, dela decorreria uma crise institucional, pondo em antagonismo a Câmara e as Forças Armadas do país".[648]

A previsão foi certeira. No dia 12 de dezembro de 1968, a Câmara, por maioria de 216 votos contra e 136 a favor, rejeitou o pedido para processar Marcio Moreira Alves. No dia seguinte, o Conselho de Segurança Nacional reuniu-se e Costa e Silva baixou o Ato Institucional nº 5.[649]

Após a Constituição de 1988, os limites da imunidade parlamentar foram questionados algumas vezes perante o Supremo Tribunal Federal, que, em geral, manteve postura de bastante deferência ao instituto.

Em 2018, por exemplo, o Supremo Tribunal Federal rejeitou denúncia apresentada pela Procuradoria-Geral da República contra o então deputado federal Jair Bolsonaro pela prática do crime previsto no artigo 20 da Lei nº 7.716/1989, em razão de declarações discriminatórias, proferidas no ano anterior em evento no Clube Hebraica do Rio de Janeiro, sobre quilombolas, indígenas, refugiados, mulheres e homossexuais.[650] A Primeira Turma da corte entendeu, vencida a ministra Rosa Weber, que as declarações, ainda que prestadas fora das dependências da casa parlamentar, tinham relação com o exercício do mandato e, assim, estavam protegidas pela imunidade.[651]

Diferente foi o entendimento, em 2022, no já mencionado caso envolvendo o então deputado Daniel Silveira. Na ementa do acórdão condenatório, a Suprema Corte anotou que "a garantia constitucional da imunidade parlamentar material somente incide no caso de as manifestações guardarem conexão com o desempenho da função legislativa ou que sejam proferidas em razão desta, não sendo possível utilizá-la como verdadeiro escudo protetivo para a prática de atividades ilícitas".[652]

---

648 KRIEGER, Daniel. *Desde as missões... saudades, lutas, esperanças*. Rio de Janeiro: José Olympio, 1977. p. 331.

649 GASPARI, Elio. *A ditadura envergonhada*. São Paulo: Companhia das Letras, 2002. p. 331-340.

650 Consta na denúncia: "Ao assim agir, JAIR MESSIAS BOLSONARO praticou a conduta ilícita tipificada no art. 20, *caput* da Lei 7.716/89, vez que, em seu discurso tratou os quilombolas como seres inferiores, igualando-os a mercadoria (discriminação) e ainda reputou-os inúteis, preguiçosos (preconceito) e também incitou a discriminação em relação aos estrangeiros, estimulando os presentes no Clube Hebraica, um público de cerca de trezentas pessoas, além de outras pessoas que tiveram acesso a vídeos divulgados do evento, a pensarem e agirem de igual forma (induzimento e/ou incitação)". BRASIL. Ministério Público Federal. Denúncia. *Inquérito nº 4.694*. Procuradora-Geral da República Raquel Elias Ferreira Dodge. 12 de abril de 2018.

651 BRASIL. Supremo Tribunal Federal. *Inquérito nº 4.694*. Relator: Ministro Marco Aurélio. 12 de abril de 2018.

652 BRASIL. Supremo Tribunal Federal. *Ação Penal nº 1.044*. Relator: Ministro Alexandre de Moraes. 20 de abril de 2022.

A nosso ver, agiu bem o Supremo Tribunal Federal nesse caso. É certo que, sem parlamentares livres para manifestar suas posições com irrestrito destemor, não existe regime democrático. No entanto, não se pode perder de vista que a imunidade é meio, e não fim. Na medida em que é instrumental à democracia, ela não pode, sob pena de se prestar à autossabotagem, contemplar agressões à própria democracia.

Perceba-se, ainda, que a democracia brasileira, como já frisamos, é um conceito substantivo. Daí porque crimes como o racismo também representam ofensa à democracia e não deveriam, ao contrário do que decidiu o Supremo Tribunal Federal em 2018, ser albergados pelo instituto da imunidade.

CONCLUSÃO

Sínteses conclusivas

A título de encerramento, buscamos reconstruir abaixo, da forma mais esquemática possível, conclusões a que chegamos ao longo do itinerário percorrido.

1. As abordagens predominantes sobre o chamado processo de criminalização da política e as problemáticas a ele correlatas – que envolvem questões como a função do Direito Penal, a adequada calibragem do sistema de combate à corrupção e a tutela da democracia – são marcadas por extrema simplificação. Uma das narrativas mais destacadas é aquela dos operadores – e também idealizadores, de modo que se trata de uma espécie de versão autêntica – do fenômeno da criminalização da política. Tal narrativa padece de problemas formais e materiais, tais como: a pretensão de absoluta neutralidade técnica, o maniqueísmo, a personificação do combate à corrupção como uma missão do bem contra o mal e, principalmente, a conversão do Direito Penal em instrumento de correção de problemas morais, políticos e sociais.

2. O ideário simplificador tem sua origem fundamental em Galileu Galilei, Francis Bacon e René Descartes. O desenvolvimento das ideias desses pensadores, em suas versões mais extremas e vulgares, levará à conclusão de que não existe qualquer participação do sujeito na criação de conhecimento sobre um objeto, o qual é sempre um dado, já previamente existente, a ser revelado matematicamente, desprezando-se a mediação promovida pela linguagem. Essa visão encontrou campo fértil primeiro na física e depois se expandiu para outros domínios, como o Direito.

3. No curso do século XX, passaram a ser revelados os problemas e até mesmo as tragédias que, em versões mais extremas e vulgares, o paradigma carteasiano-simplificador pode produzir. Da necessidade de responder a esse quadro emerge, então, mais uma vez primeiro na física, uma nova ideia: a complexidade.

4. A complexidade ingressa na ciência por meio de descobertas que relativizam postulados até então considerados absolutos. Constata-se que a imensa maioria dos fenômenos ocorre em situações de não equilíbrio, nas quais noções como a causalidade local, a objetividade e o determinismo não necessariamente funcionam. Passa-se a trabalhar com as ideias de caos e de incerteza, a qual, porém, não consiste em puro acaso ou imprecisão. O paradigma complexo rejeita tanto a previsibilidade absoluta quanto a imprevisibilidade absoluta.

5. Esse desconcerto epistemológico não fica confinado às ciências exatas e da natureza, projetando-se sobre todo o conhecimento humano. Transposto para o plano da interpretação-aplicação do Direito, o novo paradigma rechaça seja o subjetivismo (ou solipsismo), seja o objetivismo (ou essencialismo). Além disso, em face da especialização e fragmentação do conhecimento derivados da simplicidade cartesiana, ele recomenda que problemáticas intrincadas como a criminalização da política sejam analisadas a partir de um esforço transdisciplinar.

6. Adotada uma perspectiva transdisciplinar, é possível afirmar que a criminalização da política é desdobramento de múltiplas origens, as quais não consistem em meras causas, redutíveis a estruturas silogísticas simples ou a esquemas cartesianos de causa e efeito, mas em um conjunto complexo de condições que ajudam a explicar os eventos que se desdobram a partir delas. Entre essas origens, é possível destacar: (i) o peso do realismo jurídico no pensamento e na prática jurídica brasileira; (ii) a etização do Direito Penal (o que teve no nazismo seu exemplo maior); (iii) a emergência de um novo arranjo institucional e (iv) a influência da experiência italiana de combate à corrupção.

7. No campo do Direito, nenhum movimento radicalizou tão profundamente o ideal simplificador quanto o realismo jurídico, o qual, embora seja uma tentativa de contraposição ao positivismo jurídico, com ele compartilha uma mesma forma cientificista e empirista de ver as coisas. Entre outras repercussões no campo jurídico, o realismo leva a um aumento da discricionariedade, ao fortalecimento do senso comum e à adesão a um pragmatismo utilitarista. Tudo isso esteve muito presente no fenômeno da criminalização da política.

8. Analisar o nazismo e suas instituições jurídicas não significa especular sobre meras curiosidades do passado. Embora de curta duração, o nazismo foi um regime que produziu imensas consequências no processo histórico, político e jurídico, nos mais diversos campos do conhecimento e pontos do globo, inclusive no Direito Penal latino-americano, que é tributário da dogmática penal alemã. Apesar dos esforços de desnazificação que o mundo empreendeu, muitas categorias ligadas àquele fenômeno continuaram existindo, e sua influência ainda se faz sentir. Nesse sentido, cabe destacar que o nazismo promoveu uma perversão das funções do Direito Penal, que passou por um processo de *etização*, se desvinculou da ideia de lesão a bens jurídicos e criou uma relação de subordinação à vontade popular majoritária. Tais elementos estão também presentes no processo de criminalização da política.

9. Nas últimas décadas, em especial após o advento da Constituição de 1988, o Brasil passou por transformações institucionais muito relevantes. Houve um movimento de expansão e autonomização do sistema de justiça, em especial do Ministério Público. Além disso, verificou-se uma crescente tendência de judicialização de questões políticas, a qual primeiro se afirmou na esfera cível (mediante, por exemplo, a impugnação de ações de governo inadequadas e a demanda por políticas públicas e concretização de direitos sociais) e depois se deslocou para a esfera criminal. Por fim, constata-se uma mudança na ideia de legitimidade, deturpada por parcela expressiva da magistratura e do Ministério Público, que passa a se atribuir uma legitimidade superior à das instituições eleitas pelo voto popular. Esses fatores contribuíram para viabilizar o fenômeno da criminalização da política.

10. A experiência italiana de combate à corrupção dos anos 1980 e 1990, a qual produziu resultados muito nocivos na vida política daquele país, foi transplantada para o Brasil, em especial por meio da Operação Lava Jato. Um transplante jurídico consiste, em síntese, em tomar de empréstimo um instituto, uma norma ou uma prática de um país e inseri-lo em outro. No caso da Operação Lava Jato, o transplante ocorreu num nível predominantemente simbólico. No discurso de figuras proeminentes da Operação Lava Jato identificam-se inúmeras alusões, em tom por vezes mitificador, a personagens de destaque da experiência italiana de combate à corrupção. As referências, no entanto, carecem de rigor e acabam por confundir o papel desempenhado pelos atores do sistema de justiça nos dois países. A confusão mais visível consiste na equiparação de magistrados do Ministério Público italiano

com magistrados judiciais brasileiros. Além disso, o transplante ocorreu também no nível institucional. A partir de uma combinação de modificações político-jurídicas levadas a efeito por diversas vias – legislativa, jurisprudencial, ações de governo e mesmo acordos tácitos entre os diversos atores do sistema de justiça – o modelo institucional brasileiro na seara processual penal afastou-se de um padrão de separação de funções e tornou-se um modelo mais cooperativo, aproximando-se do modelo italiano. Esse quadro contribuiu para a criminalização da política.

11. Compreendidas algumas origens que forjaram a chamada criminalização da política, é necessário melhor defini-la. Entende-se que a criminalização da política configura uma espécie do gênero perversão do Direito. Essa categoria teórica, de acordo com abalizada doutrina, consiste na manipulação do Direito com o fim de dar forma jurídica a atos na verdade arbitrários. No fenômeno da criminalização da política, operadores do sistema de justiça, sem legitimidade democrática, recorrem ao Direito Penal e à sua gramática para a promoção de fins – como a correção de problemas morais e políticos – em tudo estranhas às suas atribuições e às funções desse campo do Direito.

12. O funcionamento do processo de criminalização da política envolve muitos aspectos, tais como: (i) o uso intensivo da comunicação e a supressão da distinção entre sociedade e Estado; (ii) a relativização da legalidade; (iii) abusos processuais, como violações ao sistema acusatório, manipulação de regras de competência, violações à garantia do juiz natural e abuso de prisões cautelares, e (iv) abusos materiais, consistentes sobretudo na inflação e manipulação dos tipos penais de associação e organização criminosa e corrupção.

13. O uso intensivo da comunicação no campo penal é um fenômeno antigo, transnacional e comum a diversos segmentos do espectro ideológico. Além disso, embora mais frequente em regimes autoritários, trata-se de um fenômeno também existente em democracias consolidadas. Seja como for, no caso brasileiro, a relação entre comunicação e Direito Penal tem particularidades, que confluem na conversão da Operação Lava Jato, mais do que num conjunto de processos, num movimento, que busca falar diretamente com a sociedade e em nome dela, sem mediações, liturgias ou procedimentos controláveis. Ao suprimir a necessária distinção entre sociedade e Estado, esse comportamento torna-se perigoso.

14. A pretensão de usar a esfera penal para falar diretamente com a sociedade, sem rigores formais, está ligada a uma tendência geral de

informalização, capaz de derivar, em suas versões mais radicalizadas, para o que se chama de "Direito Penal subterrâneo". No fundo, isso está imbricado com a fragilização da própria legalidade como alicerce do sistema penal. Em regimes abertamente autoritários, a legalidade chega a ser expressamente suprimida. Mas também em democracias consolidadas ela tem sido alvejada. Um exemplo notório de ataque à garantia da legalidade no âmbito da Operação Lava Jato consistiu na invocação de um suposto estado de exceção que justificaria medidas extravagantes por ela adotadas.

15. A Constituição brasileira de 1988 estabeleceu um modelo acusatório de processo penal, o qual, ao estabelecer uma intransponível divisão entre as funções de acusar e julgar, projeta efeitos sobre a atuação do Poder Judiciário e a condução da investigação criminal. Como agente equidistante das partes, o Poder Judiciário não pode – salvo em hipóteses excepcionais previstas expressamente na legislação – requisitar e conduzir investigações criminais. Na fase propriamente processual, quando já deflagrada a ação penal, não é admitido ao Judiciário atuar em apoio ou de modo a suprir eventuais falhas do trabalho persecutório do Ministério Público. No âmbito da Operação Lava Jato, porém, houve reiterado descumprimento a esses postulados.

16. A garantia do juiz natural, consagrada expressamente no texto constitucional, veda a manipulação discricionária de regras de competência pelos sujeitos processuais. Ao longo da Operação Lava Jato, todavia, verificou-se o uso indevido dos institutos da conexão e da continência, de modo a concentrar num juízo previamente escolhido o processamento de ações penais. Ao ser assim determinado, trata-se de um juízo de exceção.

17. Um dos efeitos da garantia da presunção de inocência, inscrita explicitamente na Constituição, é a excepcionalidade da imposição, antes de condenação transitada em julgado, de medidas restritivas de liberdade a qualquer pessoa investigada ou processada na esfera criminal. No curso da Operação Lava Jato, entretanto, houve abuso de diversos expedientes que implicam algum grau de restrição de liberdade, como a chamada condução coercitiva, posteriormente declarada inconstitucional pelo Supremo Tribunal Federal. De todo modo, a mais relevante medida restritiva de liberdade usada irregularmente nesse contexto consistiu na sua decretação como meio de compelir investigados e réus a firmarem acordos de colaboração premiada, o que afronta regras e valores básicos de uma democracia.

18. A criminalização da política envolve a fabricação de situações criminosas em casos que a rigor não são criminosos. São exemplos de expedientes usados para tanto a antecipação da tipificação penal para atos que são meramente preparatórios, a invenção (ou clonagem) de bens jurídicos direcionada à criação de novos tipos penais e a conversão de concursos aparentes de normas penais em concursos reais. No chamado processo de criminalização da política, os tipos penais mais indevidamente manipulados são os de associação criminosa (artigo 288 do Código Penal), organização criminosa (artigo 2º da Lei nº 12.850/2013) e corrupção (artigos 317 e 333, entre outros, do Código Penal). No caso das imputações por associação ou organização criminosa, frequentemente se tenta enquadrar nesses tipos situações que são agrupamentos lícitos de pessoas ou, então, meros concursos de pessoas, e não grupos formados com o fim específico de praticar uma série indeterminada de crimes. Noutro giro, é comum a tentativa de transmutação de irregularidades administrativas ou, então, de crimes como a prática de caixa-dois eleitoral em corrupção, conceito jurídico que, embora possa abranger uma gama razoável de tipos penais, não se confunde com a noção que o senso comum lhe atribui. Tal banalização do conceito de corrupção tem efeitos políticos deletérios, minando a confiança nas instituições e levando à busca de alternativas que estão fora da democracia constitucional.

19. Ao perscrutarmos origens e aspectos do funcionamento do fenômeno da criminalização da política, conclui-se que ela implicou uma perversão das funções do Direito Penal, na medida em que este foi *etizado* e se afastou do exclusivo papel de proteção de bens jurídico-penais. Não é papel do Direito Penal promover a efetivação de direitos sociais, transformações políticas ou correções éticas e morais. Sua função é assegurar, como *ultima ratio*, a convivência livre e pacífica dos cidadãos, protegendo aqueles bens ou interesses de cuja tutela depende tal convivência. Em suma, o Direito Penal deve estar firmemente atado à noção de bem jurídico-penal. Ocorre que, se o Direito Penal busca proteger bens jurídicos, é inevitável que ele busque também, em alguma medida, proteger o único ambiente em que tais bens podem existir – a democracia. Disso emerge, então, uma tensão e um tênue equilíbrio a ser buscado. Afinal, a democracia que reclama que o Direito Penal atue para sua proteção é a mesma democracia que deve conter o poder punitivo e impor limitações ao Direito Penal. Na verdade, mais até do que com uma tensão, há aí uma espécie de armadilha, uma vez que a

ideia de democracia pode ser muitas vezes imprecisa e, portanto, vulnerável ao arbítrio. A solução para vencer essa armadilha é considerar também a democracia um bem jurídico, capaz de projetar múltiplos efeitos sobre a ciência e a prática penal.

20. A compreensão do crime como ofensa a bens jurídico-penais tem encontrado no mundo contemporâneo um ambiente hostil. A crescente complexidade das relações sociais, o advento de inéditas tecnologias e formas de se comunicar, o surgimento e a multiplicação de riscos desconhecidos, tudo isso traz novos e relevantes desafios ao Direito Penal, o qual se vê muitas vezes pressionado a abandonar categorias tradicionais (a exemplo da teoria do bem jurídico-penal), supostamente anacrônicas e incapazes de resolver problemas da atualidade. Em acréscimo, o avanço global de projetos de viés populista e autoritário traz consigo uma pauta de recrudescimento e expansão do Direito Penal, o qual se afasta de noções elementares como ofensividade e subsidiariedade e passa a assumir pretensões moralizantes e de transformação social, estranhas a um Direito Penal genuinamente democrático. Esse quadro, ao mesmo tempo que revela uma crise da ideia de bem jurídico-penal, exige, mais do que nunca, a sua reabilitação – não necessariamente com suas feições originais, mas de uma forma revisitada, de modo que a categoria cumpra seu tradicional papel crítico e, também, contemple as idiossincrasias da contemporaneidade.

21. A origem do modelo de crime enquanto ofensa a bens jurídicos está ligada à própria gênese do Direito Penal moderno, cujo marco fundamental é a distinção entre crime e pecado. De acordo com abalizada doutrina, no período pré-iluminista, o ilícito penal tinha uma dimensão acentuadamente teológica. Crime e pecado confundiam-se. O crime era compreendido como violação da vontade divina. No entanto, a separação entre Igreja e Estado resultou numa separação também de suas funções e âmbitos de atuação. Enquanto à Igreja competiria tratar de questões eminentemente internas do ser humano, ao Estado caberia cuidar das suas externalidades causadoras de dano, o qual passa a ser a medida básica do juízo de desvalor de uma conduta. É a partir dessa ideia básica que, ao longo do século XIX e das primeiras décadas do século XX, é desenvolvida a teoria do bem jurídico-penal, segundo a qual, grosso modo, o enquadramento penal de um determinado ato somente é legítimo se esse ato implicar dano a um bem relevante.

22. Ao longo da sua evolução e conformação, diversos foram os momentos de crise ou demasiada abertura da ideia de bem jurídico.

Com o nazismo, mais do que uma crise, o conceito experimentou sua total erosão. De qualquer modo, derrotada a barbárie nazista, a teoria do bem jurídico retorna à cena – nos anos 1960 na Alemanha e nos anos 1970 na Itália. De início, influenciado por certo renascimento do jusnaturalismo, o seu retorno atribui ao bem jurídico um conteúdo liberal preexistente às escolhas do legislador. Essa concepção, contudo, é demasiado genérica e carente de idoneidade seletiva quanto aos bens merecedores de tutela penal. Da constatação da insuficiência desse conceito, num contexto de progressiva constitucionalização do Direito, passa a emergir, então, uma nova noção de bem jurídico, agora vinculado à Constituição. Bens jurídicos, em suma, passam a ser dados que encontram base na Constituição e, em especial, nos direitos fundamentais nela previstos, os quais são o centro axiológico do constitucionalismo.

23. Ao se buscar um conceito de bem jurídico-penal que guarde correspondência com os direitos fundamentais, é preciso definir o que são e quais são precisamente esses direitos fundamentais. Para tal definição, é necessário recorrer a um exercício axiológico, presidido pela ideia de dignidade da pessoa. Desse exercício é possível inferir que não apenas direitos individuais, mas também bens coletivos podem ser fundamentais e, portanto, aptos a receber tutela penal. Além disso, a teoria dos direitos fundamentais contemporânea reconhece a existência de direitos a prestações, os quais podem estar previstos explicitamente no texto constitucional ou ser resultados de uma operação de refinamento do texto. Entre os direitos a prestações, merecem destaque os chamados direitos a proteção, os quais podem reclamar proteção do Direito Penal em determinadas circunstâncias.

24. Numa leitura da teoria do bem jurídico-penal permeável à teoria constitucional e dos direitos fundamentais, entende-se que a categoria bem jurídico-penal tem três funções principais. A primeira função é de imposição de limites ao legislador. A categoria opera, nesse caso, na delimitação do espaço de possível intervenção penal pelo legislativo, o qual somente pode criar tipos incriminadores que protejam bens legítimos, isto é, compatíveis com a Constituição e que realmente necessitem de tutela penal. A segunda função é de diretriz hermenêutica. Assim como os direitos fundamentais ostentam uma dimensão objetiva, os bens jurídico-penais, mais do que limites oponíveis pelo indivíduo ao poder criminalizante do Estado-legislador, projetam efeitos nos planos da interpretação e aplicação das normas penais em geral, seja contendo o arbítrio do intérprete, seja indicando

elementos que merecem especial proteção. Finalmente, a terceira função consiste na exigência de prestações protetivas. Uma vez identificado na Constituição um direito fundamental e, ligado a ele, um bem jurídico-penal, é possível, a depender da relevância do bem e de um juízo de necessidade de proteção penal que conclua que outras formas de tutela são insuficientes, exigir que o legislador atue para a criminalização de condutas que ofendam o bem em questão. No Brasil, o próprio constituinte inseriu expressamente alguns mandados de criminalização no texto constitucional. Entre eles, pode-se destacar a proscrição da "ação de grupos armados, civis ou militares, contra a ordem constitucional e o Estado Democrático", o que traduz a centralidade da democracia enquanto bem jurídico-penal no nosso ordenamento.

25. A democracia não é um conceito unívoco e singelo, imune a diferentes leituras e mesmo a truques semânticos. Uma vez reconhecido que a Constituição brasileira é fruto de genuína manifestação da soberania popular, é sobretudo nela que devemos buscar o significado da democracia. Nessa medida, convém lembrar que nossa Constituição, a exemplo de outras Constituições democráticas, tem na dignidade da pessoa humana e nos direitos fundamentais seu centro axiológico. É aos direitos fundamentais, portanto, que a democracia serve, ao mesmo tempo que é servida por eles, numa relação interdependente de mão dupla: de um lado, os direitos fundamentais básicos (notadamente a liberdade, a igualdade formal e material) são pressupostos ao regular funcionamento da democracia; de outro lado, somente na democracia os direitos fundamentais se realizam. Podemos afirmar, nesse quadro, que a Constituição brasileira incorpora um conceito substantivo de democracia, que protege, além de regras procedimentais, um conjunto de instituições e direitos (inclusive sociais) sem os quais uma sociedade não é capaz de sobreviver ou conviver de modo minimamente saudável. A democracia, enfim, contempla uma série de regras e institutos concretos, os quais, no caso brasileiro, são por exemplo (mas não só): voto direto, secreto, universal e periódico; liberdades de pensamento, expressão e associação; igualdade formal e material; pluripartidarismo; poderes independentes e sujeitos a controles recíprocos; Forças Armadas subordinadas ao poder civil; instituições independentes, como o Ministério Público, com poder efetivo de escrutínio. Desse modo, quando se fala em democracia como bem jurídico-penal – apta, portanto, a ensejar uma prestação penal – não estamos nos referindo

a uma abstração, mas a regras e institutos concretos, que encontram fundamentos claros e expressos no texto constitucional.

26. A adequada compreensão da democracia como bem jurídico-penal não pode dispensar a análise do conceito de democracia militante, engenhosa ideia que tem sido mobilizada para a sua autoproteção, especialmente em momentos de crise. A origem da ideia remonta à queda da República de Weimar e à ascensão do nazismo, nas décadas de 1920 e 1930, por meios formalmente legais. A partir dessa experiência trágica, ganha força a noção de que a democracia constitucional não pode ser um pacto suicida. Diante de inimigos que instrumentalizam a legalidade democrática com o propósito de destruir a própria democracia, é imperativa a adoção de medidas drásticas de contenção, chamadas de medidas militantes. A medida militante mais tradicional consiste na proscrição de partidos autoritários. Mas é possível destacar, também, o recurso ao Direito Penal, no âmbito do qual a ideia de democracia militante opera seja em face do legislador, seja em face do intérprete.

27. A operacionalização da ideia de democracia militante no plano do Direito Penal exige rigor e cautela, haja vista a sua abertura e vulnerabilidade à discricionariedade arbitrária do intérprete. Nessa medida, podemos destacar três aspectos relevantes para o seu adequado manuseio: (i) o genuíno compromisso democrático dos seus operadores; (ii) a sua aplicação apenas em contextos graves e (iii) a necessidade de moderação e estrita observância ao ordenamento jurídico e às garantias nele previstas.

28. No que diz respeito à democracia como bem jurídico-penal em face do legislador, a sua principal projeção consiste na necessidade de criminalização de condutas que a ofendam. Tal necessidade decorre da centralidade axiológica da democracia na Constituição e do fato de ela ser condição de realização dos mais básicos direitos fundamentais. Além disso, a democracia é objeto de mandado de criminalização expresso, previsto no artigo 5º, XLIV, do texto constitucional. Por longo período, a tutela penal da democracia não foi tratada de modo satisfatório pelo legislador brasileiro. Até recentemente, vigorou a Lei nº 7.170/1983, gestada ainda no regime militar à luz da chamada doutrina de segurança nacional, cujo propósito, antes de proteger a democracia, era subsidiar a perseguição de adversários políticos. No entanto, com o advento da Lei nº 14.197/2021, a qual revogou a Lei nº 7.170/1983 e acrescentou ao Código Penal um título relativo aos "crimes contra o

Estado Democrático de Direito", passamos a ter um arcabouço legislativo em geral adequado de proteção penal da democracia.

29. No que diz respeito à democracia como bem jurídico-penal em face do intérprete, destacam-se quatro projeções. (i) A primeira consiste na possibilidade de o Judiciário reconhecer omissões e concitar o legislador a atuar na hipótese de sua inércia em regular novas formas de agressão à democracia. (ii) A segunda diz respeito à necessidade de interpretação contextual de atos ofensivos à democracia. (iii) A terceira pode ser sintetizada na diretriz *in dubio pro* democracia. Embora não implique relativização de garantias processuais ou inversão de ônus probatório, tal diretriz recomenda maior rigor ao operador da lei na apreciação, por exemplo, de medidas cautelares (como a proibição de uso de redes sociais ou mesmo a prisão). (iv) Finalmente, a quarta projeção consiste no rigor contra o abuso de institutos como a imunidade parlamentar. Na medida em que é instrumental à democracia, a imunidade não pode, sob pena de se prestar à autossabotagem, contemplar agressões à própria democracia. Nesse caso, o Poder Judiciário deve afastá-la.

Palavras finais

No fim do ano de 2022, no apagar das luzes do governo de Jair Messias Bolsonaro, o Brasil esteve perigosamente perto de uma ruptura democrática. Alguns generais influentes, o comandante da Marinha, autoridades e aliados próximos ao presidente, sob sua liderança, mancomunaram-se num projeto sinistro de dissolução do regime democrático, o qual, hoje se sabe, chegou a trabalhar inclusive com a ideia de atentar contra a vida de pessoas.

O plano foi frustrado pela falta de adesão dos comandantes do Exército e da Aeronáutica e, também, pela oposição intransigente do Supremo Tribunal Federal e das forças políticas democráticas deste país. Acaso exitoso, o projeto teria instalado um regime de exceção, liderado pela assim chamada linha-dura das Forças Armadas – setor que jamais se resignou com a redemocratização do Brasil e com o regime de direitos e garantias consagrado pela Constituição de 1988. Foi essa mesma linha-dura, lembre-se, a principal responsável pelas milhares de prisões, desaparecimentos, mortes e violações praticadas pela ditadura militar brasileira a partir de 1964. Entre as vítimas, uma das mais conhecidas é Rubens Beyrodt Paiva, figura hoje mundialmente ilustre devido ao sucesso extraordinário do filme *Ainda estou aqui* – premiado com um *Oscar*, numa curiosa sincronia do acaso, poucas semanas após a denúncia em que a Procuradoria-Geral da República imputou ao ex-presidente Bolsonaro os crimes de tentativa de golpe de Estado e de abolição violenta do Estado Democrático de Direito.

Do projeto sedicioso construído no entorno do ex-presidente Bolsonaro, o que mais impressiona, sem dúvida, é sua brutalidade. No entanto, o plano tem também alguns aspectos mais sutis que merecem consideração. Chama a atenção, por exemplo, que, numa minuta de discurso (encontrada na sala de trabalho do ex-presidente) redigida para anunciar a consumação do golpe, se faz menção a um "direito supralegal" que justificaria as medidas excepcionais a serem adotadas. Esse tipo de jusnaturalismo vulgar, como pudemos ver, permeou, ao longo da história, experiências profundamente trágicas, legitimando todo tipo de arbitrariedade. Ainda na mesma minuta, invoca-se, reiteradas vezes, o "princípio da moralidade institucional", além das ideias de "honestidade", "probidade" e "lisura".[653] É dizer, busca-se criar uma narrativa de degradação moral das instituições que exigiria providências enérgicas e extravagantes. Aqui se desvela o elo, tantas vezes enfatizado neste trabalho, entre, de um lado, a manipulação indevida do discurso e dos instrumentos de combate à corrupção (isto é, a criminalização da política) e, de outro lado, a fragilização da democracia.

Nesse quadro, a denúncia da Procuradoria-Geral da República contra o ex-presidente Jair Messias Bolsonaro e aliados por tentativa de golpe configura um marco de afirmação da democracia como valor supremo – e universal, diriam Enrico Berlinguer e Carlos Nelson Coutinho. Mais do que isso, a denúncia rompe com uma certa tradição brasileira, referida também por Coutinho, de lidar com nossas vicissitudes políticas a partir de acordos feitos "pelo alto",[654] os quais, a exemplo da anistia de 1979, acabam por preservar os interesses de grupos dominantes. A propósito, essa alusão ao instituto da anistia não é casual. O seu uso para manter impune quem atenta contra a

---

[653] A minuta de discurso está transcrita integralmente na denúncia da Procuradoria-Geral da República contra o ex-presidente Jair Messias Bolsonaro. BRASIL. Ministério Público Federal. Denúncia. *Petição nº 12.100*. Procurador-Geral da República Paulo Gustavo Gonet Branco. 18 de fevereiro de 2025.

[654] COUTINHO, Carlos Nelson. A democracia como valor universal. *In*: SILVEIRA, Ênio (org.). *Encontros com a civilização brasileira*. Rio de Janeiro: Civilização Brasileira, 1979. v. 9.

democracia significaria admitir que ela, a democracia, é um pacto suicida, que transige com a própria destruição.

Noutro giro, a título de conclusão, é preciso acentuar que, na atual quadra da história, pensar sobre a criminalização da política é um dever de todos os democratas. Se por um lado é verdade que a corrupção é um problema grave que exige enfrentamento rigoroso, por outro lado não se pode aceitar que, em nome desse enfrentamento, tudo seja possível – inclusive amesquinhar garantias civilizatórias básicas, desacreditar as instituições e, assim, abrir caminho para projetos autoritários.

Em suas reflexões sobre as tragédias humanas que o mundo experimentou no século XX, Hannah Arendt acabou concluindo que o grande problema não foram as poucas pessoas que deliberadamente optaram por fazer o mal. O problema foram as que na verdade não escolheram, mas acabaram arrastadas devido à indiferença e à falta de reflexão. "A triste verdade é que a maior parte do mal é feita por pessoas que nunca decidiram ser boas ou más", diz ela.[655]

O fenômeno da criminalização da política e seu desdobramento mais deletério – os ataques à democracia – não são simples produtos do mal. Ao contrário, é muito possível que parte dos atores que aderiram a essa infeliz aventura o tenha feito com a certeza de estar praticando o bem.

Em suma, a ausência de reflexão é o elemento decisivo para decifrarmos o fenômeno. E a reflexão, portanto, é o seu antídoto mais poderoso.

[655] ARENDT, Hannah. *Responsabilidade e julgamento*. São Paulo: Companhia das Letras, 2004. p. 247.

REFERÊNCIAS

TRABALHOS ACADÊMICOS E LIVROS

ACCETTI, Carlo Invernizzi; ZUCKERMAN, Ian. What's wrong with militant democracy? *Political Studies*, [*S. l.*], v. 65, n. 1S, p. 182-199, 2017.

ALEXY, Robert. *Teoria dos direitos fundamentais*. Tradução de Virgílio Afonso da Silva. São Paulo: Malheiros, 2008.

ALMEIDA, Frederico de. As elites da Justiça: instituições, profissões e poder na política da justiça brasileira. *Revista de Sociologia e Política*, São Paulo, v. 22, n. 52, p. 77-95, dez. 2014.

ALMEIDA, Frederico. Da democratização da justiça à tutela judicial da democracia: uma interpretaçao do protagonismo judicial no Brasil contemporâneo. *In*: MARONA, Marjorie; DEL RIO, Andrés. *Justiça no Brasil*: às margens da democracia. Belo Horizonte: Arraes, 2018.

ARANTES, Rogério. Rendición de cuentas y pluralismo estatal en Brasil: Ministerio Público y Policía Federal. *Desacatos (CIESAS)*, [*S. l.*], v. 49, p. 28-47, 2015.

ARENDT, Hannah. *Eichmann em Jerusalém*: um relato sobre a banalidade do mal. São Paulo: Companhia das Letras, 1999.

ARENDT, Hannah. *Origens do totalitarismo*. Tradução de Roberto Raposo. São Paulo: Companhia das Letras, 2012.

ARENDT, Hannah. *Responsabilidade e julgamento*. São Paulo: Companhia das Letras, 2004.

ÁVILA, Humberto. *Teoria da segurança jurídica*. São Paulo: Malheiros, 2019.

AVRITZER, Leonardo; MARONA, Marjorie Corrêa. A tensão entre soberania e instituições de controle na democracia brasileira. *Dados – Revista de Ciências Sociais*, Rio de Janeiro, v. 60, p. 359-393, 2017.

BARROS, Celso Rocha de. *PT, uma história*. São Paulo: Companhia das Letras, 2022.

BARROS, Marco Antonio Loschiavo Leme de. Por uma teoria realista do Direito? O realismo sociológico de Brian Tamanaha. Resenha de: TAMANAHA, Brian. *A realistic theory of law*. Cambridge: Cambridge University Press, 2017. *Revista Brasileira de Sociologia do Direito*, v. 9, n. 1, p. 151-156, jan./abr. 2022.

BARROSO, Luís Roberto. *Curso de Direito Constitucional contemporâneo*: os conceitos fundamentais e a construção do novo modelo. São Paulo: Saraiva, 2015.

BATISTA, Nilo; BORGES, Rafael. *Crimes contra o Estado Democrático de Direito*. Rio de Janeiro: Revan, 2023.

BECCARIA, Cesare. *Dos delitos e das penas*. Tradução de José de Faria Costa. Lisboa: Fundação Calouste Gulbenkian, 2017.

BENTO, Juliane Sant'Ana. *Julgar a política*: lutas pela definição da boa administração pública no Rio Grande do Sul (1992-2016). 2017. Tese (Doutorado em Ciência Política) – Programa de Pós-Graduação em Ciência Política, Instituto de Filosofia e Ciências Humanas, Universidade Federal do Rio Grande do Sul, Porto Alegre, 2017.

BERLINGUER, Enrico. *Democracia, valor universal*. Tradução e notas de Marco Mondaini. Rio de Janeiro: Contraponto, 2009.

BITENCOURT, Cezar Roberto. *Tratado de Direito Penal:* parte geral. São Paulo: Saraiva, 2008.

BOBBIO, Norberto. Democracia. *In*: BOBBIO, Norberto; MATTEUCCI, Nicola; PASQUINO, Gianfranco (org.). *Dicionário de política*. Tradução de Carmen Varriale. Brasília, DF: Editora Universidade de Brasília, 2004.

BOBBIO, Norberto. *O positivismo jurídico*. São Paulo: Ícone, 2017.

BOLDT, Raphael. Maxiprocessos criminais, corrupção e mídia: uma análise a partir da operação lava jato. *Revista Brasileira de Direito Processual Penal*, Porto Alegre, v. 6, n. 3, p. 1209-1237, set./dez. 2020.

BUSTAMANTE, Célio Sampaio. *Código Penal soviético*: parte geral. Rio de Janeiro: Edições Contemporâneas, 1959. (Coleção Leis penais soviéticas).

CAMPOS, Francisco. *O Estado nacional*: sua estrutura, seu conteúdo ideológico. Brasília, DF: Senado Federal: Conselho Editorial, 2001.

CASARA, Rubens. *Processo penal do espetáculo e outros ensaios*. Florianópolis: Tirant Lo Blanch, 2018.

CASTILHO, Ela Wiecko Volkmer de; SADEK, Maria Tereza. *O Ministério Público e a administração da Justiça no Brasil*. São Paulo: Idesp, Sumaré, 1998.

COLOMBO, Gherardo. Corrupção e responsabilidade. *In*: PINOTTI, Maria Cristina (org.). *Corrupção:* Lava Jato e Mãos Limpas. São Paulo: Portfolio-Penguin, 2019. p. 77-98.

CONDE, Francisco Muñoz. Prólogo. *In*: ZAFFARONI, Eugenio Raul. *Doutrina penal nazista:* a dogmática penal alemã entre 1933 e 1945. Tradução de Rodrigo Murad do Prado. Florianópolis: Tirant Lo Blanch, 2019.

COSTA, Patrícia Spagnolo Parise. *A vontade do povo como perversão*: uma visão crítica do papel do Ministério Público a partir da Operação Lava Jato. São Paulo: LiberArs, 2021.

COUTINHO, Carlos Nelson. A democracia como valor universal. *In*: SILVEIRA, Ênio (org.). *Encontros com a civilização brasileira*. Rio de Janeiro: Civilização Brasileira, 1979. v. 9.

D'AVILA, Fabio Roberto. *Ofensividade em Direito Penal*: escritos sobre a teoria do crime como ofensa a bens jurídicos. Porto Alegre: Livraria do Advogado, 2009.

DALLAGNOL, Deltan Martinazzo. *A luta contra a corrupção*: a Lava Jato e o futuro de um país marcado pela impunidade. Rio de Janeiro: Primeira Pessoa, 2017.

DEROSSI, Ingrid Nunes; FREITAS-REIS, Ivoni. A educadora Marie Curie: uma perspectiva diferenciada dessa cientista. *In*: ENCONTRO NACIONAL DE ENSINO DE QUÍMICA (ENEQ), 16., 2012, Salvador; ENCONTRO DE EDUCAÇÃO QUÍMICA DA BAHIA (EDUQUI),10., 2012, Salvador. *Anais eletrônicos* .... Salvador, 2012.

DWORKIN, Ronald. *Levando os direitos a sério*. São Paulo: WMF Martins Fontes, 2020.

DWORKIN, Ronald. *O império do Direito*. São Paulo: Martins Fontes, 2014.

ENGELMANN, Fabiano. Juristas e politização da justiça no Brasil: desafios analíticos para a abordagem sociopolítica. *Revista Pós Ciências Sociais*, São Luís, v. 20, n. 1, p. 9-28, 2023.

ESTELLITA, Heloísa. *Criminalidade de empresa, quadrilha e organização criminosa*. Porto Alegre: Livraria do Advogado, 2009.

FELDENS, Luciano. *Direitos fundamentais e Direito Penal*. Porto Alegre: Livraria do Advogado, 2008.

FERRAJOLI, Luigi. *Direito e razão*: teoria do garantismo penal. São Paulo: Revista dos Tribunais, 2002.

FERRAJOLI, Luigi. *Il paradigma garantista*: filosofia e critica del diritto penale. Napoli: Editoriale Scientifica, 2016.

FIANDACA, Giovanni; MUSCO, Enzo. *Diritto penale*: parte generale. Bologna: Zanichelli Editore, 2023.

FIGUEIREDO DIAS, Jorge de. *Direito Penal parte geral*. Coimbra: Coimbra Editora, 2004. t. 1: Questões fundamentais a doutrina geral do crime.

FILGUEIRAS, Fernando. A corrupção do Estado: perspectivas teóricas e seu processo social. *Utopìa y Praxis Latinoamericana*, Maracaibo, v. 11, n. 34, p. 11-34, 09/2006.

FLACH, Norberto. *Precedentes vinculantes no Brasil e na Louisiana*: desafios de um transplante jurídico. 2021. Tese (Doutorado em Direito) – Programa de Pós-Graduação em Direito, Faculdade de Direito, Universidade Federal do Rio Grande do Sul, Porto Alegre, 2021.

FRAGOSO, Heleno Cláudio. Lei de segurança nacional. *Revista de Informação Legislativa*, Brasília, DF, ano 15, n. 59, 1978.

FROHLICH, Victor. *Heranças e seus perigos*: a ruptura da tradição no pensamento de Hannah Arendt. 2024. Tese (Doutorado em Filosofia) – Programa de Pós-Graduação em Filosofia, Universidade de São Paulo, São Paulo, 2024.

GASPARI, Elio. *A ditadura envergonhada*. São Paulo: Companhia das Letras, 2002.

GAVRONSKI, Alexandre Amaral; MENDONÇA, Andrey Borges de. *Manual do Procurador da República*: teoria e prática. Salvador: JusPodivm, 2017.

GENRO FILHO, Adelmo. A democracia como valor operário e popular (resposta a Carlos Nelson Coutinho). *In*: SILVEIRA, Ênio (org.). *Encontros com a civilização brasileira*. Rio de Janeiro: Civilização Brasileira, 1979. v. 17.

GLOECKNER, Ricardo Jacobsen. *Autoritarismo e processo penal II*: autoritarismo cool e economia política do processo penal brasileiro. São Paulo: Tirant Lo Blanch, 2023.

GLOECKNER, Ricardo Jacobsen. *Autoritarismo e processo penal*: uma genealogia das ideias autoritárias no processo penal brasileiro. Florianópolis: Tirant Lo Blanch, 2018.

GODOY, Arnaldo Sampaio de Moraes. *Introdução ao movimento* critical legal studies. Porto Alegre: Sergio Antonio Fabris Editor, 2005.

GOMES, José Jairo. *Crimes eleitorais e processo penal eleitoral*. Barueri: Atlas, 2024.

GRECO, Luís; LEITE, Alaor. Claus Roxin, 80 anos. *In*: ROXIN, Claus. *Novos estudos de Direito Penal*. Organizador: Alaor Leite. Tradução de Luís Greco. São Paulo: Marcial Pons, 2014.

JANOT, Rodrigo. *Nada menos que tudo*: bastidores da operação que colocou o sistema político em xeque. São Paulo: Planeta do Brasil, 2019.

KARAM, Maria Lucia. A esquerda punitiva. *Discursos Sediciosos – Crime, Direito e Sociedade*, Rio de Janeiro, v. 1, n. 1, p. 79-92, 1996.

KERCHE, Fábio. Ministério Público, Lava Jato e Mãos Limpas: uma abordagem institucional. *Lua Nova – Revista de Cultura e Política*, São Paulo, n. 105, p. 255-286, 2018.

KERCHE, Fábio; VIEGAS, Rafael Rodrigues. O Ministério Público Federal: de defensor de direitos a combatente da corrupção (1988-2018). *Revista Direito GV*, São Paulo, v. 20, e2408, 2024.

KERSHAW, Ian. *Hitler*. Tradução de Pedro Maia Soares. São Paulo: Companhia das Letras, 2015.

KLANOVICZ, Jorge Mauricio Porto; CORDEIRO, Nefi. Criminalização judicial da homofobia: virtudes e problemas de uma decisão ativista. *Revista Eletrônica do Curso de Direito da UFSM*, Santa Maria, v. 18, n, 2, p. e53325, 2023.

KLANOVICZ, Jorge Mauricio. *Cláusulas pétreas institucionais*: uma proposta teórica sobre poder de reforma constitucional, direitos fundamentais e instituições. Salvador: JusPodivm, 2022.

KRIEGER, Daniel. *Desde as missões... saudades, lutas, esperanças*. Rio de Janeiro: José Olympio, 1977.

KROHLING, Aloísio. A busca da transdisciplinaridade nas ciências humanas. *Revista de Direitos e Garantias Fundamentais*, Vitória, n. 2, p. 193-212, 2007.

LAFER, Celso. *A reconstrução dos direitos humanos*: um diálogo com o pensamento de Hannah Arendt. São Paulo: Companhia das Letras, 1988.

LEGRAND, Pierre. A impossibilidade de "transplantes" jurídicos. Tradução de Gustavo Castagna Machado. *Cadernos do Programa de Pós-Graduação em Direito da UFGRS*, Porto Alegre, v. 9, n. 1, p. 01-21, 2014.

LILLA, Mark. *A mente imprudente*: os intelectuais na atividade política. Tradução de Clóvis Marques. Rio de Janeiro: Record, 2017.

LIMA, Amanda Evelyn Cavalcanti de. *Entre parábolas e* teoremas: uma sociologia política de Lava Jato e Mani Pulite. 2021. Tese (Doutorado em Sociologia) – Instituto de Estudos Sociais e Políticos, Universidade do Estado do Rio de Janeiro, Rio de Janeiro, 2021.

LIMA, Roberto Kant de. Entre as leis e as normas: éticas corporativas e práticas profissionais na segurança pública e na Justiça Criminal. *Dilemas – Revista de Estudos de Conflito e Controle Social*, Rio de Janeiro, v. 6, p. 549-580, 2013.

LOEWENSTEIN, Karl. Autocracy versus democracy in contemporary Europe, I. *The American Political Science Review*, [*S. l.*], v. 29, n. 3, 1935.

LOEWENSTEIN, Karl. Militant democracy and fundamental rights, II. *The American Political Science Review*, [*S. l.*], v. 31, n. 4, p. 645-648, 1937.

LOPES JR., Aury. *Direito Processual Penal*. São Paulo: SaraivaJur, 2022.

MACHADO, Rodrigo Barcellos de Oliveira; PRADO, Rodrigo Murad do. Apresentação, nota dos tradutores e estudos preliminares à edição brasileira. *In*: ZAFFARONI, Eugenio Raul; CAAMAÑO, Cristina; WEIS, Valeria Wegh. *Bem-vindos ao* lawfare. Tradução de Rodrigo Barcelos e Rodrigo Murad do Prado. Florianópolis: Tirant Lo Blanch, 2021.

MACHADO, Tomás Grings. Harm principle *e Direito Penal*: em busca da identificação de limites ao crime de lavagem de dinheiro. São Paulo: Tirant Lo Blanch, 2021.

MAIER, Julio. El ministerio público: un adolescente? *In*: MAIER, Julio (comp.). *El ministerio público en el proceso penal*. Buenos Aires: Ad-hoc, 2003

MARX, Karl. *Grundrisse*. São Paulo: Boitempo, 2011.

MASSONI, Neusa Teresinha. Ilya Prigogine: uma contribuição à filosofia da ciência. *Revista Brasileira de Ensino de Física*, São Paulo, v. 30, n. 2, p. 01-08, 2008.

MATTEUCCI, Nicola. Contratualismo. *In*: BOBBIO, Norberto; MATTEUCCI, Nicola; PASQUINO, Gianfranco (org.). *Dicionário de Política*. Tradução de Carmen Varriale. Brasília: Editora Universidade de Brasília, 2004.

MATURANA, Humberto. *A árvore do conhecimento*: as bases biológicas da compreensão humana. Tradução de Humberto Mariotti e Lia Diskin. São Paulo: Palas Athena, 2001.

MENDES, Gilmar Ferreira; GONET BRANCO, Paulo. *Curso de Direito Constitucional*. São Paulo: Saraiva Educação, 2020.

MENEZES, Daniel Francisco Nagao. *Francisco Campos, Carl Schmitt e a atuação do Estado na economia*. 2013. Tese (Doutorado em Direito Político e Econômico) – Programa de Pós-Graduação em Direito Político e Econômico, Universidade Presbiteriana Mackenzie, São Paulo, 2013.

MEZGER, Edmund. Criminología. *Revista de Direito Privado*, Madrid, 1940.

MINAYO, Maria Cecília de Souza. Da inteligência parcial ao pensamento complexo: desafios da ciência e da sociedade contemporânea. *Política e Sociedade*, Florianópolis, v. 10, n. 19, p. 41-56, 2011.

MIRAGEM, Bruno; BADIA, Ana Lúcia Seifriz. Repensando o abuso de direito: limites e interpretação. *Revista Internacional Consinter de Direito*, Curitiba, v. 5, n. 8, p. 563-565, 2019.

MIRANDA, Jorge. *Teoria do Estado e da Constituição*. Rio de Janeiro: Forense, 2019.

MORAIS, Fernando. *Lula*: biografia. São Paulo: Companhia das Letras, 2021. v. 1.

MORIN, Edgar. *Introdução ao pensamento complexo*. Lisboa: Piaget, 2003.

MORO, Sergio Fernando. Considerações sobre a Operação Mani Pulite. *Revista CEJ – Justiça Federal*, Brasília, DF, v. 8 n. 26, p. 56-62, jul./set. 2004.

MORO, Sergio. *Contra o sistema da corrupção*. Rio de Janeiro: Primeira Pessoa, 2021.

MORO, Sergio. *Introdução*. *In*: BARBACETTO, Gianni; GOMEZ, Peter; TRAVAGLIO, Marco. *Operação Mãos Limpas*: a verdade sobre a operação italiana que inspirou a Lava Jato. Porto Alegre: CDG, 2016.

MORO, Sergio. Prefácio. *In*: STILLE, Alexander. *Morte a vossa excelência*: entenda a verdadeira história do juiz que desafiou e abalou a máfia. Porto Alegre: CDG, 2020. p. 11-13.

NELKEN, David. The judges and political corruption in Italy. *Journal of Law and Society*, [*S. l.*], v. 23, n. 1, p. 95-112, 1996.

NETO, Lira. *Castello*: a marcha para a ditadura. São Paulo: Companhia das Letras, 2019.

NETO, Lira. *Getúlio*: do governo provisório à ditadura do Estado Novo (1930-1945). São Paulo: Companhia das Letras, 2013.

NETO, Lira. *Getúlio*: dos anos de formação à conquista do poder (1882-1930). São Paulo: Companhia das Letras, 2012.

NICOLESCU, Basarab. *O manifesto da transdisciplinaridade*. Lisboa: Hugin, 2000.

PITOMBO, Antônio Sérgio Altieri de Moraes. *Organização criminosa*: nova perspectiva do tipo legal. São Paulo: Thompson Reuters Brasil, 2019.

PONTES, João Gabriel Madeira. *Democracia militante em tempos de crise*. Rio de Janeiro: Lumen Juris, 2020.

PRADO, Geraldo. *Curso de processo penal*. São Paulo: Marcial Pons, 2024. t. 1: fundamentos e sistema.

PRADO, Geraldo. Prefácio. *In*: GLOECKNER, Ricardo Jacobsen. *Autoritarismo e processo penal:* uma genealogia das ideias autoritárias no processo penal brasileiro. Florianópolis: Tirant Lo Blanch, 2018.

PRADO, Rodrigo Murad do. Nota do tradutor. *In*: ZAFFARONI, Eugenio Raul. *Doutrina penal nazista:* a dogmática penal alemã entre 1933 e 1945. Tradução de Rodrigo Murad do Prado. Florianópolis: Tirant Lo Blanch, 2019.

PRIGOGINE, Ilya. *As leis do caos*. São Paulo: Editora UNESP, 2002.

PRIGOGINE, Ilya. *O fim das certezas*: tempo, caos e leis da natureza. São Paulo: Editora UNESP, 2011.

RAMOS, André de Carvalho. *Teoria geral dos direitos humanos na ordem internacional*. São Paulo: Saraiva, 2013.

RIBEIRO, Ludmila. Ministério Público: velha instituição com novas funções? *Revista Crítica de Ciências Sociais*, Coimbra, n. 113, p. 51-82, 2017.

RICHARD, Lionel. *A República de Weimar*. São Paulo: Companhia das Letras, 1988.

ROCHA, João Cezar de Castro. *Bolsonarismo:* da guerra cultural ao terrorismo doméstico. Belo Horizonte: Autêntica, 2023.

RODRIGUES, Anabela Miranda. Criminalidade organizada: que política criminal? *In*: CORREIO, Eduardo. *Direito Penal Económico e Europeu*: textos doutrinários. Coimbra: Coimbra Editora, 2009. v. 3.

RODRIGUES, Fabiana Alves. *Lava Jato*: aprendizado institucional e ação estratégica na Justiça. São Paulo: WMF Martins Fontes, 2020.

RODRIGUEZ, José Rodrigo. *Direito das lutas*: democracia, diversidade, multinormatividade. São Paulo: LiberArs, 2019.

ROPPO, Vincenzo. *Garantismo*: i nemici, i falsi amici, le avventure. Milão: Baldini e Castoldi, 2022.

ROPPO, Vincenzo. *Lectio magistralis Il garantismo*. Firenze: Università degli Studi di Firenze: Campus Novoli, 13 mar. 2023. Disponível em: https://discrimen.it/videos/ prof-avv-vincenzo-roppo-lectio-magistralis-sul-tema-il-garantismo/

ROSENFIELD, Luis. Karl Loewenstein no Brasil de Vargas: o olhar de um jurista judeu-alemão sobre o Estado Novo. *História do Direito*, v. 2, n. 3, p. 169 183, 2022.

ROSENFIELD, Luis. *Revolução conservadora*: genealogia do constitucionalismo autoritário brasileiro (1930-1945). Porto Alegre: EDIPUCRS, 2021.

RUMMENS, Stefan; ABTS, Koen. Defending democracy: the concentric containment of political extremism. *Political Studies*, [*S. l.*], v. 58, n. 04, 2010.

SADEK, Maria Tereza Aina (org.). *O Ministério Público e a Justiça no Brasil*. São Paulo: Sumaré, 1997.

SARLET, Ingo Wolfgang. Comentários ao art. 5º, § 2º. *In*: CANOTILHO, José Joaquim Gomes *et al.* (coord.). *Comentários à Constituição do Brasil*. São Paulo: Saraiva Educação, 2018.

SARMENTO, Daniel. *Dignidade da pessoa humana*: conteúdo, trajetórias e metodologia. Belo Horizonte: Fórum, 2016.

SARMENTO, Daniel; SOUZA NETO, Cláudio Pereira de. *Direito Constitucional*: teoria, história e métodos de trabalho. Belo Horizonte: Fórum, 2013.

SILVA, Hélio. *1935*: a revolta vermelha. Rio de Janeiro: Civilização Brasileira, 1969.

SOUZA NETO, Cláudio Pereira de. *Democracia em crise no Brasil*. Rio de Janeiro: Eduerj; São Paulo: Contracorrente, 2020.

SOUZA, Artur de Brito Gueiros; JAPIASSÚ, Carlos Eduardo Adriano. *Curso de Direito Penal*. Rio de Janeiro: Elsevier, 2012.

SOUZA, Luciano Anderson de. *Crimes contra a Administração Pública*. São Paulo: Thompson Reuters Brasil, 2024.

STOPPINO, Mario. Totalitarismo. *In*: BOBBIO, Norberto; MATEUCCI, Nicola; PASQUINO, Gianfranco. *Dicionário de Ciência Política*. Brasília, DF: Editora Universidade de Brasília, 1998.

STRECK, Lenio Luiz. *Dicionário de hermenêutica*: 50 verbetes fundamentais da Teoria do Direito à luz da crítica hermenêutica do Direito. Belo Horizonte: Casa do Direito, 2020.

STRECK, Lenio Luiz. *Hermenêutica, jurisdição e decisão*. Porto Alegre: Livraria do Advogado, 2020.

STRECK, Lenio Luiz; OLIVEIRA, Marcelo Andrade Cattoni de; NUNES, Dierle. Comentários ao art. 53. *In*: CANOTILHO, José Joaquim Gomes *et al.* (coord.). *Comentários à Constituição do Brasil*. São Paulo: Saraiva Educação, 2018.

TEIXEIRA, Anderson Vichinkeski. *Prefácio*. *In*: ROSENFIELD, Luis. *Revolução conservadora:* genealogia do constitucionalismo autoritário brasileiro (1930-1945). Porto Alegre: EDIPUCRS, 2021. p. 19-23.

TERRA, Walter; TERRA, Ricardo. *Filosofia da ciência*: fundamentos históricos, metodológicos, cognitivos e institucionais. São Paulo: Contexto, 2023.

TEUBNER, Gunther. Legal irritants: good faith in British Law or how unifying law ends up in new divergences. *The Modern Law Review*, [*S. l.*], v. 61, n. 1, p. 11- 32, 1998.

TROTSKY, Leon. *Os processos de Moscou*: a repressão e os expurgos stalinistas. São Paulo: Edições Populares, 1983.

VASAK, Karel. For the third generation of human rights: the rights of solidarity. *In*: VASAK, Karel. *The international dimension of human rights*. Paris: Unesco, 1982.

VIANA, Francisco José de Oliveira. *Instituições políticas brasileiras*. Brasília, DF: Conselho Editorial do Senado Federal, 1999.

VIEIRA, Oscar Vilhena. *A batalha dos poderes*: da transição democrática ao mal-estar constitucional. São Paulo: Companhia das Letras, 2018.

VIEIRA, Oscar Vilhena. *A constituição e sua reserva de justiça*: um ensaio sobre os limites materiais ao poder de reforma. São Paulo: Malheiros, 1999.

WATSON, Alan. Legal change: sources of law and legal culture. *University of Pennsylvania Law Review*, [*S. l.*], v. 131, n. 5, p. 1121-1157, 1983.

WEDY, Miguel Tedesco. *A eficiência e sua repercussão no Direito Penal e no processo penal*. Porto Alegre: Elegantia Juris, 2016.

XAVIER, José Roberto. *Punição criminal entre direito e opinião pública*. Rio de Janeiro: Mórula, 2023.

ZAFFARONI, Eugenio Raul. Crime organizado: uma categorização frustrada. *Discursos Sediciosos – Crime, Direito e sociedade*, Rio de Janeiro, v. 1, n. 1, 1996.

ZAFFARONI, Eugenio Raul. *Doutrina penal nazista*: a dogmática penal alemã entre 1933 e 1945. Tradução de Rodrigo Murad do Prado. Florianópolis: Tirant Lo Blanch, 2019.

ZAFFARONI, Eugenio Raul. *Em busca das penas perdidas*: a perda da legitimidade do sistema penal. Rio de Janeiro: Revan, 1991.

ZAFFARONI, Eugenio Raul. *Origen y evolución del discurso critico en el derecho penal*. Buenos Aires: Ediar, 2004.

ZAFFARONI, Eugenio Raul; CAAMAÑO, Cristina; WEIS, Valeria Wegh. *Bem-vindos ao* lawfare. Tradução de Rodrigo Barcelos e Rodrigo Murad do Prado. Florianópolis: Tirant Lo Blanch, 2021.

ZAFFARONI, Eugenio Raul; PIERANGELI, José Henrique. *Manual de Direito Penal brasileiro*: parte geral. São Paulo: Thompson Reuters, 2023.

DECISÕES, PEÇAS JURÍDICAS E DOCUMENTOS OFICIAIS

BRASIL. Justiça Federal. Seção Judiciária do Distrito Federal (12. Vara). *Ação Penal nº 0001238-44.2018.4.01.3400*. Juiz Federal Marcus Vinicius Reis Bastos. 05 de maio de 2021.

BRASIL. Justiça Federal. Seção Judiciária do Distrito Federal (12. Vara). *Ação Penal nº 1026137-89.2018.4.01.3400*. Juiz Federal Marcus Vinicius Reis Bastos. 04 de dezembro de 2019.

BRASIL. Ministério Público Federal. *10 medidas contra a corrupção*. Medida 7: ajustes nas nulidades penais. Brasília, DF: MPF, 2020. Disponível em: https://dezmedidas.mpf.mp.br/apresentacao/conheca-as-medidas/docs/medida_7_versao-2015-06-25.pdf

BRASIL. Ministério Público Federal. *Arguição de Descumprimento de Preceito Fundamental nº 289*. Procurador-Geral da República Roberto Monteiro Gurgel Santos. 13 de agosto de 2013.

BRASIL. Ministério Público Federal. Denúncia. *Ação Penal nº 1.044*. Vice-Procurador-Geral da República Humberto Jacques de Medeiros. 17 de fevereiro de 2021.

BRASIL. Ministério Público Federal. Denúncia. *Inquérito nº 4.694*. Procuradora-Geral da República Raquel Elias Ferreira Dodge. 12 de abril de 2018.

BRASIL. Ministério Público Federal. Parecer em habeas corpus. *Habeas corpus 5029050-46.2014.404.0000*. Procurador Regional da República Manoel Pastana. 21 de novembro de 2014.

BRASIL. Ministério Público Federal. *Parecer na Petição nº 12.404*. Procurador-Geral da República Paulo Gustavo Gonet Branco. 30 de agosto de 2024.

BRASIL. Ministério Público Federal. Denúncia. *Petição nº 12.100*. Procurador-Geral da República Paulo Gustavo Gonet Branco. Brasília. 18 de fevereiro de 2025.

BRASIL. Superior Tribunal de Justiça. *Habeas Corpus nº 149.250*. Relator: Ministro Adilson Vieira Macabu (desembargador convocado). 07 de junho de 2011.

BRASIL. Supremo Tribunal Federal. *Ação Direta de Inconstitucionalidade por Omissão nº 26*. Relator: Ministro Celso de Mello. 13 de junho de 2019.

BRASIL. Supremo Tribunal Federal. *Ação Direta de Inconstitucionalidade nº 4.650*. Relator: Ministro Luiz Fux. 17 de setembro de 2015.

BRASIL. Supremo Tribunal Federal. *Ação Direta de Inconstitucionalidade nº 5.104*. Relator: Ministro Luis Roberto Barroso. 21 de maio de 2014.

BRASIL. Supremo Tribunal Federal. *Ação Direta de Inconstitucionalidade nº 815*. Relator: Ministro Moreira Alves. 28 de março de 1996.

BRASIL. Supremo Tribunal Federal. *Ação Direta de Inconstitucionalidade nº 939*. Relator: Ministro Sydney Sanches. 15 de dezembro de 1993.

BRASIL. Supremo Tribunal Federal. *Ação Penal nº 1.044*. Relator: Ministro Alexandre de Moraes. 20 de abril de 2022.

BRASIL. Supremo Tribunal Federal. *Arguição de Descumprimento de Preceito Fundamental nº 444*. Relator: Ministro Gilmar Mendes. 22 de maio de 2019.

BRASIL. Supremo Tribunal Federal. *Arguição de Descumprimento de Preceito Fundamental nº 572*. Relator: Ministro Edson Fachin. 18 de junho de 2020.

BRASIL. Supremo Tribunal Federal. *Arguição de Descumprimento de Preceito Fundamental nº 153*. Relator: Ministro Eros Grau. 29 de abril de 2010.

BRASIL. Supremo Tribunal Federal. *Arguição de Descumprimento de Preceito Fundamental nº 568*. Relator: Ministro Alexandre de Moraes. 15 de março de 2019.

BRASIL. Supremo Tribunal Federal. *Embargos de declaração na petição 6.820*. Redator do acórdão: Ministro Ricardo Lewandowski. 06 de fevereiro de 2018

BRASIL. Supremo Tribunal Federal. *Habeas Corpus nº 127.186*. Relator: Teori Zavascki. 28 de abril de 2015.

BRASIL. Supremo Tribunal Federal. *Habeas Corpus nº 84.223*. Relator: Ministro Eros Grau. 03 de junho de 2008.

BRASIL. Supremo Tribunal Federal. *Habeas Corpus nº 127.483*. Relator: Ministro Dias Toffoli. 27 de agosto de 2015.

BRASIL. Supremo Tribunal Federal. *Habeas Corpus nº 164.493*. Redator do acórdão: Ministro Gilmar Mendes. 23 de março de 2021.

BRASIL. Supremo Tribunal Federal. *Habeas Corpus nº 193.726*. Redator do acórdão: Ministro Gilmar Mendes. 22 de abril de 2021.

BRASIL. Supremo Tribunal Federal. *Inquérito nº 4.326*. Relator: Ministro Edson Fachin. 15 de agosto de 2023.

BRASIL. Supremo Tribunal Federal. *Inquérito nº 4.694*. Relator: Ministro Marco Aurélio. 12 de abril de 2018.

BRASIL. Supremo Tribunal Federal. *Inquérito nº 4.781*. Relator: Ministro Alexandre de Moraes. 14 de março de 2019.

BRASIL. Supremo Tribunal Federal. *Mandado de Injunção nº 4.733*. Relator: Ministro Edson Fachin. 13 de junho de 2019.

BRASIL. Supremo Tribunal Federal. *Petição nº 12.404*. Relator: Ministro Alexandre de Moraes. 04 de setembro de 2024.

BRASIL. Supremo Tribunal Federal. *Questão de ordem no Inquérito nº 4.428*. Relator: Ministro Gilmar Mendes. 28 de agosto de 2018.

BRASIL. Supremo Tribunal Federal. *Reclamação nº 43.007*. Relator: Ministro Ricardo Lewandowski. 28 de dezembro de 2020.

BRASIL. Supremo Tribunal Federal. *Recurso Ordinário em Habeas Corpus nº 142.608*. Redator do acórdão: Ministro Dias Toffoli. 12 de dezembro de 2023.

BRASIL. Supremo Tribunal Federal. *Segundos embargos de declaração no inquérito nº 3.989*. Redator do acórdão: Ministro Gilmar Mendes. 02 de março de 2021.

BRASIL. Supremo Tribunal Federal. *Sextos Embargos Infringentes na Ação Penal nº 470*. Redator do acórdão: Ministro Luís Roberto Barroso. 13 de março de 2014.

BRASIL. Tribunal Regional Federal da 4ª Região. *Procedimento Administrativo nº 0003021-32.2016.4.04.8000/RS*. Relator: Desembargador Federal Rômulo Pizzolatti. 23 de setembro de 2016.

BRASIL. Tribunal Superior Eleitoral. *Resolução nº 1.841*. Relator designado para lavrar a resolução: Desembargador José Antônio Nogueira. 07 de maio de 1947.

CORTE INTERAMERICANA DE DIREITOS HUMANOS. *Caso Palamara Iribarne vs. Chile*. 22 de novembro de 2005.

ARTIGOS E NOTÍCIAS PUBLICADOS EM JORNAIS, REVISTAS E PORTAIS

ASSIS, Wilson Rocha Fernandes. Há fascismo na Lava Jato? *Jornal GGN*, [*S. l.*]. 05 maio 2019. Disponível em: https://jornalggn.com.br/artigos/ha-fascismo-na-lava-jato-por-wilson-rocha-fernandes-assis/

BOSELLI, André; CALEGARI, Luiza. Deltan Dallagnol admite que prisão é eficiente para forçar acordos de delação. *Revista Consultor Jurídico*, São Paulo, 06 fev. 2021. Disponível em: https://www.conjur.com.br/2021-fev-06/deltan-dallagnol-admite-prisao-eficiente-forcar-delacoes/

BRONDI, Paulo. Sergio Moro não é Giovanni Falcone. *Revista Consultor Jurídico*, São Paulo, 03 set. 2021. Disponível em https://www.conjur.com.br/2020-set-03/paulo-brondi-sergio-moro-nao-giovanni-falcone

CABRAL FILHO, Sergio. De um pingo fizeram um oceano. Entrevista concedida a Ítalo Nogueira. *Folha de São Paulo*, São Paulo, 09 mar. 2023. Disponível em: https://www1.folha.uol.com.br/ poder/2023/03/de-um-pingo-fizeram-um-oceano-diz-sergio-cabral-sobre-denuncias-de-corrupcao.shtml

CASTRO, Grasielle. 10 fatos sobre os 10 anos do julgamento do Mensalão. *Jota*, São Paulo, 14 dez. 2022. Disponível em: https://www.jota.info/stf/do-supremo/saiba-dez-fatos-sobre-os-10-anos-do-julgamento-do-mensalao

JEFFERSON, Roberto. *PT dava mesada de R$ 30 mil a parlamentares*. Entrevista concedida a Renata Lo Prete. *Folha de São Paulo*, São Paulo, 06 jun. 2005. Disponível em: https://www1.folha.uol.com.br/folha-100-anos/2020/02/entrevista-de-roberto-jefferson-a-folha-revelou-o-esquema-do-mensalao.shtml

LEIA os diálogos de Sergio Moro e Deltan Dallagnol que embasaram a reportagem do Intercept. *Intercept Brasil*, Rio de Janeiro, 12 jun. 2019. Disponível em: https://www.intercept.com.br/2019/ 06/12/chat-sergio-moro-deltan-dallagnol-lavajato/

MANZANO, Fabio. Eleições nos EUA: conheça os candidatos que tiveram mais votos, mas não viraram presidente. *G1*, São Paulo, 30 out. 2020. Disponível em: https://g1.globo.com/mundo/eleicoes-nos-eua/2020/noticia/2020/10/30/eleicoes-nos-eua-conheca-os-candidatos-que-tiveram-mais-votos-mas-nao-viraram-presidente.ghtml

MORO, Sergio Fernando. Bons exemplos. *Revista Crusoé*, São Paulo, ed. 122, 2020. Disponível em: https://crusoe.uol.com.br/edicoes/122/bons-exemplos/

PITOMBO, Antônio Sérgio Altieri de Moraes. Definição de organização criminosa trará dor de cabeça. *Revista Consultor Jurídico*, São Paulo, 05 ago. 2013. Disponível em: https:// www. conjur.com.br/2013-ago-05/antonio-pitombo-definicao-organizacao-criminosa-trara-dor-cabeca/

STRECK, Lenio Luiz. Como defender a jurisdição (constitucional) do realismo predatório? *Revista Consultor Jurídico*, São Paulo, 17 abr. 2021. Disponível em: https://www.conjur.com.br/2021-abr-17/observatorio-constitucional-defender-jurisdicao-constitucional-realismo-predatorio

TEIXEIRA, Anderson Vichinkeski. Trilogia Carl Schmitt (I): perece um homem, vive a obra. *Estadão*, São Paulo, 22 mar. 2020. Caderno de Cultura "Estado da Arte".

TEIXEIRA, Fernando. Criminalização indevida da política só traz terror. *Revista Consultor Jurídico*, São Paulo, 22 ago. 2020. Disponível em: https://www.conjur. com.br/2020-ago-22/corrupcao-politica-vs-corrupcao-administrativa/

VASCONCELOS, Frederico. Moro diz a juízes que se inspirou no italiano Falcone para deixar a toga. *Folha de São Paulo*, São Paulo, 04 nov. 2018. Disponível em: https://blogdofred.blogfolha.uol.com.br/2018/11/04/moro-diz-a-juizes-que-se-inspirou-no-italiano-falcone-para-deixar-a-toga/

VIEIRA, Oscar Vilhena; BORGES, Ademar. Democracia militante e a quadratura do círculo. *Jota*, São Paulo, 16 fev. 2023. Disponível em: https://www.jota.info/artigos/ democracia-militante-e-a-quadratura-do-circulo-16022023.

Esta obra foi composta em fonte Palatino Linotype, corpo 10
e impressa em papel Pólen Bold 70g (miolo) e Supremo 250g (capa)
pela Gráfica Star7.